玩透小红书

素人博主从0到1实战手册

花生◎著

电子工业出版社
Publishing House of Electronics Industry
北京·BEIJING

内 容 简 介

人人都可以做自媒体运营的时代已经来临。很多个人博主和品牌方纷纷选择了小红书平台来创造更多的商业价值。很多内容创作者遇到了定位混乱、"涨粉"慢、变现难的问题，缺少成体系的方法。

本书是人人可复制的小红书运营指南，主要介绍普通人如何从0开始做小红书博主、如何在小红书上做出既叫好又叫座的内容，从而实现"涨粉"、变现。本书的内容包括账号定位、高效"涨粉"的方法、内容创作、变现、精细化运营、创作心法等，有丰富的案例、实用的工具模板、实操的干货。本书手把手教你从0到1做一个能持续变现的小红书账号。即使你是毫无经验的新手，也能看得懂、拿来即用。

本书适用于想通过小红书实现副业变现的自媒体人，也适用于希望在小红书上获得流量的个人、商家、品牌方等。

未经许可，不得以任何方式复制或抄袭本书之部分或全部内容。
版权所有，侵权必究。

图书在版编目（CIP）数据

玩透小红书：素人博主从0到1实战手册 / 花生著. —北京：电子工业出版社，2023.5
ISBN 978-7-121-45463-9

Ⅰ.①玩… Ⅱ.①花… Ⅲ.①网络营销—手册 Ⅳ.①F713.365.2-62

中国国家版本馆 CIP 数据核字（2023）第 068917 号

责任编辑：石　悦
印　　刷：涿州市般润文化传播有限公司
装　　订：涿州市般润文化传播有限公司
出版发行：电子工业出版社
　　　　　北京市海淀区万寿路173信箱　　邮编：100036
开　　本：720×1000　1/16　　印张：20　　字数：348.8千字
版　　次：2023年5月第1版
印　　次：2025年4月第12次印刷
定　　价：79.00元

凡所购买电子工业出版社图书有缺损问题，请向购买书店调换。若书店售缺，请与本社发行部联系，联系及邮购电话：（010）88254888，88258888。
质量投诉请发邮件至 zlts@phei.com.cn，盗版侵权举报请发邮件至 dbqq@phei.com.cn。
本书咨询联系方式：（010）51260888-819，faq@phei.com.cn。

▶序言

2019年，我靠写书评获得千元稿费，那是我第一次尝试写作变现。

2020年11月27日，由于一个偶然的契机，我把两篇看综艺节目的感想笔记发到了小红书上，两天后，发现有几千次点赞和收藏，从此开启了小红书博主之路。

2021年，我利用下班后的时间做小红书运营，从创作图文笔记到创作视频笔记，再从小红书运营到全网各平台运营。我连续创作一年后，在小红书上积累了10万多个粉丝，在全网各平台上有了30多万个粉丝，副业收入超过了主业收入。

2021年12月，我正式辞去了工作，成了"只工作、不上班"的自由职业者，靠做自媒体运营养活自己。

回顾我的自媒体运营历程，我踩了很多坑，总结出了很多宝贵的经验。2022年，我1对1辅导了500位素人从0到1做小红书运营，研究出了一条普通人做内容、涨粉、变现的路径。

如果你要问我：没有一技之长的普通人能做好自媒体运营吗？

我的回答是：能，而且有无限可能。

1. 普通人做自媒体运营，可以让自己增长知识。

普通人没有资源、没有技能，通过做自媒体运营，可以倒逼自己学习知识，和账号一起成长。

我刚做小红书运营的前半年，几乎是账号推着我去学习新知识。因为我看书的速度跟不上笔记的更新速度，于是就看了许多如何高效阅读的书，提高输入与输出的能力；因为我无法平衡工作和副业，于是花了3个月的时间看了十几本时间管理方面的书，一边看书一边实践，最终不仅形成了一套自己的时间管理方法，还有了很多内容创作素材，做出了很多爆款笔记。

你看，并不是一定要积累很多知识才能去做自媒体运营。所有的知识，都是在实践中倒逼出来的。

2. 普通人做自媒体运营，可以让自己增加技能。

总会有一类人，在做自媒体运营前纠结：不会拍照怎么办？不会剪辑视频怎么办？从不会到会，需要刻意练习，而自媒体是一个很好的练习土壤。

难以想象，如今能在相机镜头前侃侃而谈的我，两年前是完全无法直视镜头的。我从做不露脸的视频开始，花了一年的时间锻炼表达能力。如今，我可以坦然地面对镜头发表观点。

因此，你无须担心不会写作、不会拍照、不会剪辑，也无须担心你的声音不好听、上镜不好看。你唯一要做的就是把不会变成会，把不熟练变成熟练。

3. 普通人做自媒体运营，可以让自己获得一笔笔财富。

2019 年，我在今日头条上写作，收入 1 万元。2020 年 12 月，我的小红书粉丝达到 200 多个，我收到了第一个商业合作邀请，报价为 50 元。2022 年 12 月，我的小红书商业合作报价达到五位数。

做自媒体运营的这三年，我从一个普通的打工人变成自由职业者，通过自媒体获得了更多的财富。财富不仅有金钱财富，还有能力与自信财富。

我相信，一个普通人做自媒体运营，一定能倒逼自己获得知识、技能、财富。只要你愿意行动，并且用正确的方法持续不断地行动，就一定会有收获。

我深知，做自媒体运营这条路不好走。如果你在入门时没有经过系统的学习，也许会走一些弯路，会做一些无用功。因此，我把我这一路走来摸索出的经验，整理成了一套适合普通人的系统方法论。

本书是我持续迭代了一年小红书博主训练营后沉淀出来的系统干货。这套方法帮助了上千人开启博主之路，让那些和我一样处于焦虑中的人通过自媒体实现了副业变现，拥有了更多的可能性和选择权。

本书共 7 章，可以帮助你实现小红书博主从 0 到 1 的启动，从道、法、术的角度，帮助你消灭小红书运营路上的拦路虎。

因为小红书 App 不断地更新迭代，本书中提及的功能与界面在撰稿时虽然是最新的，但是你在看书时也许部分功能和界面已经改动了，这不影响整体阅读。

目录

第1章 入门：快速了解小红书平台 ·· 1

1.1 了解平台：人人都可以做小红书博主 ···························· 1
1.1.1 门槛低 ··· 1
1.1.2 氛围好 ··· 2
1.1.3 变现强 ··· 5

1.2 了解用户：小红书的用户画像 ······································ 6
1.2.1 用户生态 ·· 6
1.2.2 创作者生态 ·· 8

1.3 了解规则：平台算法和推荐机制 ·································· 9
1.3.1 平台算法和推荐机制揭秘 ······························ 9
1.3.2 一篇笔记的4个流量入口 ······························ 11

1.4 了解功能：新人必备的操作指南 ································ 15
1.4.1 了解如何发布笔记 ······································· 15
1.4.2 了解页面功能 ·· 21
1.4.3 了解平台规则 ·· 28

第2章 定位：从0到1策划一个小红书账号 ·························· 30

2.1 5个要素：让用户快速记住你 ···································· 30
2.1.1 商业模式定位 ·· 30
2.1.2 账号的赛道定位 ··· 35
2.1.3 账号的内容定位 ··· 44
2.1.4 账号的人设定位 ··· 50
2.1.5 差异化定位 ·· 57

2.2 用 3 步快速找到适合自己的定位 ... 67
2.2.1 搜索对标账号，细分垂直方向 ... 67
2.2.2 拆解对标账号，明确账号调性 ... 75
2.2.3 测试方向，形成独家风格 ... 88
2.3 装修：账号设计 4 件套 ... 93
2.3.1 账号名称设计 ... 93
2.3.2 头像设计 ... 96
2.3.3 简介设计 ... 99
2.3.4 视觉设计 ... 102

第 3 章 涨粉：高效地做出爆款笔记的秘诀 ... 106
3.1 爆款笔记的底层规律 ... 106
3.1.1 决定笔记成败的核心要素 ... 106
3.1.2 掌握这 3 个技巧，迅速找到爆款笔记流量密码 ... 112
3.1.3 学会这两个方法，成为爆款笔记收割机 ... 123
3.2 爆款笔记的流量密码 ... 146
3.2.1 小红书上常见的爆款笔记类型大盘点 ... 146
3.2.2 叠加爆款因子持续做出爆款笔记 ... 157
3.3 提高转粉率的核心方法 ... 161
3.3.1 一张用户行为地图可以让涨粉效率提高 N 倍 ... 161
3.3.2 掌握这 3 个公式，快速找到"涨粉"的技巧 ... 165

第 4 章 内容：从 0 到 1 创作一篇受欢迎的笔记 ... 173
4.1 选题 ... 173
4.1.1 用 5 个方法，源源不断地找到选题 ... 173
4.1.2 用两个步骤，搭建自己的选题库 ... 185
4.2 封面 ... 187
4.2.1 4 种爆款笔记的封面的底层逻辑大盘点 ... 187
4.2.2 封面的制作要点 ... 198

4.3 标题 · 203
- 4.3.1 6个标题公式，让人点击欲暴增 · 203
- 4.3.2 用3个技巧，持续写出爆款笔记的标题 · 208

4.4 内容 · 213
- 4.4.1 利用3种笔记结构，写出一篇受欢迎的图文笔记 · 213
- 4.4.2 使用经典的三段式视频脚本结构，提高视频完播率 · 220

4.5 关键词 · 227
- 4.5.1 如何找到与内容匹配的关键词 · 228
- 4.5.2 如何布局关键词让你的笔记多一些曝光 · 230

第5章 运营：提高数据必备的运营技巧 · 233

5.1 用3个运营技巧提高笔记的互动率 · 233
- 5.1.1 在笔记中埋"钩子" · 233
- 5.1.2 在弹幕中引导 · 235
- 5.1.3 在评论区中多互动 · 236

5.2 使用两个复盘方法，优化内容，持续做出爆款笔记 · 240
- 5.2.1 用一张数据分析复盘表，让运营力提升多倍 · 240
- 5.2.2 一个发布笔记自检清单，让你提高做出爆款笔记的概率 · 249

第6章 变现：人人可实践的小红书变现方法 · 255

6.1 广告变现 · 255
- 6.1.1 适合普通人的广告合作形式及其注意事项 · 255
- 6.1.2 用4个方法，让广告合作不请自来 · 266

6.2 知识变现 · 274
- 6.2.1 抓住平台红利，获得"被动收入" · 274
- 6.2.2 普通人如何进行知识变现 · 280

6.3 带货变现 · 281
- 6.3.1 直播带货 · 281
- 6.3.2 小清单带货 · 283

6.3.3　店铺带货 …………………………………………………… 286
6.4　影响力变现 ………………………………………………………… 291
　　6.4.1　利用小红书，高效联动私域变现 ………………………… 291
　　6.4.2　放大个人品牌的价值，实现高倍速增值 ………………… 291

第7章　心法：如何用一年时间成为一个值钱的小红书博主 …………… 293

7.1　你需要具备3大能力 ……………………………………………… 293
　　7.1.1　拆解力：学会拆解，搞定99%的爆款内容玩法 ………… 293
　　7.1.2　系统力：只有搭建体系，才能打造持久的内容生态 …… 299
　　7.1.3　内驱力：找到目标，获得更长久的创作动力 …………… 301
7.2　你需要具有的4个思维 …………………………………………… 303
　　7.2.1　鲁莽定律：立马去做，不要等到准备好再开始 ………… 303
　　7.2.2　用户思维：极致利他，源源不断地收获爆款笔记 ……… 306
　　7.2.3　作品思维：打磨作品，用自媒体放大个人品牌价值 …… 309
　　7.2.4　长期主义："不下牌桌"，用一年时间打造一个账号 …… 310

第 1 章　入门：快速了解小红书平台

1.1　了解平台：人人都可以做小红书博主

在运营任何一个平台账号之前，你要做的第一件事都是了解这个平台是否值得入驻。如果让我给新手推荐一个最值得入驻做自媒体运营的平台，那么我一定会强烈推荐小红书。作为一个过来人，我将从以下 3 个方面来介绍为什么小红书是普通人做自媒体运营的最佳选择。

1.1.1　门槛低

与其他以视频为主要呈现形式的平台相比，小红书的创作门槛更低。图文和视频这两种呈现形式在小红书上都有受众。很多只做图文的博主，也能做出很多爆款笔记，获得很多粉丝。所以，即便你不会拍视频、剪视频，也可以用图文笔记开始运营账号，迈出自媒体创作的第一步。

我的社群学员"与清就是壮壮吖"是一个教公众号写作的自媒体人。她在小红书上分享拆解公众号爆款文章的笔记。她在刚开始运营账号的时候，不擅长拍照，也不会制作精美的海报，于是直接把在纸上做的笔记扫描成图片，将其发布成一篇篇拆文笔记（如图 1-1 所示）。

这样的形式反而获得了很好的反响，直观又清晰的批注与拆解能让人简洁明了地知道一篇文章的结构。最终，她靠这样的拆文笔记一个月内增加了 4000 多个粉丝，3 个月"引流"到微信 400 多个精准粉丝，实现了几万元的变现。

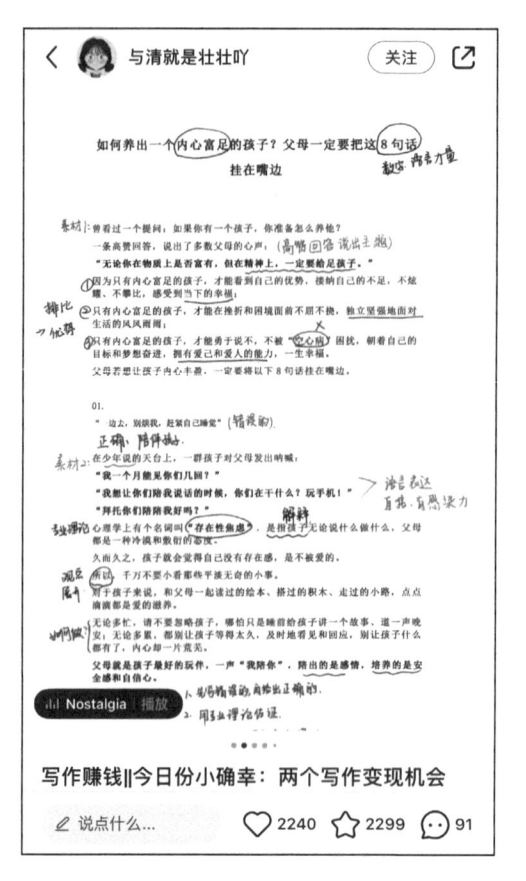

玩透小红书——素人博主从 0 到 1 实战手册

图 1-1

所以，你不用担心不会做视频、露脸。在小红书上图文笔记和视频笔记可以并存。你也不用担心不会拍照。截图、海报等各种形式都可以替代拍照。你可以选择任何一种适合你现阶段的形式立刻去实践，这对于新手来说几乎是零门槛就能开始做自媒体运营。

1.1.2 氛围好

2021 年上半年，小红书推出了《社区公约》，明确提出"真诚分享、友好互动"的社区价值观。

第1章 入门：快速了解小红书平台

小红书有一套严格的审核机制。不管是图文笔记，还是视频笔记，任何涉及辱骂、引战、引流等的内容，都有可能被严格的审核机制屏蔽。对于在评论区回复的留言，也有一套严格的审核机制，一些可能涉及商业行为、不良诱导、引战的评论，也都可能被屏蔽。所以，与其他平台相比，小红书因其严格的监管机制，能给用户营造更友好的交流氛围。

除此之外，小红书的主流用户为年轻女性。这使得小红书社区天然地形成了女性之间友好讨论、互相帮助的氛围。用户可以在这里发布生活、工作中的各种问题，能与其他用户关于这些问题进行比较友好的互动和交流。

图 1-2 中的博主在挑选婚纱时，将试穿的婚纱照发布在小红书上，让陌生网友们帮忙选择哪件婚纱更好看。这篇求助帖得到了 600 多条评论。网友们在评论区帮助新娘选婚纱，还会给个人意见，甚至还有人问同款婚纱的购买链接。

(a)　　　　　　　　(b)

图 1-2

这样的求助帖在小红书上非常常见，小红书上的用户互相帮助，互相讨论，这样的社区氛围是小红书独有的。

一个账号名称为"火"的博主是一位 40 多岁的老师，在接触小红书后开始学习穿搭和化妆，在小红书上晒出她的变美经历。在账号早期的每篇帖子下小红书的"姐妹们"帮她出谋划策，教她画眉毛、涂隔离霜、涂口红、换发型。这位博主一点点地采纳大家的建议，不断地晒出她的化妆和穿搭变化，感慨小红书让她变美。在每篇帖子的评论区中，"姐妹们"也感慨见证了博主的变化（如图 1-3 所示）。

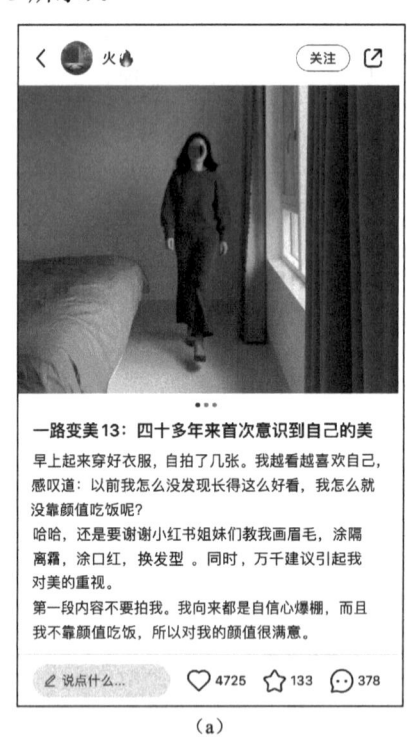

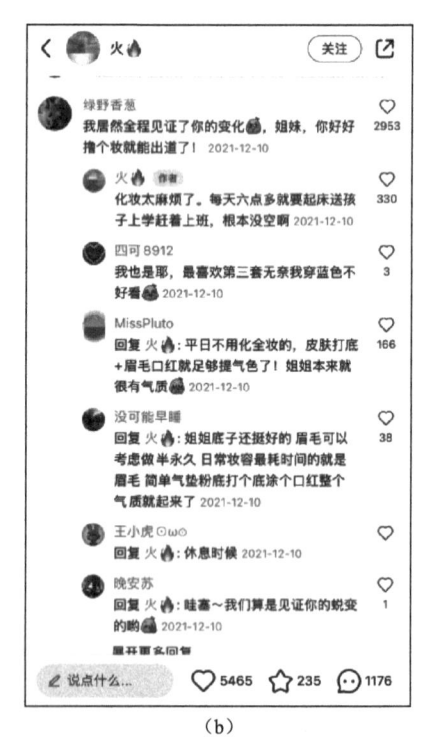

（a） （b）

图 1-3

这种社区氛围让小红书成为女性用户交流美好生活的首选，也形成了小红书与其他社交平台的差异化。很多用户会喜欢这种社区氛围，选择在这样的社区中扎根。

对于内容创作者来说，在这样的友好氛围下创作内容，能更有安全感。在发表一些个人观点时，内容创作者可以真诚地说出感想，会得到更多友好且正向的评论，从而更有动力创作内容。

1.1.3 变现强

如果你是普通的学生、上班族、自由职业者，想要做自媒体副业，那么小红书绝对是能让你赚点小钱的首选，在这里有各种变现的可能性。

我在只有 200 多个粉丝的时候就收到了腾讯视频的合作邀请。他们看到我在小红书上写《令人心动的 offer》这个综艺节目的干货笔记，就付费邀请我写笔记为节目推广。这给了我很大的信心和动力，我才知道原来在小红书上还能这样赚钱。

要知道，对于一个只有 200 多个粉丝的素人来说，这样的粉丝量级在其他平台上几乎是不太可能变现的，但在小红书上，有几百、几千个粉丝的博主能接到合作邀请的机会比比皆是。平台的调性和环境决定了它的内容生态与变现方式。作为"国民种草机"的小红书，早已成为各大品牌方的主流投放平台。

品牌方采用"金字塔式"投放模型（如图 1-4 所示）。①用路人、素人和初级达人铺量，让其通过分享使用产品的体验来沉淀品牌口碑，在批量投放中维持品牌热度。②让腰部达人进行更深度的"种草"和测评，巩固社交影响力，提高品牌的曝光效果甚至转化效果。③让头部达人、知名 KOL（Key Opinion Leader，关键意见领袖）、明星进行造势和引导话题。

由此可以看到，即便你的粉丝数很少，你也能出现在一些品牌方的投放目标里。在小红书上，变现的门槛极低。

也许一开始你收到的更多的是置换合作邀请（品牌方免费寄给你东西，你免费给他们发布内容，双方"互免"），但随着粉丝数不断增加，你的广告报价就会越来越高。我的社群学员"小 QQQQ"是一个大二学生，在小红书上做学习博主，在只有 2 万多个粉丝的情况下，靠广告合作每月的收入超过万元，早早实现了经济独立。

所以，如果你是新媒体"小白"，想要靠做自媒体运营获得副业收入，那么绝对适合尝试运营小红书账号，因为小红书的创作门槛低、平台氛围好、变现机会多。

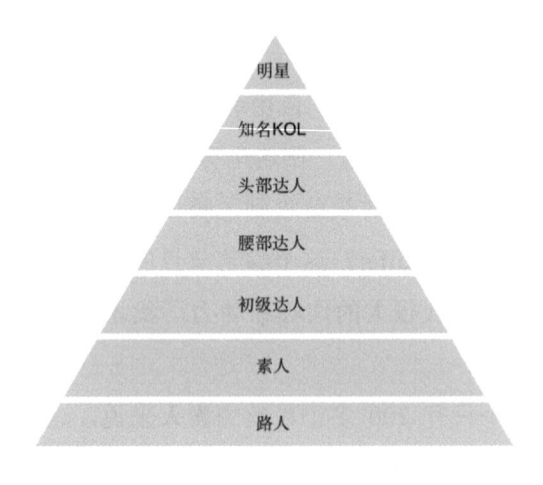

图 1-4

1.2 了解用户：小红书的用户画像

1.2.1 用户生态

1. 年轻女性

千瓜数据发布的《2022年千瓜活跃用户画像趋势报告（小红书平台）》显示，小红书的女性用户占比为88.8%。

在活跃用户中，年龄分布在18～24岁的用户占46.39%，25～34岁的用户占36.08%，18～34岁的用户为小红书的主要用户人群，总计占82.47%。从地域分布上来看，广东、上海、北京用户的占比分别为18.2%、10.0%、8.5%。

在千瓜数据的报告中显示，小红书的主要用户有6类：Z世代、新锐白领、都市潮人、单身贵族、精致妈妈、享乐一族（见表1-1）。这6类用户有一些共同特点：爱尝鲜、爱生活、爱分享、高消费。

表1-1

用户	标签
Z世代	兴趣社交、追逐潮流、网络游戏、学习打卡、竞技体育
新锐白领	经济独立、热爱工作、积极活泼、充满个性
都市潮人	时尚、注重自身形象、有独立精神、有观点
单身贵族	经济独立、注重享受、追求品质、轻量消费
精致妈妈	生活品质高、注重形象、高端消费、护肤保养
享乐一族	娱乐至上、兴趣消费、追求体验、追求享受

这样的以爱生活的女性用户为主的社区，造就了充满活力、多元的社区氛围。很多女性的消费购买决策都会在小红书上进行。

2. 消费能力强

在千瓜数据发布的《2022年千瓜活跃用户画像趋势报告（小红书平台）》中，活跃达人的粉丝人群关注的焦点集中在彩妆、穿搭、护肤、美食教程、减肥运动等领域（如图1-5所示）。这些领域是目前品牌方投放广告最多的领域。

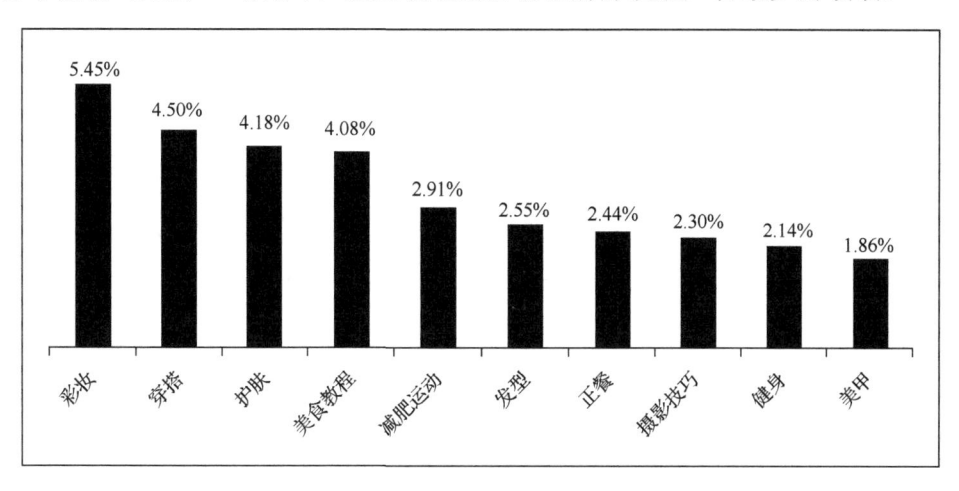

图1-5

以时尚穿搭为例，在服饰类热门商品"种草榜"TOP100的商品中，单价在1000元以上的商品的占比为58%（如图1-6所示）。由此可见，小红书用户的消费能力相对较强，用户对大品牌有较高的关注度。

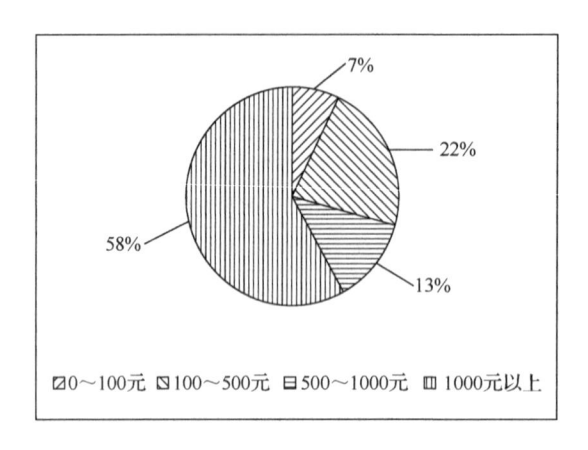

图1-6

此外，小红书上的年轻一代，不仅关注大品牌，还能被个性、小众、高性价比的商品"种草"，拼多多好物、平价好物这类平价内容在小红书上也非常受欢迎。在小红书这个多元化的社区中，各类人群都能找到自己喜欢的内容。

1.2.2 创作者生态

对于想要在小红书上做博主的人来说，首先要做的事情是了解平台的创作者生态，了解运营小红书账号是否还处于红利期，是否还有机会变现。

千瓜数据发布的《2022上半年千瓜品牌营销数据报告（小红书平台）》显示，2022年上半年在商业笔记内容生产者中，初级达人、腰部达人共占95%（如图1-7所示）。达人的粉丝量级在10万个以下的占比超过70%（如图1-8所示）。

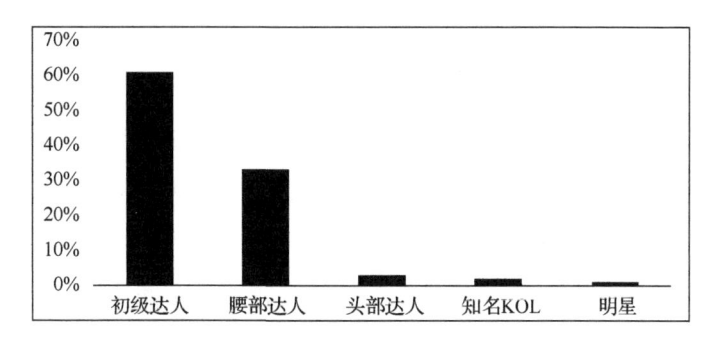

图 1-7

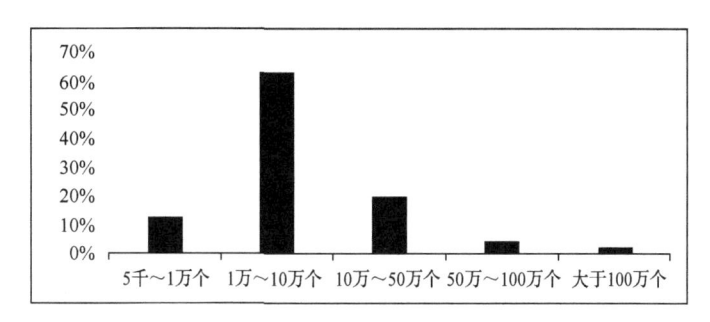

图 1-8

从这些数据中可以看出，对于整个平台来说，在去中心化的算法机制下，流量没有集中在头部达人身上，反而给了初级达人、腰部达人极大的商业变现空间。

由此可见，对于素人来说，尽管平台内互相竞争的创作者很多，但小博主不管是在流量获取上，还是在商业变现上，都有非常多的可能性。

1.3 了解规则：平台算法和推荐机制

1.3.1 平台算法和推荐机制揭秘

一篇笔记在发布后，主要会经历以下几个阶段。

1. 审核

笔记在发布后会先进行机器或人工审核。如果笔记直接通过机器审核,那么在发布后能立即被看到。如果机器无法判定笔记的内容是否违规,或者在机器判定下显示违规,笔记就会进入人工审核阶段。在人工审核后,如果内容违规,笔记就会被限流,不再被推荐到公共流量池中。如果内容不违规,笔记就会被推荐到公共流量池中。

在发布笔记后,你可以先用其他的账号查看自己的账号主页,如果在主页中能看到最近发布的笔记,那么说明笔记已经通过审核。

2. 收录

在小红书上,只有被收录的笔记才能被推荐。因此在通过审核后,你首先要做的事情就是查看笔记是否被收录。

把笔记的标题输入搜索框中,点击"最新"选项,如果在搜索结果页中能出现刚刚发布的笔记,就说明笔记已经被成功收录。

3. 匹配推送

系统会根据笔记中的关键词,给笔记打上一定数量的标签,再将笔记推送给可能对这些标签感兴趣的人。

在初始情况下,笔记会被推荐到一个有几百次曝光量的初始流量池中。系统根据初始流量池中的用户反馈,判断这篇笔记是否受欢迎。这些反馈中包含点赞、收藏、评论、发弹幕、转发、关注等行为,系统会对这些行为进行加权计算,如果最终的数据好,笔记就会被推荐到下一个有更高曝光量的流量池中,如果数据不好,笔记就会被停止推荐。如果笔记在有更高曝光量的流量池中数据依然很好,就会被推荐到更高一级的流量池中,以此类推。以上就是小红书的推荐算法,如图1-9所示。

有一点需要注意的是,笔记成为爆款笔记之后不一定会被持续推荐。如果笔记违规、被他人举报,或者到了某一个推荐量级之后,都可能会被再次审核,

第 1 章 入门：快速了解小红书平台

如果笔记确实违规，就会被停止推荐。所以，你在创作内容前，一定要了解小红书的基本规则，尽量避免辛苦创作的内容因为违规而失去流量，甚至对账号产生影响。

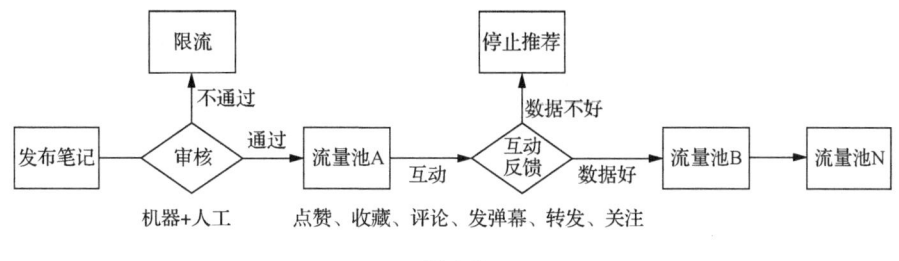

```
发布笔记 → 审核 ──不通过→ 限流
              ↓通过
           流量池A ──互动→ 互动反馈 ──数据不好→ 停止推荐
                                  ↓数据好
                                流量池B → 流量池N
         机器+人工        点赞、收藏、评论、发弹幕、转发、关注
```

图 1-9

1.3.2 一篇笔记的 4 个流量入口

在小红书上，一篇笔记是如何被推荐到大众面前的呢？小红书主要有 4 个流量入口："发现"页面、"关注"页面、"搜索"页面、"同城"页面。

1. "发现"页面

"发现"页面（如图 1-10 所示）是大部分人打开小红书后默认出现的页面，也是一篇笔记最主要的流量入口。

在千人千面的算法机制下，每个人的"发现"页面中出现的笔记内容都是不一样的。系统通过每个人浏览过的笔记类型、互动行为，给不同的用户打上不同的标签，再通过算法把用户感兴趣的内容推荐到"发现"页面。

要想让笔记出现在"发现"页面，就需要

图 1-10

在笔记中植入精准的关键词，让系统给笔记打上精准的标签，从而将其推荐到更精准的人面前。小红书的"发现"页面是双列展示的。打开"发现"页面，笔记内容分成左右两列并排展示在用户面前。在这样的页面模式下，用户必须点击某篇笔记的封面，才能浏览完整的笔记内容。想要让笔记被打开，封面和标题需要足够吸引人，让人有点击欲。

一篇笔记最终能否成为爆款笔记，取决于用户打开笔记后的各种互动效果。如果笔记被更多人喜欢，就会被推荐到更大的流量池中。

2. "关注"页面

粉丝关注了博主之后，博主最近发布的笔记就会出现在粉丝的"关注"页面（如图 1-11 所示）。"关注"页面中出现的笔记是随机的，并不一定按时间顺

图 1-11

序排列，某个博主几天前发布的内容也可能会出现在第一屏。对于笔记的整体流量来说，"关注"页面带来的流量占比几乎很少。

小红书的推荐机制是将单篇笔记推荐到某一个量级的流量池中，再根据用户对笔记的互动效果决定是否将其推荐到更大的流量池中。因此，在去中心化的算法机制下，要想让一篇笔记"出圈"，就必须让笔记在"发现"页面被更多的人看到。

这就意味着，在小红书上，你的粉丝数无法决定笔记的流量。这也是为什么经常能看到很多有十几万，甚至几十万个粉丝的博主，发布的笔记的数据也不稳定。这就给了素人博主巨大的机会，把内容打磨好，在零粉丝的情况下也有可能做出爆款笔记，从而"涨粉"。

3. "搜索"页面

小红书和其他社交平台的不同点在于，很多人会把小红书当成搜索引擎，搜索各种教程、攻略、好物测评，解决生活中的各种问题。因此，"搜索"在小红书上变得极其重要。如果笔记中包含热搜词，且热搜词的搜索排名长期靠前，那么能给笔记带来很好的长尾流量。

在小红书首页的右上角有一个搜索框，如图1-12（a）所示。在搜索框中输入关键词搜索后，会出现与关键词相匹配的笔记，如图1-12（b）所示。

在搜索结果页面中，用户还能个性化地选择看视频笔记或者图文笔记。

系统还会根据关键词，推荐关键词下的细分词。比如，搜索"鸡胸肉"，会出现"做法减脂""腌制""凉拌"等词语。这些都是搜索鸡胸肉的人可能会遇到的细分场景。系统根据大数据测算出这些细分场景的关键词供用户选择。

对于一篇笔记来说，除了"发现"页面带来的流量，搜索也是很重要的流量来源。特别是对于一些教程、攻略类的干货，你需要做关键词优化，布局用户可能会搜到的关键词，让用户有更大概率搜索到你的笔记。

(a)　　　　　　　　　　　　　　　(b)

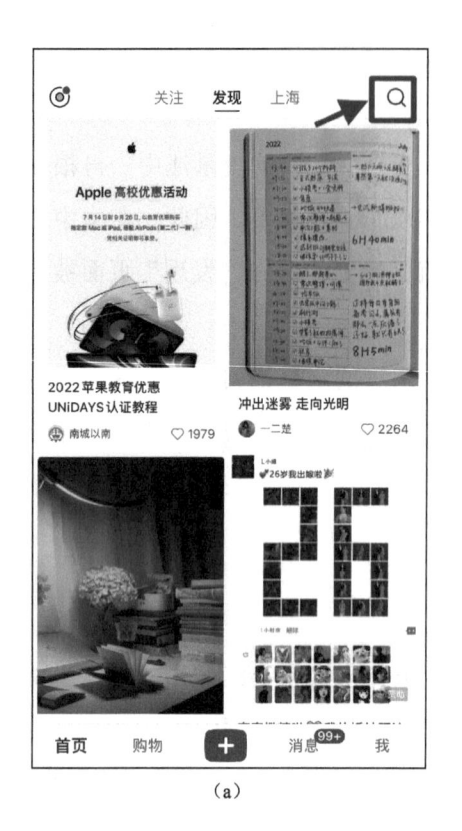

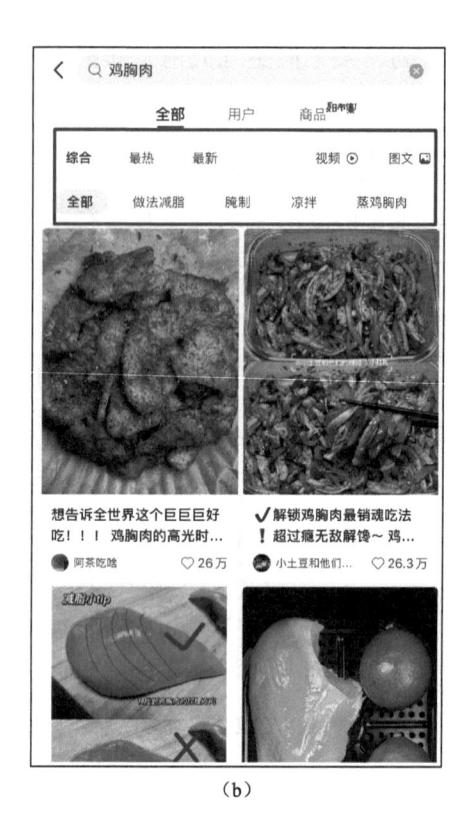

图 1-12

4. "同城"页面

小红书还有一个经常被忽略的流量入口，即"同城"页面（如图 1-13 所示）。在用户点击"同城"页面后，系统能根据用户所在城市的定位，自动匹配一些与本地旅行、美食、探店、景点等相关的内容。

用户点击"同城"页面是有预期的，大部分人想要通过这一入口获得一些同城的美食餐厅、景点、探店这类内容。如果你的创作领域与同城强相关，那么这是一个加分项。在发布相关笔记时，你可以加上所在地的定位，大数据会根据地址和其他标签将笔记匹配给对应的用户。如果你的账号的内容定位与本地生活无关，那么可以忽略这个页面。

图 1-13

1.4 了解功能：新人必备的操作指南

小红书的操作页面并不复杂，对于新人来说，在刚开始做内容时不必了解全部功能，只要了解如何发布笔记、一些必要的功能页面和规则，就可以发布内容了。

1.4.1 了解如何发布笔记

1. 发布笔记的步骤

在小红书上发布一篇笔记的操作门槛很低。新手只需要简单了解一下各个功能，即可上手发布内容。简单来说，发布笔记分为以下几个步骤。

第一步：选择图片或视频。点击首页最下方的"+"按钮，打开相册，选择手机相机中的图片或视频（如图1-14所示）。最多选择18张图片，视频的时长最长为5分钟，开通视频号功能后视频时长的上限可以升级至15分钟。

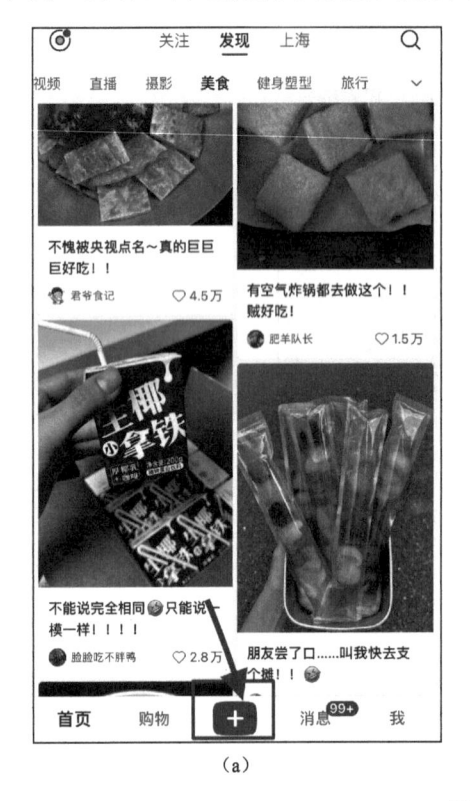

（a） （b）

图 1-14

第二步：编辑内容。在选择完图片或视频后，点击"下一步"按钮，打开笔记编辑页面（如图1-15所示）。填写笔记标题、正文，标题最多为20个字符，正文最多为1000字。如果想要调整图文笔记的图片位置，那么长按图片就可以拖动图片进行排序。

第三步：优化笔记。在编辑完笔记后，可以在正文中添加热门话题，在图片中添加贴纸、滤镜、标记地点（如图1-16所示）。

第1章 入门：快速了解小红书平台

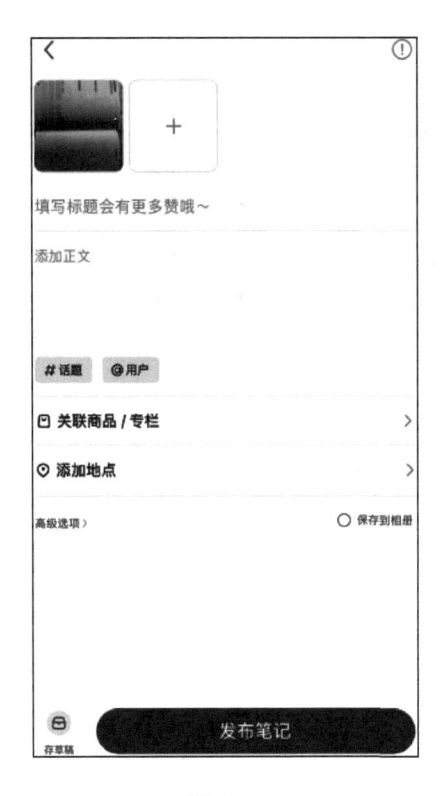

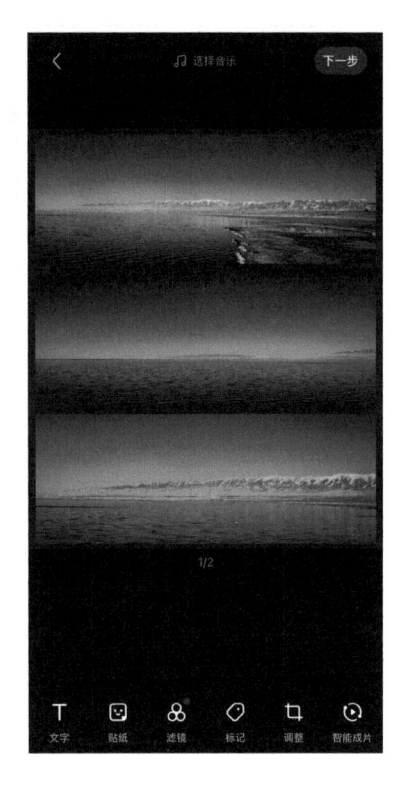

图 1-15

图 1-16

在全部编辑完后，点击"发布笔记"按钮，一篇笔记就成功发布了。

2. 发布笔记的注意事项

（1）选择发布时间。一篇笔记在发布后，需要一定的时间进行冷启动。因此，你应该尽量选择在平台用户最活跃的时间发布笔记，这样可以确保在冷启动期内笔记能有较大概率被更多的人看到。

千瓜数据的流量大盘显示，对于不同的领域，每周用户活跃的时间略有不同。对于一些领域来说，用户在前半周比较活跃，而对于另一些领域来说，用户在后半周比较活跃。总体来说，从周一到周日，用户的活跃时间较为平均，如图 1-17 所示。

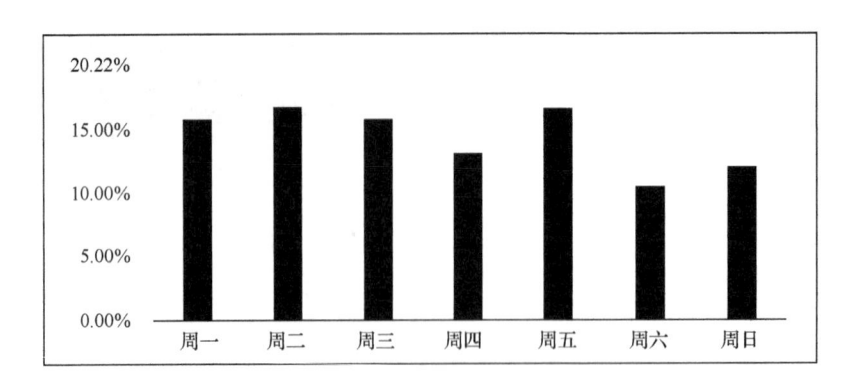

图 1-17

每日用户活跃的时间段则集中在 17：00—22：00，多为下班后或者放学后的休息时间，如图 1-18 所示。笔记的发布时间，建议选择在你的创作领域的用户活跃的时间段。

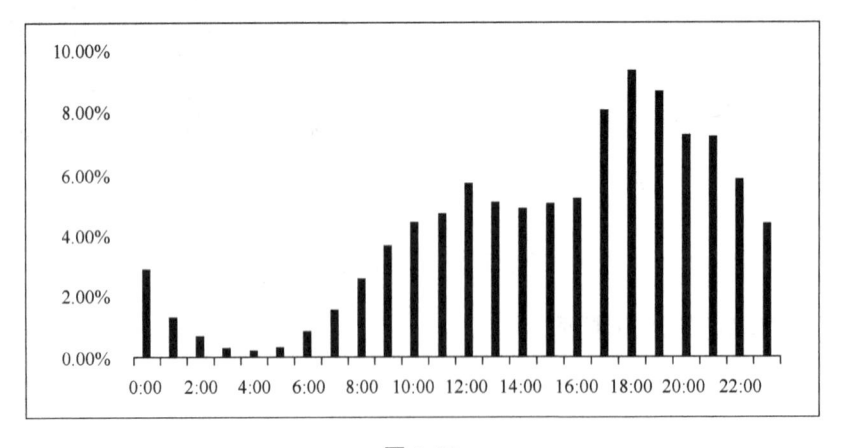

图 1-18

当然，并不是在"黄金时间"发布笔记就一定有流量，在其他时间发布笔记也不一定没有流量。一篇笔记能否火，最重要的因素还是选题、封面、标题、笔记内容。我有几篇笔记是为了追热点，在零点发布的，到了第二天照样可以成为爆款笔记，并不会因为不在"黄金时间"发布而损失流量。

如果你不确定应该在哪个时间发布笔记，那么可以参考对标账号，观察并

第 1 章　入门：快速了解小红书平台

总结同类型账号的发布时间。当然，你在运营前期也可以选择在不同的时间发布，测试在不同的时间发布的效果，最终确定自己的发布时间。

（2）发布后修改。在小红书笔记发布后，如果想要修改笔记，那么点击笔记右上角的"…"按钮，再点击"编辑"按钮，打开笔记修改页面，如图 1-19 所示。你可以修改图文笔记的标题、正文、图片，但只能修改视频笔记的标题、封面、正文，不能替换已发布的视频。

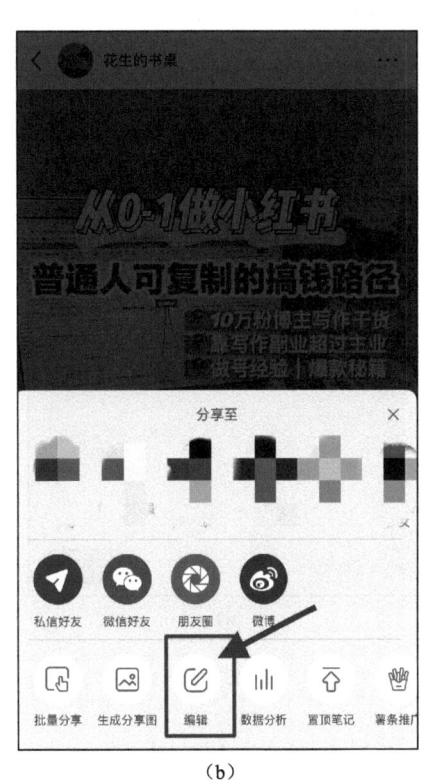

(a)　　　　　　　　　　(b)

图 1-19

需要注意的是，修改后的笔记重新发布，笔记内容会被二次审核，在审核时会有很多不确定因素，可能会影响后续的流量。如果笔记正处于流量高峰期，那么不建议修改，也不建议频繁修改笔记内容。

（3）添加笔记合集。在发布完笔记后，你可以把视频笔记添加到合集中，如图 1-20（a）所示，方便对某一类内容感兴趣的用户通过合集查看相似的内容。视频合集会出现在博主的账号首页，如图 1-20（b）所示。

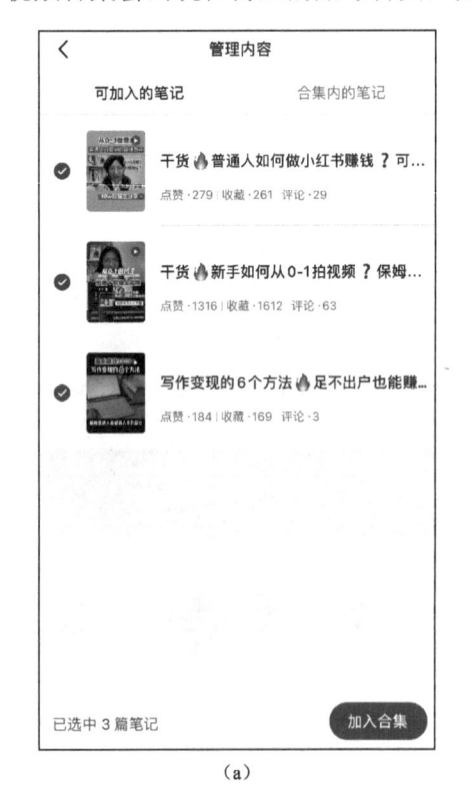

（a）　　　　　　　　　　　　（b）

图 1-20

合集的功能只有视频笔记才有，如果想对图文笔记做分类，方便粉丝查看笔记，那么可以使用收藏夹功能。你可以把相同类型的笔记放进同一个收藏夹中，这样用户点击你的收藏夹时，就能查看自己感兴趣的那类笔记，如图 1-21 所示。

第1章 入门：快速了解小红书平台

图 1-21

1.4.2 了解页面功能

小红书 App 内有很多隐藏页面，了解并熟悉其中的一些页面功能，能对平台功能和政策有更进一步的认知，甚至利用其中的一些功能，能少走很多弯路。

对于博主来说，最常用的按钮就是"创作中心"，如图 1-22 所示。在进入创作中心后，能看到很多针对博主运营的功能入口。

1. 功能与权益类

（1）数据分析。在创作中心首页（如图 1-23 所示），点击"近 7 日数据"选项，进入数据中心页面，可以查看账号概览、笔记分析、粉丝数据。

图 1-22　　　　　　　　　　　　图 1-23

在账号概览页面中，可以查看账号近 7 日、近 30 日的数据情况，包括观看数据、互动数据、粉丝转化数据，如图 1-24 所示。

在笔记分析页面中，可以查看半年内单篇笔记的互动数据，包括笔记的观看、人均观看时长、点赞、收藏、评论、笔记涨粉、笔记分享数据，以及对笔记的点击率、完播率等各维度的诊断，还能看到笔记的观众来源分析、观众画像，如图 1-25 所示。

在粉丝数据页面中，可以看到近 7 日、近 30 日的新增粉丝、流失粉丝、总粉丝数据，还能查看近 7 日、近 30 日的忠实粉丝互动数据，以及新增粉丝来源、粉丝画像，如图 1-26 所示。

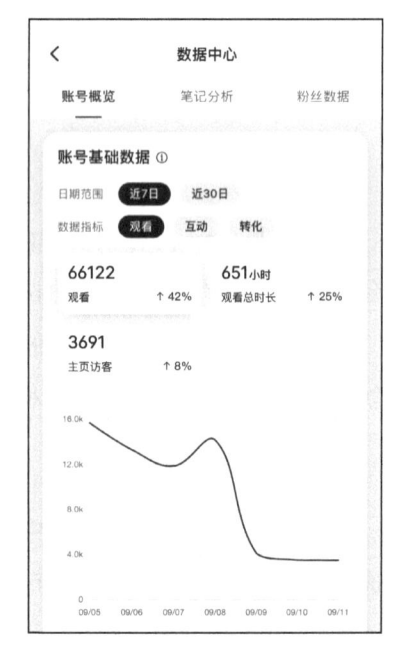

图 1-24

第1章 入门：快速了解小红书平台

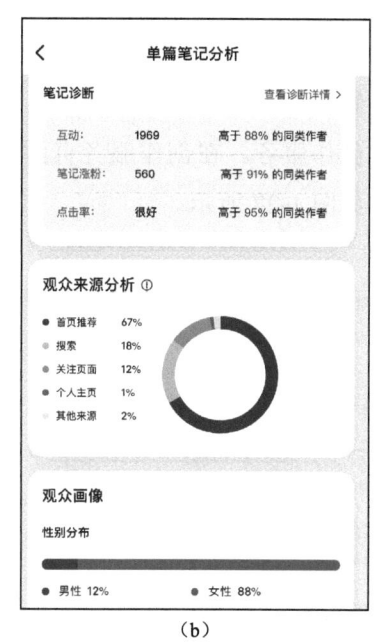

（a） （b）

图 1-25

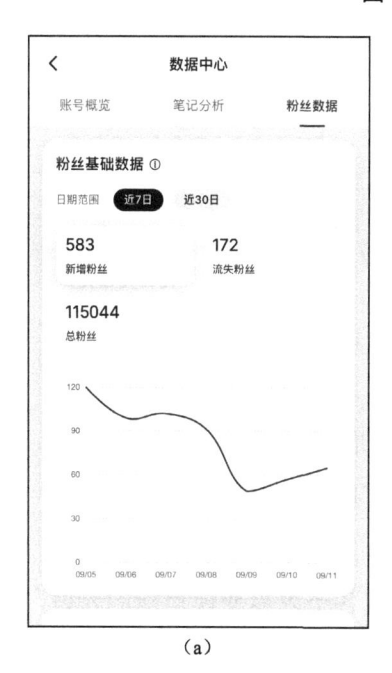

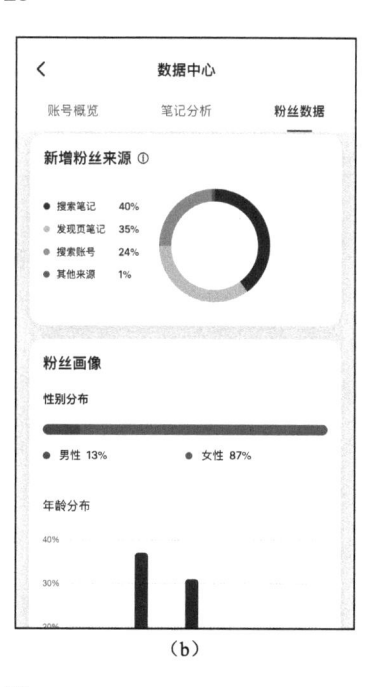

（a） （b）

图 1-26

通过这些页面，可以清楚地知道单篇笔记的数据、近期账号整体的数据，以便后续做复盘分析。

（2）创作服务。在创作服务页面中有大部分人运营小红书账号时需要用到的功能，如图 1-27 所示。

（a）

（b）

图 1-27

① 创作权益。在创作权益页面中，可以看到创作者有哪些权益，以及不同权益的解锁条件、使用方法。

表 1-2 是开通一些基本的权益功能时所需要的条件。

② 作者能力。在作者能力页面中，可以开通直播、专业号功能，同时可以查看小红书平台的各个规则。

③ 内容变现。在内容变现页面中，有各个内容变现功能的入口。点击"店铺"选项，可以申请开通小红书店铺。点击"直播选品"选项，可以进入选品

中心进行选品，创建直播间的选品列表或者小清单列表。点击"薯条推广"选项，可以进入薯条推广页面，付费推广自己的笔记。点击"内容合作"选项，可以进入蒲公英内容合作后台。博主可以在这个页面中设置自己的广告合作报价，查看广告合作进展。

表 1-2

功能	开通条件
笔记置顶功能	发布 20 条笔记后自动开通
评论置顶功能	一条笔记有 50 条评论后解锁该功能或者开通视频号直接获得评论置顶功能
视频号功能	500 个粉丝
视频自定义封面	开通视频号后解锁该功能
专业号	实名认证即可开通
直播选品/小清单	实名认证+完成专业号认证+1000 个粉丝
薯店	完成专业号认证
品牌合作	完成专业号认证+1000 个粉丝

2. 笔记灵感

在笔记灵感页面中，小红书官方每周会更新各个领域的热门话题。如果你在做选题时灵感枯竭，就可以在笔记灵感页面中查看热门话题，如图 1-28 所示。参与话题讨论的优质笔记，还能得到官方的流量扶持，如图 1-29 所示。

点击笔记灵感页面中的"官方活动"选项，可以进入小红书发起的官方活动页面，如图 1-30 所示。官方活动页面中的活动，都是各个领域中比较大型的活动，官方会对参与活动的优质笔记进行流量扶持。

笔记灵感页面和官方活动页面是所有创作者每周都应该打开的页面。多参与官方的活动能被官方扶持，给笔记带来额外的免费流量。优质的笔记还能获得更多曝光位，得到更多扶持。

图 1-28

图 1-29

图 1-30

第1章 入门：快速了解小红书平台

3. 创作学院

在小红书的创作学院页面中，有许多官方制作的课程和规则解读，包括如何做选题、如何拍摄和剪辑、如何运营、如何商业变现，覆盖了新手做内容时遇到的大部分问题，如图 1-31 所示。

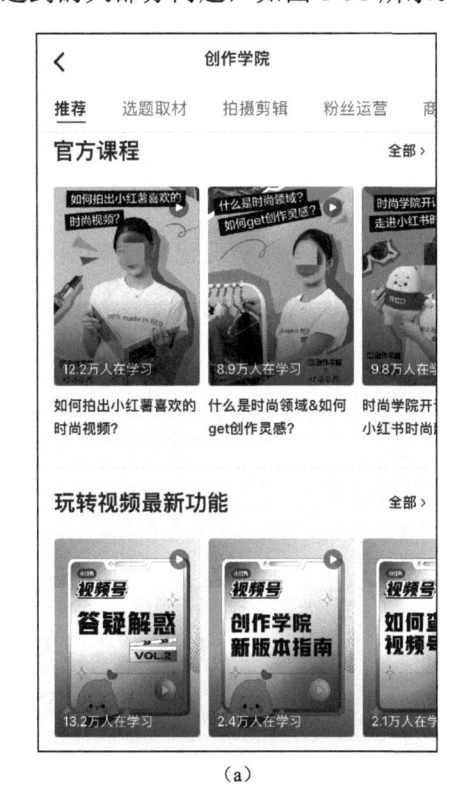

(a)　　　　　　　　　(b)

图 1-31

此外，小红书官方出品的教程，包含了对社区规范、审核逻辑、推荐逻辑的解读。博主看官方的讲解能少走很多弯路。

新手在刚开始运营账号时，可以不用付费学习各种课程，把官方的课程全部看完，就能对运营有初步的认知。

1.4.3 了解平台规则

不管在哪个平台上运营账号，在正式运营账号之前，最重要的一件事情都是了解这个平台的基本规则，以免因为犯一些低级错误导致账号违规。

在一般情况下，我们正常发布笔记不会违规。在前期创作内容时，以下几个方面可能会被新人忽略。

1. 避免站外引流

不管是在笔记的正文文字中还是在视频的画面中，都不能出现站外引流信息，包括但不限于微信号、二维码、网站链接、其他网站的水印。当想要截取某些影视剧的画面时，你要注意去除第三方网站的水印，以免被判定为违规。

2. 避免恶意刷赞

在小红书的社区规范中，明令禁止各类作弊行为，比如用非正常手段进行关注、点赞、收藏、评论等。

如果在短时间内邀请多人点赞，且没有任何浏览痕迹，那么有可能被平台识别为恶意刷赞。在无法把握尺度的情况下，建议不要批量地邀请别人帮忙点赞，而要让内容通过算法推荐给精准用户，让平台内的用户自发地进行互动。

你要时刻记住：内容为王，只要内容足够优质，点赞数、收藏数就自然很多。

3. 避免使用一些违规词

在任何平台上创作内容，你都要注意避免使用一些违规词，例如其他平台的名字、极限词等。对于理财、医疗健康等特殊领域，你要尽量避免使用绝对的、带有诱导性的词汇。

如果你不确定笔记中是否有违规词，那么在发布笔记前，可以使用"零克查词"检测。规则是死的，最终还需要结合具体的语境来判断是否违规。比如，你在分享一个学习方法时，讲到"这个方法中最重要的一步是复盘"。这里的"最"是在正常的语境中使用的。当在介绍某个产品时，你用"最"形容它有多好，就会涉嫌夸大，违反《中华人民共和国广告法》。

总之，在创作内容时，应该尽量在发布前规避可能存在的违规行为。

4. 避免生硬地做广告

在小红书上发布一些"种草"笔记时，如果没有通过官方的蒲公英平台进行合作，并且笔记的广告痕迹太明显且内容生硬，笔记就可能会被平台判定为违规。即便是你真实使用的好物，如果太生硬地介绍产品，也可能会有被误判的风险。所以，在创作内容时，你要遵循"真诚分享，友好互动"的原则，避免生硬地堆砌产品成分和卖点，要结合生活化的场景和图片或视频，真诚地分享自己的使用感受。

网上流传着很多养号攻略，其实对于普通用户来说，在小红书上根本不需要养号，直接发布笔记即可。如果账号违规被限流，那么需要养号，可以发布一段时间的正常笔记，让账号逐渐恢复正常流量。

账号在很久以前发布过笔记，你现在想改变创作领域，如果账号没有任何违规行为，那么你直接用该账号即可，可以把以前的笔记删除或者设为仅自己可见。不过，在一天内不要删除太多笔记，要控制在 10 篇以内。

总之，你在创作内容时应该尽量避免站外引流、恶意刷赞、使用违规词、生硬地做广告等可能的违规行为。

第 2 章　定位：从 0 到 1 策划一个小红书账号

2.1　5个要素：让用户快速记住你

2.1.1　商业模式定位

商业模式定位是策划一个小红书账号的第一步且最重要的一步。你要想清楚在小红书上做什么，才能少走弯路。商业模式定位，就是你要在这里用什么方式赚谁的钱。很多人在刚开始运营账号的时候，可能没有想好怎么变现，走一步算一步，但如果只是基于兴趣，那么是很难持久运营一个账号的。

我们做任何事情，都一定要有最终的目的。无论你是想在小红书上接广告赚"小钱"，还是想打造个人 IP，扩大个人影响力，最终的目的都是围绕着"变现"的。所以，在前期你可以不求回报，通过做博主来锻炼自己的内容生产能力、倒逼自己输入等，但最终一定要有一个产品或者一种变现形态来承接你的兴趣。否则，兴趣可以支撑你度过新鲜期，但到了后期，当数据不佳、精心创作的内容得不到市场的正向反馈时，你可能就失去了继续运营账号的动力，直接放弃了。

第2章 定位：从0到1策划一个小红书账号

只有明确了商业模式，知道在小红书上要做什么、能做什么，才能忍受短暂的数据不佳与创作瓶颈，才有很强的动力长期做好这件事。在策划商业模式时，要明确两件事：账号的变现方式是什么、账号的目标人群是谁。

1. 明确变现方式

既然我们不能只靠兴趣运营账号，那么策划商业模式一定要以终为始，围绕着变现做定位。小红书上的变现主要分为两种，即产品变现和流量变现。

（1）产品变现。把小红书作为工具，把粉丝"引流"到其他平台上进行变现。

有一类人运营小红书账号的目的非常明确：扩大影响力和"引流"。这类人可能在其他平台上有课程、咨询服务等虚拟或实物产品，或者有线上、线下店铺。他们把小红书当成公域平台推广自己的产品，最终把粉丝"引流"到其他平台上实现变现和产品交付。

在这种情况下，只需要把小红书当成一个公域渠道，走"小而美"的路线，发布垂直领域的内容，吸引精准粉丝，实现精准转化即可。例如，我的社群学员"庆千金"有内衣品牌线下店，同时在微信朋友圈卖内衣。她把售卖的产品照片发布到小红书上"种草"，一个月内"引流"500人，变现几万元。我的另外一个学员用同样的方法给姐姐的袜子店铺"引流"，拍摄了几组袜子照片，将其发布到小红书上。她发布的8篇笔记里有一篇成了小爆款笔记，在只有几个粉丝、几百次点赞和收藏的情况下，给电商平台店铺增加了100个关注粉丝、转化了50个下单顾客。

如果你有线上的虚拟产品和服务，那么可以用同样的底层思维运营账号，即创作与产品强相关的垂直内容，吸引精准粉丝。例如，我的社群学员"与清就是壮壮吖"，在小红书上输出拆解公众号爆款文章的笔记，吸引了一批对写作感兴趣的精准粉丝，在3个月内为微信公众号"引流"400多人，变现几万元。

对于很多品牌和个人来说，小红书是一块流量洼地，这里的用户质量高且消费能力强。把小红书作为工具，通过输出垂直领域的内容能吸引非常精准的用户，实现高效变现。

（2）流量变现。靠小红书平台内的流量，实现多维度变现。

对于大部分新手来说，最普遍的变现方式就是在小红书上做内容、"涨粉"，然后通过小红书平台内的各种变现方式获取收益。

在小红书上主要有以下几种变现方式：品牌合作、体验好物、直播带货、直播打赏、小清单带货、开通专栏、开通店铺卖货、参加平台活动获取现金或奖品，见表2-1。

表 2-1

变现方式	功能介绍	适合的人群和变现难度
品牌合作	这是小红书的主流变现方式。博主在笔记中植入产品获取品牌方的广告合作费用，或者通过发布笔记免费获得一些产品	适合所有博主且变现难度低。在粉丝基数很小的情况下也有变现的可能性
体验好物	这是小红书官方的功能。博主可以申请体验好物，在申请成功后发布相关笔记	以免费试用为主，除了产品本身的价值，一般没有额外的收入
直播带货、直播打赏	博主可以在小红书上开通直播，在直播间带货赚取佣金，或者通过观众打赏赚钱	开通直播选品功能需要有1000个粉丝。直播需要考验一个人的演讲和销售能力
小清单带货	博主通过在小清单里添加商品，引导粉丝购买，赚取商品佣金	适合有一定粉丝基数的博主。在功能使用上有一定的门槛。用户没有此类购物习惯
开通专栏	博主开通专栏功能，上线直播课程或者视频录课程。粉丝购买课程后，博主赚取课程收益	适合知识分享型博主。优质的专栏能让博主获得可观的被动收入
开通店铺卖货	个人和品牌方都可以开通店铺，号店一体化可以带动店铺的展示。博主可以在笔记里插入店铺的商品链接，实现高效交易	适合有自己产品的博主。对于素人博主来说有门槛
参加平台活动获取现金或奖品	一些领域的"官方薯"发起的活动，会给优质内容流量扶持，部分活动会有现金或奖品激励	活动不太频繁，且优质作者竞争激烈，对于新人来说不容易变现

对于普通创作者来说，最常见、在短期内最容易变现的方式是与品牌合作，俗称"接广告""恰饭"。以接广告为主要变现方式的账号，在做定位前就要明确目标，要尽量输出优质内容，提升账号的数据水平，以此来提升广告报价。

如果你用以终为始的思维运营这类账号，那么在策划账号时要做到以下三点。

① 优化账号数据。你的内容互动数据和账号的粉丝数，在一定程度上决定了你的报价。有些账号的粉丝可能不多，但报价很高，很可能是因为账号的互动数据很好（如点赞数、收藏数、评论数）、用户黏性很强。相反，有些账号可能有十几万甚至几十万个粉丝，但主页近几个月的点赞都只有几十或者一两百次，那么一些品牌方在筛选账号时可能不会考虑这类博主，因为投放广告的性价比不高。

所以，如果想在小红书上接到广告合作，且得到比较可观的广告收入，那么粉丝数固然重要，点赞数、收藏数、评论数这些互动数据也非常重要，品牌方会对这些做综合考量。

② 提升账号内容的垂直度。你做出了很多爆款笔记，互动数据好，也有了非常多的粉丝，就能收到大量的广告合作邀请吗？并非如此。

你的账号内容是否垂直、粉丝是否与品牌方的目标用户相匹配，才是最重要的。比如，一个健身品牌做广告投放，是选择一个有 5 万个粉丝的健身博主，还是选择一个有 30 万个粉丝的娱乐搞笑类博主？前者的性价比和转化率一定更高。

因此在策划账号时，你一定要时刻牢记"垂直"这两个字，特别是在新手起号阶段（指账号从零开始运营），越垂直越好。

③ 提升账号质量。要想做一个持续赚钱的博主，就要把账号质量摆在首位。你一定要提高专业度，持续地产出专业、高质量的内容。这样才能走得更远，而不能局限于短期的速成与爆火。

同时，你需要有稳定的内容生产能力，一篇、两篇笔记火了靠的是运气，只有能持续产出垂直领域的优质内容，才能受到品牌方的青睐。因此，你要保证账号的大部分内容都能在行业的平均线以上，而不能在发布了高质量内容后，又发布了质量不合格的内容。

如果你能在垂直领域里做到优质且有爆款笔记，变现就是水到渠成的事。

2. 明确目标人群

除了确定变现方式，在商业模式定位中，还要明确目标人群，也就是要为哪一类人解决问题。

在第1章中介绍过，小红书的用户主要集中在18～35岁，多为年轻女性。即便小红书的主流用户人群的年龄段比较集中，不同的人的痛点、需求也会有很大的差别。因此，你在定位时要明确为什么人解决什么问题，人群越聚焦越好。例如，学习博主"麻橙子"是一个研究生。该账号分享的内容集中在考研和英语学习干货，目标人群为对英语学习方法、考研复习方法感兴趣的大学生。从该账号的粉丝年龄分布图中也能看出，近70%的用户集中在18～24岁，如图2-1所示。

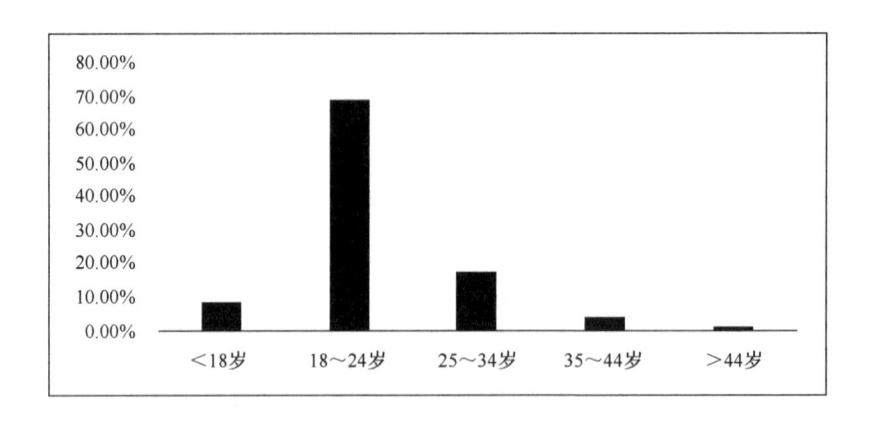

图 2-1

在目标人群定位这个环节，很多人会陷入一个误区，认为吸引到某个年龄段或者某类身份的用户即可，至于内容，这类人感兴趣的都可以发布。

很多新手在刚运营账号的时候，会毫无章法地发布内容，觉得这类内容用户可能会感兴趣，那类内容在别人的账号里很火，他们的用户可能也会感兴趣。于是，他们也跟着做类似的选题，结果账号变成了"四不像"。

我有个学员是英语启蒙老师，分享 0~12 岁幼儿英语启蒙干货，其目标用户是 0~12 岁孩子的家长。这类账号的目标很明确，用户也很垂直。这类账号只要发布垂直的英语启蒙干货即可。这个学员有一次发布了一篇名为《30 岁女性必看的 TED 演讲》的笔记。这篇笔记火了之后，她紧跟着又发布了一篇相同题材的笔记，两篇笔记为她增加了几千个粉丝。于是，她把账号简介改成既分享英语启蒙干货又分享女性成长干货，觉得用户是同一个人群。她其实犯了一个致命的错误——没有明确为哪个人群解决什么问题。如果分享英语启蒙干货，那么解决的就是妈妈们不会给孩子进行英语启蒙的痛点；如果分享女性成长干货，那么解决的是妈妈们自身的成长焦虑、自我成长需求的痛点。这两类痛点和需求背后的人本质上是两类，可能其中有重合，但账号的功能属性是不一样的。所以，对于目标人群定位，不仅要明确吸引哪个年龄或身份的人群，还要明确这个人群背后的某些具体的需求和问题。

最终，商业模式定位应该遵循这个公式：商业模式定位＝变现方式+人群+需求。比如，一个家居博主的商业模式定位可以是这样的：给小户型家庭分享平价装修心得和好物，解决空间小又想装修得好看的痛点，通过接广告植入平价好物来变现。一个美食博主的商业模式定位可以是这样的：给上班族分享快手减脂餐（指制作步骤简单，能在短时间内做完的菜品），解决想要吃得健康却没有太多时间做饭的痛点，通过接广告植入美食产品和厨房小家电等好物来变现。

2.1.2 账号的赛道定位

你在刚开始运营账号的时候，不用纠结到底是发布图文笔记还是发布视频笔记，是应该真人出镜口播还是做成vlog，首先要做的是确认一条赛道。比如，我一开始运营账号，虽然定位很乱，一会儿发布一个职场综艺节目里的干货总结，一会儿发布读书笔记，但这些内容都集中在"成长"这个大领域里。我在这个大领域里慢慢摸索，最终找到了更具体的选题栏目和内容风格。

所以，一开始没有想清楚具体要做成什么样的账号没有关系，先去想大方向，是做输出干货的知识博主，还是做母婴育儿、美妆护肤、穿搭、美食、家居等博主，先找到一条赛道。

怎么找到适合自己的赛道定位呢？可以从自己擅长做什么、对什么感兴趣出发，挖掘出未来可以深耕的领域。

1. 从优势和兴趣出发找定位

（1）有长板。从优势出发找定位。如果你有优势，就从优势中找定位。如果你有一些职业、学校背景或专业、经历优势，并做出过一些成绩，就强调这些优势。

① 职业优势。如果你是英语老师、律师、资深广告人、职业咨询师，在垂直领域里有很多年的积累，那么这些都可以作为你的职业标签。比如，有8年教学经验的英语老师，可以做教英语学习的博主，分享英语学习干货。辅导过1000名学员写作变现的写作老师，可以做写作类的知识博主，分享写作干货。

我们在工作中多多少少都能积累一些经验和案例，可以提炼出很多选题。从职业优势入手做定位，在一定程度上能够帮助我们更快地运营账号。

② 学校背景或专业优势。如果你在学校背景或专业上有一定的优势，毕业于名校或者所学的专业与创作领域强相关（这在一些特定的创作领域中是很好的加分项），那么能为你的账号做背书。如果你是学习成长类的博主，那么"985学姐""哈佛学长"这些带有学校背景优势的标签能让粉丝更信任你。你甚至能在标题里加上这些学校背景标签来吸引用户点击。比如，博主"李柘远Leo"在

个人简介里标注了"耶鲁本科+哈佛 MBA",用学校背景来增加用户的信任,平时发布一些学习成长类的干货就更有说服力。

③ 经历优势。除了职业和学校背景或专业优势,你还可以从个人的经历中挖掘出可以定位的方向。比如,你三个月瘦 20 斤,很擅长做减脂餐,就可以做一个减脂美食博主。你连续早起 100 天,有自我成长心得,就可以做一个学习博主、自律博主。你一年看 100 本书,有很多读书心得和干货,就可以做一个读书博主。

这时,可能有人会疑惑:我的经历看起来没有一点儿优势,平台上比我厉害的人有很多,我该怎么办?这是很多新人在刚开始时会出现的畏难心理,但你要知道,你只要做出一丁点儿成绩,就能够为那些刚开始做的人提供"过来人"的经验。比如,你可以坚持早起 100 天,那些连 7 天都没有坚持下来的人就会很想知道你坚持早起的方法。你可以三个月瘦 20 斤,那么那些一周都瘦不了 1 斤的人就会很想知道你是怎么瘦下来的。

知识分享的本质就是传递信息差,所以只要有信息差的地方就存在价值。

(2) 无长板。从兴趣出发找定位。如果你像我一样,非名校毕业,也没有在知名公司工作的经历,就从以下几个方面入手找定位。

① 从兴趣爱好切入。只有对喜欢的、热爱的事情,你才能有源源不断的动力做下去,才会有内容可以持续输出。

你要尝试问自己,平时喜欢什么、最常做的事情是什么,从兴趣爱好出发找到一个方向切入。比如,你是一个妈妈,喜欢买各种玩具、母婴用品,那么可以做母婴博主;你喜欢做手工,那么可以从手工切入寻找合适的定位;你喜欢读书,那么可以做一个读书博主或者成长博主。

② 做一个"养成系"博主。如果你什么兴趣爱好都没有,或者什么事情都做得不太好,那么可以做一个"养成系"博主。"养成系"曾被用在游戏和追星的过程中。粉丝看着偶像从一个"萌新",经过悉心培养,慢慢变得越来越好、

越来越厉害。在这个过程中，粉丝参与、见证了偶像的成长，有一种"把孩子慢慢养大"的成就感、自豪感。

你在运营账号的过程中也可以用养成系的方式培养自己的能力。如果你现在不擅长做一件事情，那么可以花时间学习，一边学一边输出，慢慢地把不擅长变成擅长。在这个过程中，你的能力和知识不断地积累。当某件事情做不好的时候，你就要学习，然后输出学到的干货。这个过程能倒逼着你学以致用、不断成长。

我的账号就是用养成系的方法变得越来越好的。我在刚做小红书运营的时候有很多技能都不会，既不会取爆款标题、做好看的封面，也不会拍视频。我并没有为此找借口，而是选择先从门槛最低的图文笔记做起，先做金句整理、读书笔记类的内容。然后，我在实践中了解平台规则，研究流量密码，每周复盘调整，直到做出了爆款笔记。

后来，我想做视频，因为害羞、恐惧镜头，所以一开始做的视频是不露脸的。我从给视频配音做起，对着稿子把文案念出来，锻炼语言表达能力。

过了几个月，我尝试拍了几个露脸的视频，但是只在视频的开头、中间和结尾露脸，在其余部分仍然沿用之前不露脸的画面风格。后来，我通过讲课、做直播不断地锻炼镜头表现力，逐渐开始尝试拍更多的露脸视频。虽然很多时候我在看提词器时目光呆滞，但是每一条视频的拍摄都锻炼了我的镜头表现力。

在此期间，我遇到过很多困难。比如，我租的房子靠近马路，收声困难，于是我就半夜躲进厕所里配音，还有几次背着一书包的书和器材去附近酒店开钟点房录口播视频。

就这样过了一年，我拍了80条视频。与第一条视频相比，后来拍的视频不仅画质、剪辑流畅感提升了，我的镜头表现力也大幅提升了，朋友们也说从视频中看得出我越来越自信了。

虽然目前我在面对镜头时依然会紧张，会为一条视频重拍很多次，视频呈现出来的效果与那些侃侃而谈的博主没法比，但对于我来说，这个账号带给了我太多成长和改变，让我一次次突破舒适区去尝试做更多的事情。我从一个不会系统阅读、不会做时间管理的人，通过运营账号学习如何阅读、如何自我管理，变成了一个自律的人。我从一个不会做小红书运营的人，通过研究小红书的各种玩法，变成了会做小红书运营的人。我从一个在面对镜头时会害羞的人，通过不断地拍 80 条视频进行刻意练习，变成了有勇气面对镜头的人。从不会到会，慢慢成长，也许这就是"养成系"的魅力。

以上就是找定位大方向的两个方法，从优势出发，或者从兴趣出发，找到自己能持续产出内容、持续有热情深耕的领域。

2. 巧用两个工具，挖掘出合适的定位

如果你对自己的认知还不够准确，无法从优势和兴趣中找到合适的赛道定位，或者在多条赛道中难以抉择，那么可以用以下两个工具更准确地挖掘出合适的定位。

（1）成就事件提炼法。我们在做自我介绍的时候，经常会说"我的成就事件有……"。从成就事件中，往往能提炼出很多能力。这些能力在大部分时候是底层能力，能迁移到很多领域做出成绩。把这些能力进行归纳整理，就能筛选出你的定位，如图 2-2 所示。

我们可以列出 3 个成就事件，用一句话来描述成就事件，再用关键词提炼出 3 个能力。

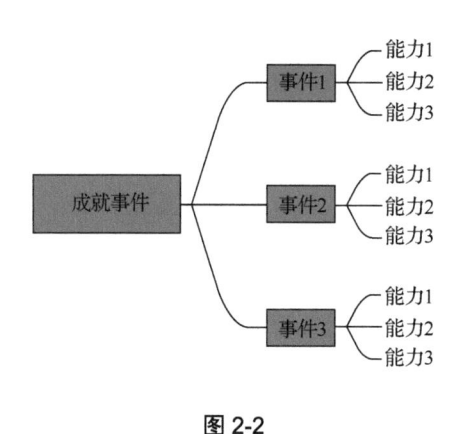

图 2-2

比如，我的成就事件 1：在每期有 200 多人参加的写作训练营中，我连续多次成为优秀学员、优秀班长，在今日头条上写的文章有 10 多篇变现，从"小透明"学员转型为助教老师，辅导过 60 多个学员在今日头条上写文章变现 4 万多元。

从成就事件 1 中我梳理出来的能力有学习能力（每参加一个付费课程，都可能成为优秀学员）、输入输出能力（能从看过的书中提炼出要点并将其输出成文字）、教学能力（能 1 对 1 辅导学员完成作业，能用通俗易懂的话教别人写文章）。

我的成就事件 2：从零进入一个新的行业，一年写出 30 多篇阅读量达到 10 万次以上的文章，策划并完成 2 天增加 2 万个粉丝的"涨粉"活动。

从成就事件 2 中我梳理出来的能力有输出能力（写文章、写运营活动的文案话术）、项目统筹能力（能从 0 到 1 策划、完成一个项目，并且调动公司资源达成效果）、学习能力（转行学新内容能在短期内做出爆款文章，自学运营知识后转岗做活动运营能在短时间内做出成绩）。

我的成就事件 3：连续 6 年参与公益暴走活动，1 天暴走 50 公里，当过 2 次队长，累计筹款 2 万多元。

从成就事件 3 中我梳理出来的能力有项目统筹能力（能领导小分队完成活动）、文案策划能力（写筹款文案、朋友圈消息）、耐力强（能长期坚持做一件事）。

由此我得出结论，学习能力、输入输出能力、项目统筹能力是我的优势。我能用这些能力在很多领域做出成绩。

因此，我可以做输出成长干货、学习干货的知识博主。我的学习能力能够让我高效地习得某一个领域的知识技能，我的输入输出能力能够让我把学到的知识用自己的语言输出，我的项目统筹能力能够让我做账号策划、选题策划、个人知识产品的规划等。

所以，你不妨从成就事件出发，拆解出自己的底层能力。

即使是一些微小的成绩，也能拆解出你的底层能力。比如，连续早起100天、30天瘦5斤、1年内涨薪20%、独立帮公司从0到1搭建社群运营工作流程，在任何事件中都能提炼出你用到的底层能力。

很多时候，你要做的不是担心自己有很多技能不会，而是应该发挥自己的优势，放大自己的能力来更快地实现目标。

（2）定位剖析表。在进行了自我剖析后，你就可以在自我剖析表中填写你的身份/职业标签、成就事件、拥有的能力、时间和精力及现有产品，见表2-2。

表 2-2

自我剖析的方面	说明
身份/职业标签	列出你的身份/职业标签，包括你的学历、职业经历
成就事件	列出你取得过的成绩，哪怕微小的成绩，也要列出来
拥有的能力	从成就事件中剖析出现阶段的硬技能和软技能
时间和精力	你有多少时间花在运营这个账号上，以及做这件事的难易度
现有产品	如果有变现产品，那么可以在此处梳理

在进行完自我剖析后，你能看到自己做过很多事情，有很多潜力待挖掘。你可以把自己的成就事件、能力相互组合，大部分人都能总结出可以在哪个领域里深耕。

这时，还有一部分人会提出以下问题：我有很多标签，应该如何取舍？我喜欢做的事情太多、太杂，应该怎么办？我好像这个擅长一点儿、那个也擅长一点儿，但好像都不是特别擅长，应该怎么办？

当在多个大方向上纠结时，你可以用多领域评分表进行打分，见表2-3。将多个领域从赚钱、喜欢、擅长这3个维度进行剖析，给每个维度打分（满分为10分），得分最高的就是现阶段的定位。这样你就可以找到一个大方向，到底是应该选择做母婴育儿、个人成长博主，还是应该做家居博主。

表 2-3

领域	赚钱		喜欢		擅长		总分
	自我剖析	打分	自我剖析	打分	自我剖析	打分	
领域 A							
领域 B							
领域 C							

① 赚钱。这个领域目前是否有市场前景，能否帮你赚到钱？

如果你想在小红书上接广告，那么这个领域的品牌投放市场如何？你能否持续、稳定地收到合作邀请？这个领域里的博主大部分都是怎么接广告的？他们的内容形式在现阶段你也能采用吗？

如果你想通过小红书变现，那么拥有的变现能力怎样？在小红书上做内容能否帮你高效地实现变现目的？

② 喜欢。对于这个维度的分析，你要问自己：对这个领域，我是否有足够的热情和内驱力来持续输出内容。

只有做喜欢的事情，才能有动力持续地做下去，才能在数据不好的时候不动摇、不放弃，才能在竞争激烈的创作者环境中保持热忱和节奏。

③ 擅长。对于不同的领域来说，入门的难度是不一样的，所以你在下定决心进入这个领域前，就要有足够的心理预期和自我能力评估，要问自己以下这些问题：这件事的难易度如何？需要哪些基本能力？我现在具备这些能力吗？我是否擅长输出这个领域的内容？如果让我现在列选题，我能列出 10 个以上这个领域的选题吗？

通过以上分析，你能对自己在不同领域的能力有更进一步的了解。

把多个领域从以上 3 个维度进行剖析、打分评估，就能得出现阶段你能着手去做的大方向。比如，你不确定在理财、读书、母婴育儿这 3 个领域中哪个领域的选题更适合你，那么可以用多领域评分表评估，见表 2-4。

第 2 章　定位：从 0 到 1 策划一个小红书账号

表 2-4

领域	赚钱		喜欢		擅长		总分
	自我剖析	打分	自我剖析	打分	自我剖析	打分	
理财	平台上有相关机构做广告投放，但这类博主很可能有自己的相关业务，做咨询、课程、服务相关的可能赚的钱更多一点儿。我没有理财课，纯属个人业余钻研，也不打算教课，所以可能短期内不能变现	6	非常喜欢做这件事	8	有一定的心得和经验可以分享	7	21
读书	关注的几个读书博主好像都以推荐书为主，但也有一些分享学习方法的博主接了很多广告。未来想建立自己的读书社群，也可以输出一些读书方法的干货课程，如果把账号做起来，那么可以为自己的社群"引流"或者开设专栏。所以，从短期来看，我需要研究不同的读书博主的变现方式，但从长期来看，对个人品牌加持很大，可以帮助我做影响力变现	7	读书是我每天都在做的事情，在这个方面我有热情	9	写过很多读书笔记和书评，写的书评在公众号"樊登读书"上发表过。在大咖老师读书会里担任过领读员，大家都很喜欢我领读和分享	8	24
母婴育儿	关注的很多育儿博主接了很多广告，母婴育儿领域也是平台上广告投放数量前几名的领域。按照目前的生育政策，母婴育儿领域的干货知识、好物种草等都应该很有市场需求，接广告、做专栏都有变现前景	9	家里有 3 岁的孩子，自认为教育得还不错，但比起其他妈妈，我比较"佛系"，只把自己的孩子管好就行，没有很强的分享欲。平时照料完孩子后都在忙自己的工作和学习，感觉对这个方面不够热爱	6	有比较多的绘本、玩具购买经验，可以整理分享出来	7	22

43

在对这3个维度打完分后，就可以得出以下结论。

对于理财领域，理财这件事在现阶段是我的爱好并能帮我提高收入，但我长期的变现目的并不明确，所以这个爱好不足以支撑我做一个博主。

对于读书领域，做读书博主可能没有做其他博主赚钱，我也许短期内没法像别人一样快速变现，但这是我喜欢且擅长做的事情。我的主要目的是打造个人品牌，以后做知识产品。我只要把这件事做成了，就能给我的个人品牌带来巨大的复利。

对于母婴育儿领域，因为收入可观，所以我一直犹豫要不要做母婴博主。我经过剖析发现，虽然有一定的带孩子经验，但没有很强的分享欲，所以即使做母婴博主能赚到钱，可能也没法持续地输出内容。

最终，在这3个领域中，我选择做读书博主，输出学习类干货，一边输出内容一边打磨自己的知识产品，在短期内可以接一些读书产品、网站合作的广告，从长期来看可以靠专栏和社群变现。

2.1.3 账号的内容定位

账号的内容定位是指你要发布什么内容来吸引精准的粉丝或者吸引品牌合作方。

1. 内容主题定位

（1）主题类账号。

① 围绕着某一个主题做垂直内容。在某个领域深耕，围绕着垂直领域的关键词发布内容。在账号运营初期，内容越垂直，转粉率越高。比如，在美食领域有很多账号，有些美食博主会发布做各种菜的图文笔记或视频笔记，但有一些美食博主只用空气炸锅做美食，做到了极度垂直。如果这个账号的某篇笔记火了，对用空气炸锅做美食感兴趣的人在打开他的主页后，看到他发布的所有内容都是与空气炸锅相关的教程并且内容质量还不错，就会有很大的概率关注

他。这类垂直账号吸引极度精准的粉丝，转粉率非常高。

同理，如果一个穿搭账号只发布"矮个子穿搭""梨形身材穿搭"笔记，一个美妆账号只围绕"方脸"这个特征来做美妆教程，那么刷到这类笔记的用户，大概率也是"矮个子"、"梨形身材"或"方脸"用户，这样就能触达极度垂直的用户。图 2-3 所示为以梨形身材为个人特征的穿搭博主的账号内容。

图 2-3

以上这类垂直账号，能吸引很精准的用户人群，同时如果所选的赛道是品牌投放比较多的领域，那么这类博主的变现能力就会很强。

除此之外，还有一类账号针对某一个知识领域输出垂直内容。比如，"秒懂金融"这个账号每天都用通俗易懂的话拆解一个金融名词（如图 2-4 所示），"每天认识一款香水"这个账号每天都测评一款香水（如图 2-5 所示），这些账号围绕着某一个知识体系输出垂直的专业内容。

图 2-4　　　　　　　　　　图 2-5

用户在打开这类垂直账号的主页时，往往会发现笔记的封面、标题、风格调性等都极度统一。这类账号一般能吸引对主题知识感兴趣的垂直人群，但变现能力需要与各自领域的用户需求和各自的产品业务线相结合。比如，"秒懂金融"的变现方式是将用户"引流"到私域，通过知识变现，售卖理财课程。

对于不同的领域，可能会有不同的变现方式，不能一概而论。

② 围绕着赛道主题做多元内容。还有一种比较常见且比较适合新手的主题账号叫"泛垂直账号"，即围绕着创作领域做内容延展的账号。比如，做成长领域的账号。"成长"是很泛的主题，读书、时间管理、思维提升等主题都与"成长"相关。该类账号可以做泛垂直的选题，所有内容都围绕着"成长"这个词展开即可。

我的账号"花生的书桌"做的就是泛成长的主题，会分享读书与写作方法、高效学习方法、数码工具使用方法等，所有的内容都围绕"成长"这个主题展

第 2 章 定位：从 0 到 1 策划一个小红书账号

开。所以，即便我的账号会发布与数码相关的笔记，但与专业做数码测评的账号不同。我不会讲数码参数，也不擅长讲这类内容。我会分享怎么使用手机、平板电脑、笔记本电脑等数码产品，但这些笔记都与数码工具使用方法相关。

因此，你可以看到"花生的书桌"这个账号发布了数码、读书、写作、职场、时间管理等内容，它们都围绕着"成长"这个大方向。

（2）人设类账号。人设类账号指的是围绕博主的个人 IP 和用户群体做内容的账号。

我们经常看到有一类账号发布了很多领域的内容。比如，健身博主"钳钳妈阿曼达呀"发布的内容既有运动健身、穿搭、健康饮食，又有情感、育儿，如图 2-6 所示；又如，学习博主"是你们的康康"既发布学习成长类的干货，又发布护肤类的内容，如图 2-7 所示。

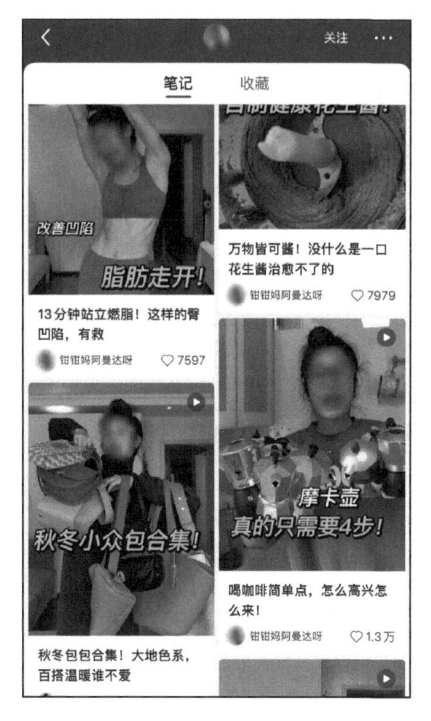

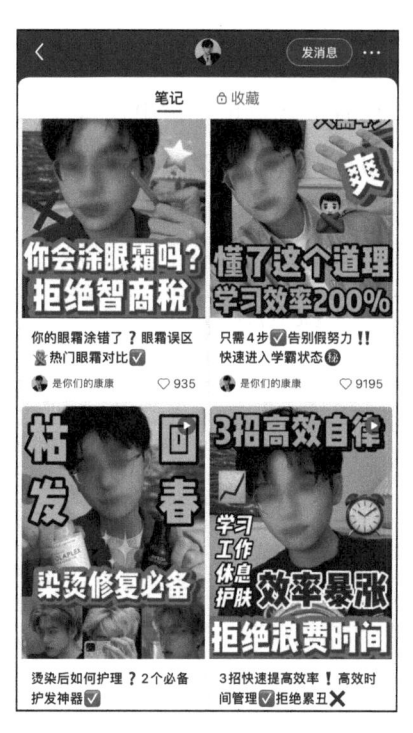

图 2-6

图 2-7

这给很多人带来了困扰：账号不是要垂直吗？为什么他们什么领域的内容都发布，数据还不错？

这类账号就是人设类账号。粉丝喜欢且信任的是博主这个人，会被博主的人格魅力吸引，喜欢博主分享的内容。

因此，当博主"钳钳妈阿曼达呀"以阿曼达的身份分享与运动相关的内容时，对运动健身有需求的粉丝就会喜欢这类内容，当她以"钳钳妈"的身份分享育儿内容时也会有人看，因为粉丝喜欢的是镜头背后的这个人。

人设类账号比较适合强真人出镜的博主做，同时粉丝基数最好在 10 万个以上，这时候可以围绕博主本身、用户群体做多元化的内容。

对于新人，特别是还没有差异化身份标签和性格特征的养成系博主来说，建议先从主题类账号入手，在输入主题内容时慢慢地打造自己的个人品牌。

2. 内容形式定位

内容形式定位是指用什么样的方式来呈现内容。

（1）常见的图文笔记的呈现形式有实拍景物/产品图、实拍真人图、海报、截图、拼图、伪实拍图，见表 2-5。

表 2-5

常见的图文笔记的呈现形式	特点
实拍景物/产品图	小红书上主流的呈现形式之一，需要一点儿图片拍摄或后期修图能力
实拍真人图	小红书上主流的呈现形式之一，需要一点儿图片拍摄或后期修图能力
海报	用 PPT、Photoshop 或者一些设计网站里的模板制作的图片，门槛较低但需要一定的设计审美能力
截图	把一些画面、文字用截图的形式呈现出来，门槛较低但缺乏个人特色
拼图	将单种元素或者多种元素的图拼在一起，形成一张新的图片，在一些测评笔记或者 plog[①] 笔记中较为常见
伪实拍图	在网上找一些无版权的图片，用现成的图片代替自己拍照，适用于不太会拍照的新手

---

① Plog，即 photo blog，指用图片的形式记录日常生活。

不能说哪种形式更好，也不能说哪种形式更适合新手，你要以终为始倒推运营账号的目的，就能判断出应该用什么样的呈现形式效果最好。比如，你的运营目的是接广告变现，那么我建议做实拍类的图文笔记，因为在实拍中才有更多的产品植入可能性。否则，如果用海报、截图等呈现形式，那么只能把一些非实物类的网站、软件图片放在海报里。实物类产品的品牌方在投放广告时，一般会找使用实拍图的账号合作。

同时，你也要考虑现阶段的能力和水平，如果对拍照还不太熟练，那么可以先用更容易上手的某种形式来过渡。

（2）常见的视频笔记的呈现形式有真人出镜口播、不出镜实拍场景+配音、不出镜实拍场景+背景音乐+字幕、混合：真人出镜+不出镜实拍场景结合、素材剪辑+配音，见表2-6。以上的不同形式可以互相组合。

表2-6

常见的视频笔记的呈现形式	特点
真人出镜口播	多适用于知识/技能/干货分享博主，对博主的镜头表现力与视频文案功底有一定的要求
不出镜实拍场景+配音	新手比较容易入门，但对场景与选题有一定的要求
不出镜实拍场景+背景音乐+字幕	新手比较容易入门，这类内容以vlog（视频博客）为主，对场景与选题有一定的要求
混合：真人出镜+不出镜实拍场景结合	适合想要打造个人IP，但在全程口播时镜头表现力不够的博主，用多种形式相互组合可以增强画面的节奏感和可看性
素材剪辑+配音	将影视综视频素材、无版权视频素材进行拼接剪辑，服务于主题。新手比较好入门但人设不强

与图文笔记一样，视频笔记也需要结合个人能力与拍摄环境等多个因素来选择到底是应该拍真人出镜口播的视频，还是拍不出镜的场景或者其他呈现形式的视频。

一个账号的呈现形式，应该尽量保持统一。比如，账号全部都用海报、真人出镜口播的形式来呈现，在确定好一个呈现形式后短期内不要频繁更换，否则整个账号会显得很混乱。当然，后期也可以在不断摸索中更换形式，找到更适合自己、读者接受度更高的呈现形式。

2.1.4 账号的人设定位

一个优质的账号在一开始的时候，应该有意地设计人设。

所谓人设，就是你要靠什么样的特质、性格、标签来吸引粉丝。这不是说你要复制别人的人设，伪装成不真实的模样博眼球。

1. 人设的组成部分

人设由以下三个方面组成：特征、身份、场景。

（1）特征。特征是指你是一个怎样的人，一般用一些形容词来形容，比如犀利的、真诚的、幽默的、喜欢"买买买"的、写字好看的。

个人特征不一定是特别完美的词语，一些特征看似是"缺点"，却能强化你的个人特色。比如，哔哩哔哩（简称B站）UP主"宝剑嫂"的特征之一就是说话带有湖南口音。她在每条视频的开头都会说："这里是努力在说标准普通话的宝剑嫂"，于是说不标准的普通话便成了她的特征之一。

那么我们应该如何从自身出发，找到自己的特征呢？

① 自我剖析。你可以拿出一张纸，用以下问题进行自我剖析，写出你眼中的自己，见表2-7。

经过自我审视，我总结出自己的特征：喜欢读书、写作，喜欢做有创意的工作，执行力强，但内向、慢热。

第 2 章 定位：从 0 到 1 策划一个小红书账号

表 2-7

有哪些事情是我每天都必须做的	读书、写作、做计划、复盘、做早饭、听播客节目
在做什么事情的时候我容易激动、容易进入专注状态	在剪视频的时候容易忘记时间，剪完后很有成就感；在做一些创意文案的时候会很带劲
有哪些事情我坚持做了一年以上	读书、复盘、写作
我的性格是怎样的	内向、慢热、说话比较直接
我有什么优点、缺点	优点：学习能力强、肯钻研；缺点：不自信、在公开场合表达力太弱
做哪些事情曾经是我的弱项，但通过努力我改变了	我一直很害怕当众演讲，在每次发言时都表达得极不流畅。后来，我通过学习写作，学会了结构化表达，能有逻辑地表达观点，把有效信息传递给别人，在工作汇报的时候让领导觉得很靠谱
我对自己身上的什么部位、什么特点最满意	长相一般但有趣；执行力强、说到做到
身边的人一般都给我起什么外号？怎么称呼我	催稿狂魔、工作狂
我在做什么事情的时候总是得到身边人的赞美	我会写很多有意思的打油诗，大家觉得我很有才
我的朋友在遇到什么事情的时候总会找我帮忙	朋友们在想要找人写文案的时候会第一时间找到我，付费找我写文案

后来，在运营账号的时候，完全验证了我的特征和内容方向的匹配。比如，我的学习能力强，所以我能在看完一本书后迅速地把书里的内容输出成一篇干货笔记；又如，我内向、害羞，所以在运营账号的初期，选择了先用不露脸的视频呈现内容，给自己半年到一年的时间，锻炼面对镜头时的表达力。

② 他人描述。当自我审视不够时，你可以找几个了解你的朋友，问他们对你有什么印象。最简单的方法就是发一条朋友圈，让朋友圈的好友用三个形容词形容你。你可能会发现别人对你的印象与你认为的自己不一样。"当局者迷，旁观者清"，在别人的评价里，你可以看出你平时对外展现的是什么样的人设、风格、形象，会对自己有更全面的认知。比如，我的朋友们认为我幽默、真诚、自律、利他、犀利。有很多人认为我很有趣，说看我的笔记没有看出来我的性格是这样的，与我接触后发现我是搞笑女。于是，我尝试着把有趣的文案和打

油诗融合在我的视频里，变成个人特色的一部分。

你在进行人设的自我剖析并询问完他人之后，要把得到的关键词分类汇总，选出最高频出现的3～5个词，再结合你的账号的内容定位，选择其中1～3个作为你最想展现出来的特质。比如，我给自己的关键词是学习能力强、有目标、内向。我的朋友们给我的关键词是幽默、真诚、自律、利他、犀利。我的账号的内容定位是，围绕成长这个大方向，输出读书和写作方法、效率提升方法、高效学习方法的干货。

我把这三者结合后，就得到了真诚、毫无保留、利他地分享成长干货的花生，总能犀利地指出痛点，并且给出实用的方法，在严肃的方法中偶尔搞点小幽默。

（2）身份。不管你是学生、上班族、自由职业者，还是全职带孩子的妈妈/爸爸，都有特定的身份。如果你的身份和你的商业模式定位相匹配，就可以把它变成人设的一部分。

身份分为两种，即职业身份和角色身份。

特定领域的职业身份，指的是律师、英语老师、体制内从业者这类身份，与你的工作强相关。如果你的账号的创作领域与职业身份匹配，就可以强化你的身份标签。比如，你从事的是人力资源管理工作，业余辅导别人修改简历。你做小红书运营的目的是打造个人品牌，吸引更多的人付费修改简历，就可以强化你的身份标签，把人设定位成"8年资深人力资源经理，1对1修改简历，成功辅导500人获得offer"。

角色身份指的是你在特定的场景中的一些身份，比如二胎妈妈、团队领导、北漂女孩。在一些领域中强化你的角色身份，可以引起同类人的共鸣。比如，育儿博主会强调"妈妈"来吸引"妈妈"这个角色的关注。

很多人会遇到以下问题：我有几个身份标签，应该如何选择？一个账号可以同时存在几个身份吗？

第2章 定位：从0到1策划一个小红书账号

这时，你要重新回到赛道定位和内容定位去思考你的哪些标签可以放大你的价值，哪些标签是可以偶尔出现的，哪些标签是无关的。

如果你既是律师、妈妈，又是一个爱读书的人，那么可能会纠结到底要发布与律师相关的行业干货、职场干货，发布育儿内容，还是发布读书内容。

你要结合之前的商业模式定位和账号内容定位去思考想要在小红书上实现什么样的商业变现，擅长在哪个领域持续输出内容，然后根据垂直领域来筛选想要重点强化的身份标签。比如，律师妈妈想要做育儿博主，就要突出妈妈这个身份，可以用律师这个身份作为补充。账号 80% 的内容都应该围绕育儿这个主题，剩下 20% 的内容可以结合与律师相关的、与妈妈成长相关的内容展开，但其核心还是要围绕着"妈妈""育儿"这些关键词，比如"身为一个职场妈妈，在面对高强度的工作时应该如何平衡育儿与职场工作的关系。"

（3）场景。场景是指你在图文或者视频笔记中呈现的情景。比如，你是一个学习博主，那么可能在书房里分享干货，在书桌前读书学习；你是美食博主，可以在厨房或者选择一个角落布置你的厨具；科技数码博主的场景多为冷色调的室内。

场景起到的是锦上添花的作用，虽然不是决定账号成败的关键因素，但一定要符合你的账号定位。比如，你是一个治愈系的 vlog 博主，在厨房和客厅记录日常生活，那么展现的场景必须要让人看了舒服、心情好，如果厨房脏乱差、厨具都没有洗干净，那么显然不符合你的人设定位。用户看了视频后会不舒服，完全无法达到"看完心情很好"的预期。

场景可以是固定的，比如我的大部分视频都是在书桌前拍的，我的口播视频是在书架前录制的。固定的场景能让观众对你有记忆点，粉丝能在浏览首页时一眼就认出你，习惯性地打开你的笔记。

场景也是可以变化的，你可以更换室内、室外场景来呈现内容。只有内容本身足够优质，观众才会认可，不然再好的场景都无济于事。

2. 如何强化人设

很多人在整理完自己的人设标签后，会有以下疑问：我做图文内容应该怎么展现出我的人格魅力呢？是不是视频更"吸粉"？我要在每篇笔记里都展现人设吗？你可以从以下4个方面包装人设。

（1）语言风格。了解一个人的性格特征、人设，最直接的方式就是看他的语言风格是怎样的，所以要想强化某一个方面的人设，可以包装你的语言风格。比如，美妆博主"鲜鲜超鲜"擅长"相声式化妆"，一边化妆一边用天津话像说相声一样唠嗑。粉丝从语言中就能感受到这个博主非常幽默。家居博主"卡门卡卡"经常会发布一些家电测评。她的语言非常犀利，在讲述东西不好用时总会用各种段子吐槽，并且总能用最平静的语气讲最狠的话，让网友不得不佩服她的才华。

如果你有独特的语言风格，就要尽量让它突出，这能让你和别的博主有较大的差异化。

（2）内容风格。你的内容风格秉承什么调性、文字里表达出怎样的价值观，都能更立体地强化你的人设标签。内容传达的价值观，能加强用户对你的人设感知。

数码博主"黑盒 er"在测评数码产品时，不仅会说优点，还会把产品的缺点也说得明明白白，即便是广告合作的内容也会指出产品有哪些缺点，或者品牌方可以在哪些地方再优化。这样的内容风格能让粉丝信任这个博主推荐的产品，观众也会因为她的实话被"圈粉"。

你发布的内容，在一定的程度上代表了你想传递的价值观、你的做事方式。用户会感知到你的一言一行。往往三观正、真性情的博主，能够很好地"圈粉"。

博主"夏知非"早期在小红书上做 plog 内容，字里行间传达了正能量，因此即便初期做的是图文类内容，依然可以通过戳人内心的文字，在短时间内让粉丝从零增加到50多万个。

虽然穿衣打扮、家庭环境都可以伪装，但是内容风格无法长期伪装，它更能从侧面展现你的人格、让用户更全面地了解你。

（3）固定话术。我们经常会看到一些博主在视频笔记的开头或结尾用一样的话术。很多人误以为每次不断地重复相同的话术会让观众产生审美疲劳，所以总是想方设法地换新文案。

其实，你只有通过不断地重复，才能把想表达的话植入用户心智，在他们的心中留下一定的印象，给你打上一定的标签。这样，他们一看到你就想到你的固定话术，或者一看到某些句子就在第一时间想到你。

固定话术一般出现在视频笔记的开头或结尾，出现在图文笔记正文的最后。

① 固定开头。很多博主在视频笔记的开头都有固定的打招呼用语，最常见的就是"哈喽，我是×××"。如果你配上固定的语调和手势，那么会让人印象更加深刻。比如，博主"比例 Billie"在每条视频的开头都固定使用"哈喽，大家好，我是比例例"这句话。她在说这句话的时候带一点儿口音，配上固定的手势。这样的开头成了她的特色，甚至有嘉宾在与她合拍时也会用这样的话和手势作为开头，加深观众的印象。

② 固定结尾。比如，博主"拉宏桑"在每条视频的结尾都用固定的话术"我是拉宏桑，我们下期再见，拜拜哟黑 biu"。固定的语调和手势"洗脑式"地植入用户心智，让用户看完视频就会立刻记住这个人。

又如，我的学员"瘦鬼"擅长做知识卡片。每篇图文笔记的最后一张图都是用视觉卡片做的自我介绍——"我是瘦鬼，一名服务 500 强的人力资源咨询顾问，用 5 年时间实现薪资 10 倍增长，专注个人成长领域，期待和你有更多链接"，如图 2-8 所示。

这样的固定结尾，能强化她的人设标签，通过个人成就事件来突出专业能力，通过强调领域定位来圈定目标人群，提高用户打开主页的概率，从而提高转粉率。

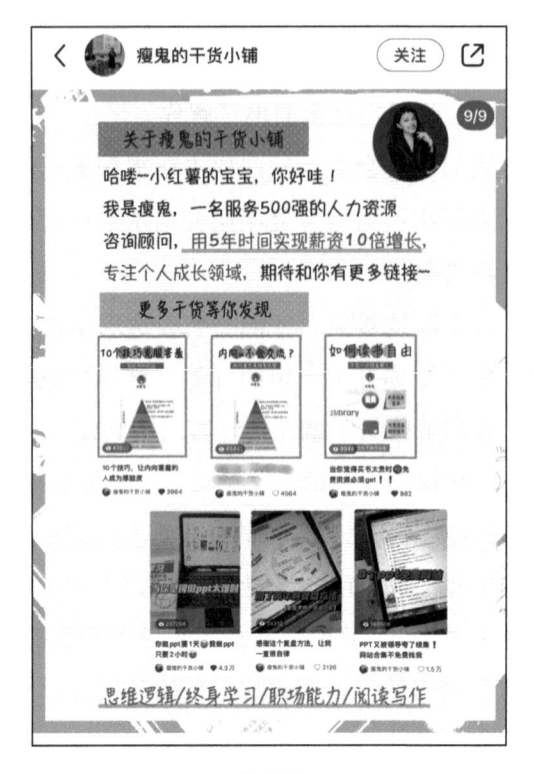

图 2-8

（4）环境强化。环境能够强化观众的视觉感受。一个好的环境能让观众从看到第一眼开始就感受到作者的能量场。特别是视频博主，环境能在一定程度上辅助强化人设。

"一乔桑哇"是一个低消费极简主义的博主。她在小红书上记录每天的消费情况与极简的生活。从她的视频里，观众可以看到她的居住环境，家里的家具很少，这样"空空荡荡"的装修风格就和她的"低消费极简主义"人设特别契合，如图2-9所示。

因此，在服务于账号内容定位的情况下，你可以适当地布置一下你的环境。比如，家居博主可以采购一些高颜值的家具，学习博主可以适当布置一下书桌。

小红书是一个强视觉的平台。如果用户在第一眼看到你的笔记时能感觉好看、美，你的笔记就有更多被点击的可能性。

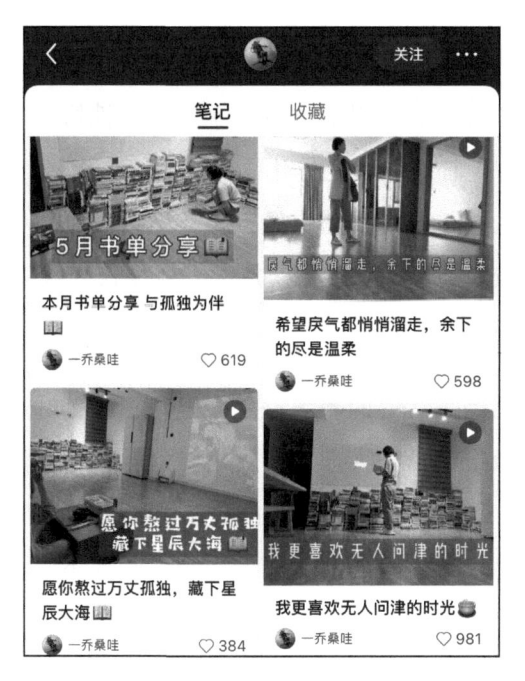

图 2-9

2.1.5 差异化定位

账号有成千上万个,每天都有很多新人入驻小红书,很多赛道越来越"内卷"、同质化越来越严重。作为普通创作者,你应该如何突围,快速地让别人记住你呢?答案就是做出差异化。

一个账号的差异化,可以从以下 4 个角度来做。

1. 性格差异化

如果你的性格比较有特点,那么可以把它拿到互联网上作为一项优势来强化。比如,博主"小雨菲菲"是综艺节目《奇葩说》的一位辩手。她在小红书上的视频内容非常有个性,言语中透露出自信。因此,她分享一些自我成长,以及变美、变自信、变得更好的方法,就能令人信服。她的评论区中的很多评论也都是喜欢她的性格。这样的自信与有个性,就是她的差异化。

并不是只有外向的人才能做差异化，内向的人也有自己的差异化优势。比如，综艺节目《脱口秀大会》里的一位选手鸟鸟，性格内向，说话慢悠悠，凭借着"社恐式脱口秀"打造出了差异化。

所以，内向的人并不一定不适合做自媒体运营，每个人都有自己的特点。你只要找到性格中与众不同的点，把它放大，就能在人群中变得不一样。

2. 内容形式差异化

如果你想入局已经是红海的赛道，就会发现不管是选题、内容、画质，还是剪辑效果，比你做得优质的人非常多，这时候你的内容形式如果还与平台上的大部分博主一样，那么很难在短时间内快速"涨粉"。这时，如果你的内容形式做出一点儿差异化，一些封面和话题的包装与别人不一样，就有可能在同质化的内容中脱颖而出。

内容形式差异化分为两种，即内容表现形式差异化和包装形式差异化。

（1）内容表现形式差异化。比如，博主"美妆合唱团"，用多人说顺口溜的形式进行美妆产品测评。与传统的分享美妆好物和测评相比，这一新颖的形式能让人眼前一亮。

变装博主"垫底辣孩"，创作了"如何成为一个国际超模"系列视频火爆全网。他通过生活中一些不起眼的道具DIY国际一线大牌服饰造型，加上一流的打光和修图技术。在每条视频结尾，他摇身一变成为国际品牌的顶级男模，这种前后对比的强反差变装视频，让网友纷纷感叹前后不是同一个人。

（2）包装形式差异化。只要你的封面或者视觉呈现形式稍微有一点儿不一样，就能让别人眼前一亮。

同样是教做菜的美食博主，图2-10所示的博主换了一种"极简主义"的封面样式，封面只呈现碗和食物的原材料。用户通过点击封面，就能看到这道菜的具体做法和成品图。这样的封面与传统的美食博主使用的诱人的美食成品封面不一样，这就是包装形式差异化。

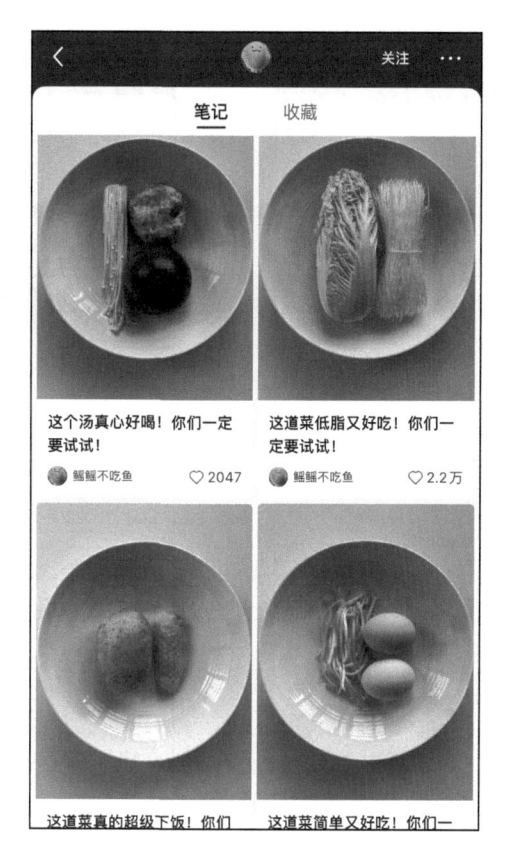

图 2-10

  内容本身还是菜的做法，但是换了一个包装就能火，会让人好奇几种简单的食材能变出什么花样，在好奇心的驱使下就打开了笔记。

  除此之外，在视觉呈现上采用"新瓶装旧酒"的方式，也能在同质化的内容中迅速被人看见。

  比如，在小红书上，讲学习干货和职场经验的博主很多。当选题越来越同质化时，你只要在视觉呈现上稍微不一样，就能打造差异化。图 2-11 和图 2-12 所示的两位博主选择了用手写干货的形式，打造了视觉上的差异化。图 2-11 所示的学习博主选择了在 iPad 上手写笔记来分享学习干货，图 2-12 所示的职场博主选择了在一张纸上写职场干货，然后将其拍成视频。

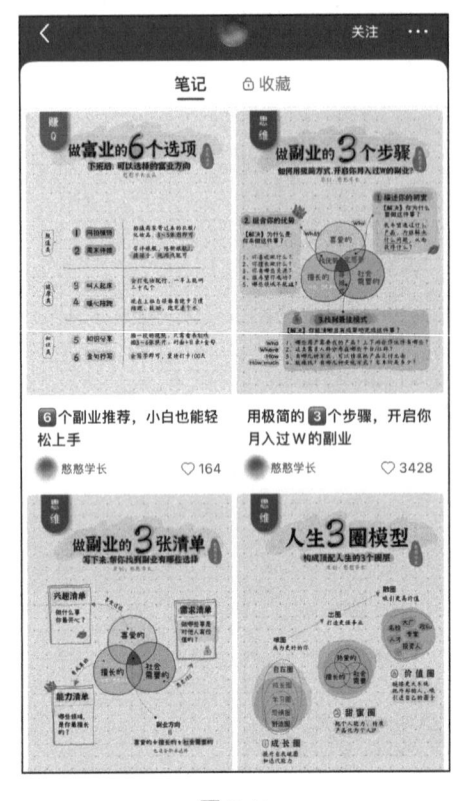

图 2-11　　　　　　　　　　　　　图 2-12

如果你把这些内容换成简单的照片或者做成平台上千篇一律的海报样式，很难形成差异化，换成这种手写体的形式瞬间就变得新颖了。

这本质上就是"新瓶装旧酒"，内容没变，换成手写体就会显得更真诚、更像一个活生生的人创作的，而不像海报一样冷冰冰。

3. 身份标签差异化

身份标签能让你迅速锁定某个特定的人群，或者制造某类特定的话题。

图 2-13 所示的美食博主如果只是简简单单地晒今天做了一桌早饭，就变成了朋友圈式的自嗨，用户并不关心他今天吃什么。

图 2-13

但是换一下身份标签，比如她用妈妈的身份分享家有高中生，今天的早餐吃××，就能引起用户的好奇。如果用户的家里同样有高中生，就会参考这个食谱。家里有初中生、小学生的用户也一样可以参考。"家有高中生"就能让账号和其他晒早餐的账号有了区别。

同样，美食博主"噗噗叽叽"的身份标签是"林先生的太太"。她发布的内容围绕着给林先生做美食展开。加上这样的身份标签后，她就与平台里其他的美食博主有了差异化。在评论区中，用户不仅议论美食本身，还羡慕林先生有这样的太太，如图 2-14 所示。

"小小小海星"打的差异化标签是"很会做饭的姐姐"。她发布的内容围绕着给弟弟做美食,给弟弟做带去学校的盒饭等,如图2-15所示。这样的差异化让网友纷纷感叹"还缺弟弟吗",这就有了议论的话题。

图 2-14

图 2-15

图 2-16所示的账号是一个穿搭账号。如果她单纯地做穿搭内容,那么可能无法快速突围,但是改变了角色身份,以一个下属的身份去拍摄领导今天的穿搭,就让人好奇,想看看领导是怎么穿搭的。这样就能很快地在千篇一律的ootd(Outfit of the Day,今天的穿搭)中脱颖而出。

图 2-16

除此之外，你还可以将身份和行为组合，进一步打造只属于自己的差异化。

我的学员小高是一个 35 岁的全职二宝妈，在起初运营账号的时候没有明确的定位，用"35 岁全职妈妈"这个标签来做内容，发布了几篇后效果不理想。后来，她经过梳理自己的日常行为，发现自己有一点特别让人佩服——每天早上 4 点起。

这时，有人可能会有疑惑，"早起这件事很稀奇吗？""很多全职妈妈因为家庭的原因不得不起得很早，这有什么差异化的点吗？"

这些事件和身份标签如果单独拿出来可能并不是特别有特色，但是小高把"全职妈妈+4 点早起学习"两者相结合，打造出"35 岁再出发，全职妈妈带两个娃，边带娃边自律学习、赚钱做副业"这样的人设，将账号改名为"高小姐

（35 岁自我救赎之路）"，重新调整定位和选题后，1 个月内粉丝增加了 8000 个，如图 2-17 所示。

图 2-17

这就是差异化带来的高转粉效果，通过身份标签吸引极度垂直的妈妈群体，再通过带有个人特色的行为和选题打造出差异化的内容，两者组合能带来非常不错的效果。

4. 道具差异化

你在刷短视频时，当刷到一些不常见的画面时，会停下来观看吗？这就是为什么在很多直播间里，你经常能看到一些主播穿着奇装异服进行直播卖货、喊麦。主播们为了吸引观众的注意力煞费苦心。

把道具差异化的思路代入账号运营中，你就会发现很多博主用道具做出了个人特色。比如，知识博主"傻白呀"是一个做口播视频的博主，但他从来没有露过脸，一直戴着一个鸭子头套，让人印象深刻，如图 2-18 所示。B 站 UP 主"LKS"每次在出镜时都戴着一副墨镜，从来没有把墨镜摘下来过，墨镜这个道具就成了他的差异化。

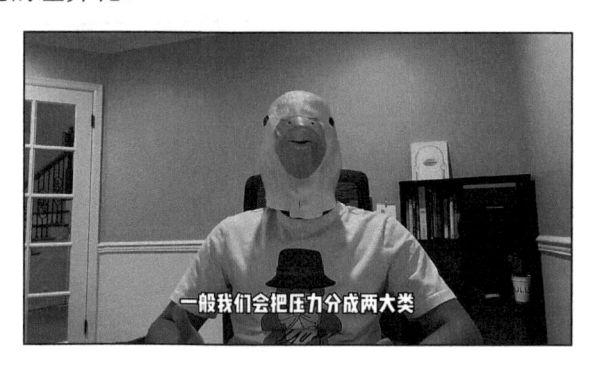

图 2-18

我在刚开始拍视频的时候，因为不敢面对镜头，所以选择用一只玩具狗作为道具出镜，在一定程度上弥补了不出镜时没有个人特色的缺陷，与别的不出镜的博主相比有了一点点差异化。当我在某一条视频中开始露脸了，没有用玩具狗时，有粉丝开玩笑地留言说："博主怎么换人了？"由此可见，不断地强化道具出镜，也能在用户的心中植入记忆点，做到差异化。

以上都是能代替真人出镜的一些道具。这些道具不仅帮助博主解决了不愿意、不方便出镜的难题，还能给观众留下深刻的印象。不过，要注意的一点是，头套、墨镜、口罩等道具，适合注重内容本身而非人物本身的领域。如果你是美妆博主，要演示如何化妆，那么这些道具很明显就不适合你。

此外，还有一些工具也能让你的内容有记忆点、有话题度。比如，美食博主"空气拿铁"在美食教学视频中，用一个"土豆"特效来代替他出镜讲解美食的做法，视频中的"土豆"在说话时表情丰富，带有台湾腔，如图 2-19 所示。

观众在看完视频后对其印象非常深刻。在该博主的评论区中，网友们不断地讨论这个"土豆"的长相，更有人全程盯着"土豆"看。在这样的特效加持下，这个美食账号能在美食赛道中短时间内脱颖而出。

图 2-19

除此之外，一些特别的发型、服饰、耳饰都能作为道具的一部分加深别人对你的印象。

做自媒体运营、IP，最可怕的就是没有记忆点。你一定要找到一个与别人不一样的点。如果你刚起步，积累还不够，也没有做出成绩、没有任何个人特点，那么没关系，可以边做边调整。

2.2 用3步快速找到适合自己的定位

我每次在做答疑直播的时候，总会遇到小红书的博主们问这样的问题："我有几万个粉丝，为什么还是赚不到钱？""我发布的这篇笔记火了，但为什么用户只点赞、收藏而不关注我的账号？""我天天发布读书笔记，既没流量，也没赚到钱。我去做育儿博主是不是可以赚钱？"

我与他们细聊后发现，很多人在一开始的时候，没有做过账号定位，也没有明确的对标账号，更没有以终为始地设计过自己的商业模式定位。所以，他们今天想到什么就发布什么，明天看到这类内容火就做这类内容，最后既没有流量也没法变现，还自我怀疑。

运营账号的第一步是定位，只有定位清晰了，你才能持续不断地进行内容创作，并且有可能赚到钱。

2.2.1 搜索对标账号，细分垂直方向

在定位好大方向之后，对想做的方向有了一个大致的轮廓，那怎么把模糊的轮廓变得更清晰呢？要在大方向里细分垂直的小方向。比如，知识博主可能又分为学习博主、创业类的知识博主、职场类的知识博主、写作类的知识博主等，不可能把所有知识都用一个账号发布。

你可以通过找对标账号的方式，筛选出适合自己的细分领域。

1. 主动搜索

（1）搜索用户。第一个搜索方法是搜索用户列表。在小红书的搜索框里输入"妈妈""律师""创业""美食"等关键词，点击"用户"按钮，可以搜索到名字里带有这些关键词的人。很多特定领域的博主都会在名字里加上相关的关键词，用这种方法可以搜索到比较精准的博主。

使用这个方法也有一个弊端,并不是所有人都会在名字里加上行业、领域、身份等标签词,所以你搜索到的并不一定是这个领域里最优质、最典型或者最适合你的博主。我推荐你花一些时间,耐心地用关键词搜索笔记内容,然后根据笔记找到博主的主页,看其是否合适。

(2)搜索泛关键词。当还不清楚自己在大方向里想做什么、能做什么的时候,你可以直接搜索大方向的关键词,调研在平台上这个方向大致有哪些细分的小方向。你可以从一些比较宽泛的词语入手,比如 vlog、学生、读书、宝妈、理财、健身。

你可以搜索出很多对应的笔记。这些笔记可能有不同的呈现形式、选题类型。你逐个点击搜索到的笔记,一篇篇看,不用特别仔细地看,大致浏览一下讲了什么、选题角度是什么、内容对应的人群大致是哪些、图片是什么样的、视频画面是什么类型的。

在看了 20~30 篇笔记后,你可以对这些笔记进行分类,看一看在大方向里有哪些小方向。比如,搜索"美食",可以搜索到 30 篇笔记。

按呈现形式分,有图文、视频两大类,视频又分为以下几类:真人出镜+做菜教程、不出镜视频(后期配音讲解)、不出镜视频(没有配音,只有字幕+背景音乐)。

按烹饪工具分,有用烤箱、微波炉、电饭锅、空气炸锅、炒锅等各种工具做美食的笔记。有些账号全部都用一个工具做,极度垂直;有些账号会用各种工具。

按美食的种类分,有做零食、上班族盒饭、饮品、减脂餐、糕点、西餐的笔记。有些账号专门做饮品,还有些账号会做很多种美食。

这时,原本你对"美食"这个大方向只有一个大致的轮廓,经过大量的调研、分类汇总,对"美食"就有更深入的了解,也能发现自己更适合哪个细分领域。

这样操作一遍,定位就逐渐从模糊到清晰了。

(3)搜索细节关键词。如果你已经有了明确的细分方向,那么直接搜索细分领域里大家比较关心的词,就能筛选出更垂直、更适合你的对标账号。例如,在母婴领域中，你可以搜索"宝宝玩具""磁力片""积木""彩泥"等玩具类内容，还可以搜索"辅食""宝宝辅食""宝宝营养"等喂养类内容。又如，在美食领域中，你可以按人群、美食、工具的种类搜索，比如"空气炸锅美食""微波炉美食""减脂餐""家常菜""上班族快手便当""烘焙""饮料"等。

你可以列出在大方向下可能有的各种细节关键词，找到具体的笔记。一般按关键词搜索，出现在前几屏的笔记都是权重比较高、比较优质的。

用以上几个方法，主动搜索关键词找到对应的笔记后，打开笔记查看内容。如果某篇笔记的整体风格调性符合你之后想做成的样子，那么你就打开这个博主的主页，看一下主页内容，翻几篇笔记，然后问自己以下几个问题：

在打开主页后，我的第一感觉是什么？

在看了一两分钟后，如果给这个博主打一个标签，我会用什么词？

这个账号的整体风格是我之后想做的吗？

如果这些内容由我来做，以我现阶段的能力、水平和所处的环境，也能做成这样吗？

如果你给博主打上的标签和你对自己的账号设计是相符合的，并且不管是内容的呈现形式还是选题，你现在都能模仿，就把这个博主记下来，将其作为备选的对标账号之一。

2. 算法推荐

在推荐页中刷笔记时，你可以让算法自动给你推送你的创作领域的笔记。

小红书是一个去中心化的平台，用户看到的笔记都是算法推荐的，推荐页中展示的笔记是"千人千面"的。系统会根据你平时搜索过的关键词、浏览过的笔记，经过一套严密的算法给你打上一定的标签，把你可能感兴趣的笔记推荐到你的面前。

你需要使用小红书的个性化推荐功能，允许算法给你推荐符合你的行为标签的笔记，具体的步骤如下：设置—隐私设置—个性化选项—开启个性化推荐，如图2-20所示。

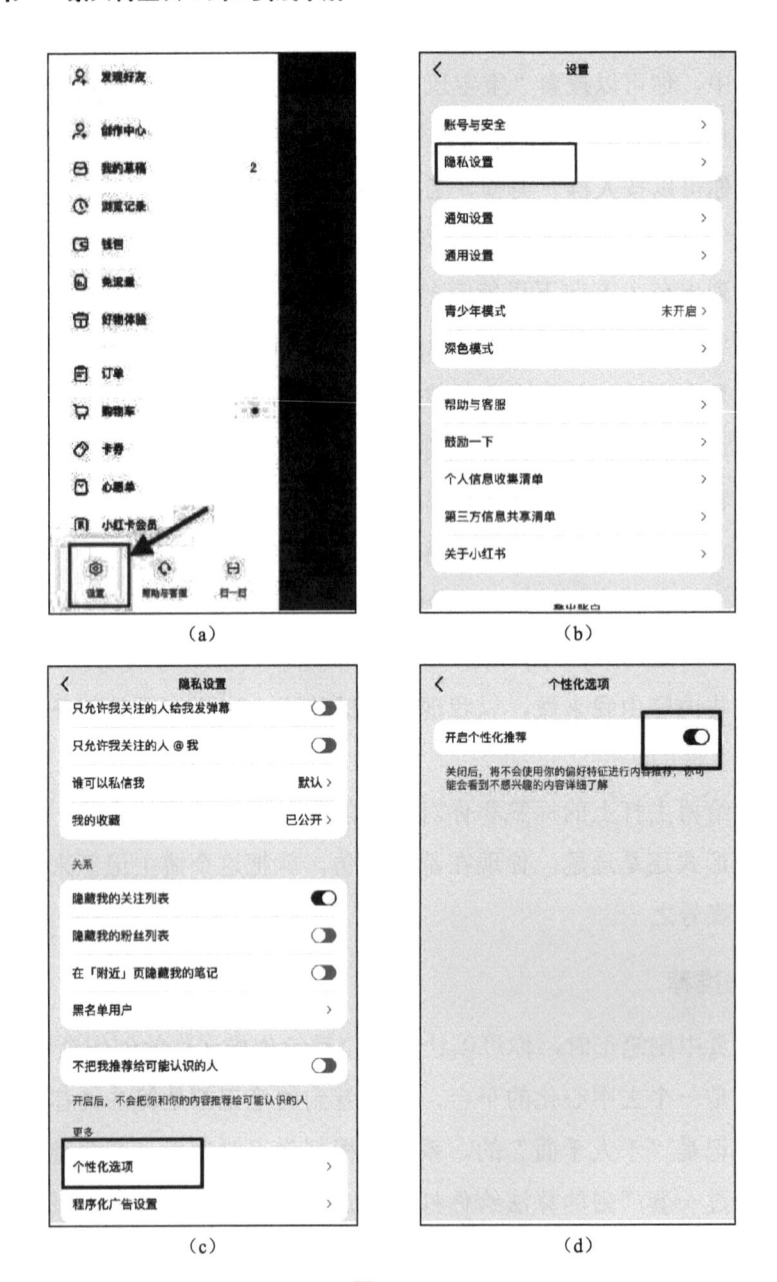

图 2-20

作为内容创作者，你要做的事情是"驯服"和"调教"算法，让算法为内容创作服务，所以在上网时，要抵御住诱惑，尽量去刷与自己的创作领域相关的笔记，刷多了之后算法就会自动地给你推荐符合你的账号定位的笔记。这时，你就不愁没有对标账号了。

3. 关注列表

你可以查看对标账号的关注列表。

在一般情况下，对标账号关注的账号，大概率也是你的对标账号。你要看一看对标账号关注了哪些博主，打开他们的主页，在浏览一遍后大致能判断出他们的呈现形式、内容调性是否与你的账号相契合。如果相契合，那么你也可以把他们的账号作为对标账号。

这个方法在一定程度上能帮助你更高效地找到同类型的账号。不过，要注意的是，并不是所有人都开放了关注列表的隐私权限。

4. 共同关注

点击博主的"关注"选项，可以打开如图 2-21 所示的页面，在该页面的右上角有一个"推荐"选项。点击"推荐"选项进入推荐页面，系统会用算法推算出关注了这个博主的人还关注过哪些博主，在这个列表里也许会有与这个博主风格类似的博主，如图 2-22 所示。

图 2-21

图 2-22

所以，你在找到一个对标账号后，可以通过它的"关注"选项或者"推荐"选项，找到相似的博主。

5. 官方薯

不同领域的官方薯会发起一些官方活动，在一些活动结束后会评选一些优质博主，如图 2-23 所示。这时，你就能在官方薯的笔记中找到这个垂直领域里的博主。既然是被官方奖励的，这些博主发布的笔记就一定是符合官方标准的、被市场验证过的好笔记，在一定程度上可以更高效地帮助你筛选出优质账号。

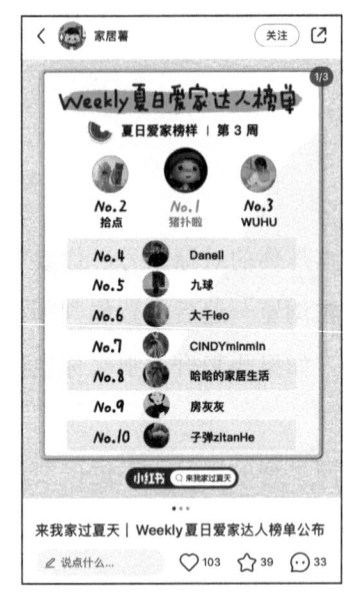

图 2-23

此外，一些官方薯还会把该领域里优质作者的笔记发布在官方薯的账号里。官方薯推荐的笔记在一定的程度上是符合平台调性、受用户喜欢的。你可以浏览这些作者的主页，结合自己的定位方向评估是否将其作为对标账号。

6. 第三方工具

一些第三方工具会实时更新不同领域的博主的排行榜。通过排行榜，你可以更高效地找到垂直领域的优质博主。

常用的工具有新红、千瓜数据。图 2-24 和图 2-25 分别是新红和千瓜数据的达人排行榜。你可以按领域分类筛选热度较高的博主。在领域的总榜中排名靠前的一般都是头部博主，对于新人来说不太具有参考性。

如果你目前处于刚起步的阶段，那么可以从"涨粉排行"入手，查看最近垂直领域内有没有排名飙升得特别快的博主，特别是有几千、几万个粉丝的小博主，短期内粉丝增加几万个。这样的博主对新人更有借鉴意义。也许他们通过某个选题、某种呈现形式火了，你就可以分析和拆解爆款笔记，思考自己能否模仿。

第 2 章 定位：从 0 到 1 策划一个小红书账号

| 总榜 | 地域榜 | 认证榜 | 涨粉排行 | 创作人气排行 | 商业互动排行 |

作者分类　全部　美妆　美容个护　鞋包潮玩　穿搭打扮　美食　母婴育儿　旅游出行　家居家装　教育　生活　运动健身　兴趣爱好　影视综　婚嫁　　展开

统计日期　日榜 06月05日　周榜　月榜　　数据更新于2022-06-06 15:00:46 / 每日更新　数据说明　导出结果

排名	基本信息	总粉丝数	涨粉率	粉丝增量
1	姜不肥 美妆　ID 1685750759	7.54w	17.1%	1.1w
2	Yvony蟹太太 美妆　ID 540176335 护肤博主	142.21w	0.7%	9648
3	爱化妆的二双 美妆　ID 1071678221	100.13w	1%	9598
4	Winnie文 美妆　ID Qing921225 美妆博主	393.66w	0.2%	9145
5	梦瑶没在怕 美妆　ID 1149961800	40.07w	1.8%	6912

图 2-24

| 行业榜　涨粉榜　爆文榜　地区榜　创作者排行榜　母婴优选榜 Beta |　更新时间：2022-06-06 08:00　榜单说明

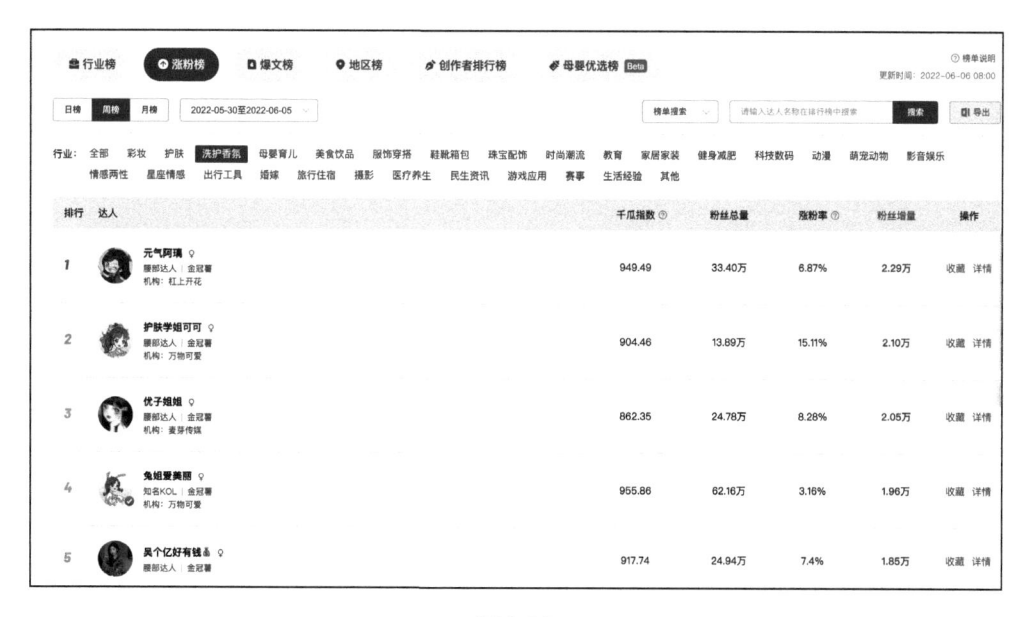

日榜　周榜　月榜　2022-05-30至2022-06-05　　　榜单搜索　请输入达人名称在排行榜中搜索　搜索　导出

行业：全部　彩妆　护肤　洗护香氛　母婴育儿　美食饮品　服饰穿搭　鞋靴箱包　珠宝配饰　时尚潮流　教育　家居家装　健身减肥　科技数码　动漫　萌宠动物　影音娱乐　情感两性　星座情感　出行工具　婚嫁　旅行住宿　摄影　医疗养生　民生资讯　游戏应用　赛事　生活经验　其他

排行	达人	千瓜指数	粉丝总量	涨粉率	粉丝增量	操作
1	元气阿璃　腰部达人｜金冠薯　机构：杠上开花	949.49	33.40万	6.87%	2.29万	收藏 详情
2	护肤学姐可可　腰部达人｜金冠薯　机构：万物可爱	904.46	13.89万	15.11%	2.10万	收藏 详情
3	伏子姐姐　腰部达人｜金冠薯　机构：麦芽传媒	862.35	24.78万	8.28%	2.05万	收藏 详情
4	兔组爱美丽　知名KOL｜金冠薯　机构：万物可爱	955.86	62.16万	3.16%	1.96万	收藏 详情
5	吴个亿好有钱　腰部达人｜金冠薯	917.74	24.94万	7.4%	1.85万	收藏 详情

图 2-25

除此之外，你还可以查看千瓜数据达人排行榜里的"爆文榜"（如图 2-26 所示），查看近期有爆款笔记的博主，可以筛选不同粉丝量级的博主。我们可以选择 1 万～10 万个或者 5000～1 万个粉丝这两个选项作为参考，特别是参考有几万个粉丝的小博主。在一定程度上他们能做成的事，你也能做成。

图 2-26

以上就是用第三方工具来查找博主的方法。不过，要注意的是，使用这些工具的很多功能是要付费的，你在使用时要尽量把每个选项都点击一下，尽量利用所有免费的功能。

在浏览账号时，你要时刻从第三视角去审视眼前的账号是不是你想成为的样子，如果初步符合你的预期，就要进入下一步，也是至关重要的一步——拆解对标账号。

2.2.2 拆解对标账号，明确账号调性

1. 拆解哪类账号

（1）小博主。在新手起步阶段，建议你去找有不到10万个粉丝的博主。这个粉丝量级的博主往往刚走出"新手村"，摸清了一些门道，掌握了一定的做出爆款笔记的能力，在一定程度上他的成长路径是值得新人拆解、参考的。

有10万多个粉丝的大博主可以作为你长期的参考目标，但是不一定适合起步阶段的你，因为他们可能摸索很久才有了现在的成绩，或者在其他平台上有过内容创作经验或者有现成的内容搬运到小红书上，又或者签约了MCN机构、有自己的内容创作团队等，你无法快速判断这个博主的经历是否值得你参考。你可以参考这类博主的爆款选题、风格、人设等。

（2）近期发展迅速且更新稳定的账号。如果一个账号在短期内发布了比较多的爆款笔记，快速崛起，那么一定有很多值得你借鉴的地方。所以，最好能找到近期发展得比较好的账号，比如近3个月有多篇笔记的点赞数超过1000，甚至10 000的账号。

一个博主如果能频繁做出爆款笔记，那么一定掌握了某些流量密码。这些能让他们的粉丝从几百、几千个增加到几万个的流量密码，也许也能让你"飞"。

同时，你也要参考他们的更新频率。你的对标账号的更新频率需要稳定，比如一个月稳定更新10篇笔记、一周稳定更新2~3篇笔记等，而不能在某段时间更新得特别频繁、在某段时间突然断更，否则就会给你制订更新计划造成困扰——应该采用怎样的更新频率才能保证出现更多爆款笔记呢？

所以，你在筛选对标账号时，要评估这个账号的发展是否迅速、更新是否稳定。

（3）入驻平台两年内的账号。在筛选对标账号时，你可以查看这个博主在什么时间发布的第一篇笔记，尽量找做小红书运营两年内的博主。

对标账号之所以成为对标账号，是因为它的所有爆款笔记的内容、呈现形式、变现方式、风格调性都是符合你的预期的，只要复制这个博主的历程，你大概率也能做出相似的账号。

如果一个账号运营了几年才有几万个粉丝，那么按照它的方式运营账号，你是不是也要用几年才能做成那样呢？所以，如果你是新手，在起步阶段对标小博主，就一定要找近两年才开始做并且做得好的。这样你才能确信自己做一年或者两年也能做成那样。

2. 用一张表格拆解一个对标账号

在做对标账号拆解时，你可以用对标账号拆解表进行深度拆解，见表2-8。

表 2-8

账号的基本信息							
账号昵称	基础数据	粉丝数：（点赞数+收藏数）	点赞数：收藏数	第一篇笔记的发布时间	发布时间和近3~6个月的更新频率	账号的多平台布局
	粉丝数： 点赞数： 收藏数： 发布笔记数：					
账号的风格调性			账号的商业模式		可借鉴的点	
细分方向	人设	呈现形式	报备合作	不报备合作	崛起点	可复用的点

续表

对标总结

（1）账号的基本信息。在表格的上方记录账号的一些基本信息，如账号昵称、基础数据、粉丝数：（点赞数+收藏数）、第一篇笔记的发布时间、近3~6个月的更新频率、账号的多平台布局。

其中，发布笔记数、点赞数、收藏数通过点击博主主页的"获赞与收藏"选项可以查看，如图2-27所示。

以下几个比较重要的数据需要在拆解时考虑。

① 粉丝数：（点赞数+收藏数）

粉丝数：（点赞数+收藏数）即粉丝数与点赞数和收藏数之和的比例。

在账号的主页下方，"粉丝"对应的数据即账号的粉丝数，"获赞与收藏"对应的数据为账号的点赞数与收藏数的总和，如图2-28所示。

图 2-27　　　　　　　　　　　　　　图 2-28

　　通过这个比例，你可以看出账号的粉丝转化效果。例如，一个账号的粉丝数：（点赞数+收藏数）=1∶8，说明在点赞和收藏每 8 次时有一个新增粉丝。

　　1∶10 是一个分水岭，如果粉丝数：（点赞数+收藏数）小于 1∶10，说明这个账号有爆款笔记但不"涨粉"，很可能是没有人设的工具号。如果粉丝数：（点赞数+收藏数）远小于 1∶10，比如 1∶20、1∶30，那么不适合把这个账号作为对标账号，因为模仿它做再多的爆款笔记，可能粉丝最终也不会增加几个。

　　很多人设比较鲜明或者用户群体比较垂直且转粉率比较高的账号的粉丝数：（点赞数+收藏数）可以达到 1∶5，甚至更高。所以，对标账号的粉丝数：（点赞数+收藏数），可以帮你判断它的转粉率是否高、人设是否鲜明。

　　② 点赞数∶收藏数。点赞数和收藏数是衡量账号互动率的重要指标，在一般情况下点赞数会比收藏数多。

　　如果点赞数远大于收藏数，比如点赞数是收藏数的几倍，那么这个账号的内容可能不太具有收藏价值。例如，一些搞笑段子账号、情景剧账号发布的很多爆款笔记的点赞数极多但收藏数极少，因为这类内容戳中了用户的爽点，用户看过之后会笑一笑，但是没有必要收藏了再看。

所以，收藏数较多的笔记，甚至收藏数大于点赞数的笔记，一定是对别人有价值，想收藏后再看的优质内容。比如，我发布的写作素材搜索术的笔记，其收藏数远大于点赞数，说明这类内容对用户来说是有价值、看完后可以学到东西的，如图 2-29 所示[①]。

因此，在拆解对标账号时，如果点赞数和收藏数的差距不是特别大，那么可以整体参考它的内容和风格。如果点赞数和收藏数的差距特别大，你就可以分析它能给别人带来什么情绪价值，找到它在内容价值、干货程度方面不够好的地方，然后取长补短，超越这个账号。

图 2-29

③ 第一篇笔记的发布时间。你要研究对标账号的第一篇笔记是什么时候发布的，可以倒推出这个账号运营了多久获得了这么多粉丝。比如，账号 A 只运营了 6 个月就有了 10 万个粉丝，而账号 B 运营了 3 年才有 10 万个粉丝，很显然账号 A 更适合你深入研究。

④ 发布时间和近 3～6 个月的更新频率。你还可以研究对标账号的发布时间和近 3～6 个月的更新频率，如果更新频率稳定且每次都在固定的时间发布，那么可以参考它做更新规划。

在笔记的最下方会显示具体的发布日期和时间（如图 2-30 所示），有时候因为系统版本或者一些其他的原因，可能有一部分笔记只显示发布日期。

此外，如果博主发布后重新修改了笔记，那么笔记最下方的时间前面会显示"编辑于"（如图 2-31 所示），修改后的笔记显示的时间是最后一次编辑的时

---

① 本书中点赞数和点赞量相同，正文中统一使用点赞数。

间，这时就无法判断出具体的发布时间。你可以通过评论区中最早的一条用户评论推测发布时间。

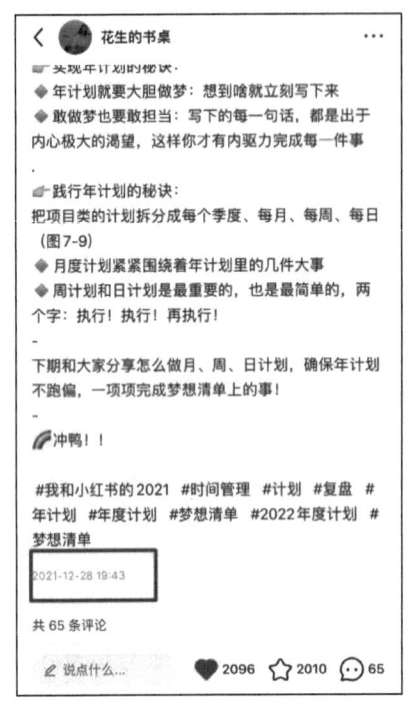

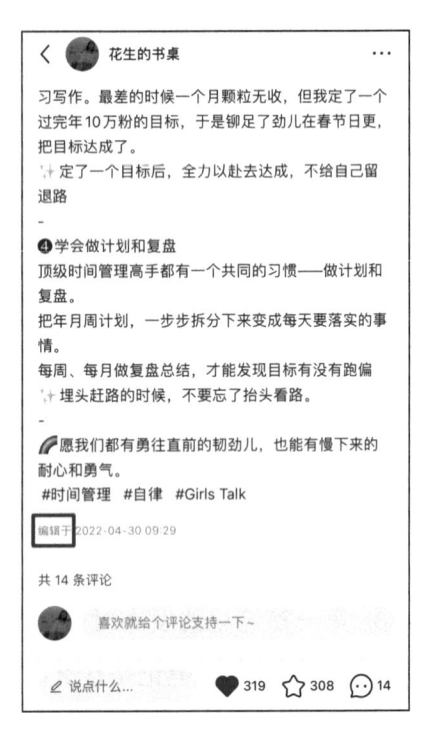

图 2-30

图 2-31

通过统计对标账号的发布日期和时间，你可以分析出账号的更新频率和发布时间段。比如，你的 3 个对标账号的更新频率都稳定在一个月发布 10 篇笔记，发布时间集中在晚上 6 点到 8 点，你就可以给自己的账号制定发布笔记数和时间的规划：1 个月发布 10 篇，每次都在工作日晚上 7 点发布。

对于新手来说，在刚入驻一个平台时，在不了解用户画像和各种规则的情况下，最简单且最便捷的方式，就是参考对标账号，通过大量的调研和对比分析，做出更合理的决策。

⑤ 账号的多平台布局。拆解对标账号，还有一个重要的方面就是了解它们在其他平台上是否还有账号。除了小红书，它们还在哪些平台上发布内容，在

这些平台上有多少粉丝，在这些平台上是怎么变现的。比如，它们在 B 站、抖音、知乎等平台上是不是也有账号？发布的内容是与在小红书上发布的一样，还是针对不同的平台发布不同的内容？比如，读书博主"小嘉啊"在小红书上分享好书、电影金句。你可能很难看出她是如何变现的，在全网搜索后，就能发现她在抖音上有几百万个粉丝，并且在很多视频中直接挂了书的购买链接，也会进行直播带货，如图 2-32 所示。

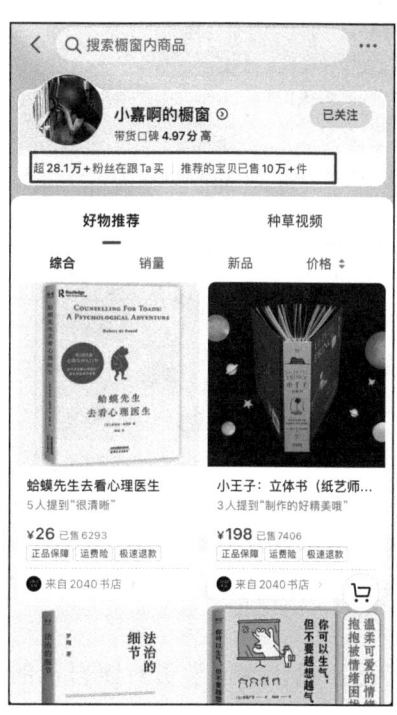

图 2-32

由此就可以得出结论，这类博主可以将内容多平台分发，并且变现方式之一是带货卖书。

你只有清楚了对方在其他平台上做了什么，才能知道自己未来该怎么发展、把精力用在哪里才能更高效。

（2）账号的风格调性。整理完对标账号的基本信息后，你要进一步研究对标账号的风格调性，从以下 3 个方面挖掘出这个账号的差异化特征。

① 细分方向。细分方向是指这个账号在某条赛道下，垂直分享哪种类型的内容。比如，在知识分享这个大方向里，它的主要内容和选题是集中在职场、读书、学习方法还是哪个细分方向？又如，在美食分享这个大方向里，它的主要内容是做菜教程、测评零食，还是其他内容？在做菜教程里可能又分为做减脂餐、盒饭、空气炸锅美食等细分领域。

通过研究对标账号的细分方向、选题，你可以反思是否有能力做这样的细分方向的内容。比如，有个学员想要做运动健身这个细分方向的内容。他想分享运动穿搭的内容，找到了图 2-33 所示的对标账号，经过仔细研究后发现，这个博主确实也分享运动穿搭的内容，但她还有一个更细分的垂直方向：小个子运动穿搭。她的很多内容都围绕着细分的身高、体重标签来展开，如图 2-33 所示。

图 2-33

于是，我让这位学员对照自己的身高、体重来考量，如果他没有这样的身高、体重，那么选择这个对标账号是不合适的。因为"155/90"也许是这个博主的流量密码，她能通过这个特征来吸引同样是矮个子的精准用户，从而形成一套自己的内容体系和爆款笔记。

所以，你在拆解对标账号时，需要研究这些博主在更细分的领域中创作了哪些话题的内容、靠哪些特别的内容做出了爆款笔记。你要考虑是否具备这些选题的创作能力，这些特征在你的身上是否也具备。

② 人设。通过翻看对标账号的往期内容，你能在图片、文字或者视频中直

观地感受到博主是怎样的人、有怎样的性格特征。同时，你还要翻看所有笔记的评论区，看用户都在评论什么，是针对内容本身进行讨论，还是在议论博主的某些性格特征、文案风格，抑或被博主的故事所打动产生共鸣。通过评论区中的反馈，你能知道对标账号靠怎样的特质吸引别人。

③ 呈现形式。对标账号选择了哪种呈现形式？是图文笔记还是视频笔记？图文笔记用的是实拍图还是海报？视频笔记采用哪种呈现形式？视频笔记是横版的还是竖版的？视频笔记的平均时长是多少？这些方面都需要一一分析并记录。

（3）账号的商业模式。

你要知道，你的对标账号走过的路，大概率就是你以后要走的路。所以，你要研究清楚对标账号是怎么变现的，它们在全网怎么打造自媒体账号。

如果是接广告变现，那么在以往的笔记中合作的品牌都有哪些？这些品牌都集中在哪些类目里？

如果是利用小红书引流变现，那么产品是什么？客单价是多少？你要找到销售产品的平台，甚至可以付费体验产品。

只有清楚对方是怎么变现的，你才能知道下一步该怎么走。怎么看一个账号是否接了广告呢？下面有一些小技巧供你参考。

① 报备合作。对于报备合作的笔记来说，在打开笔记的前几秒，在笔记的左下方会显示品牌名称。图 2-34 所示为我和樊登读书的一篇合作笔记。

② 不报备合作。

a. 带有品牌话题标签。一些品牌方会让博主附加与产品相关的话题标签或者品牌活动的话题标签。这些话题标签一般出现在笔记正文的最下方。如果一篇笔记带有一些很明显是广告的话题标签，那么这篇笔记大概率为广告合作内容。例如，得到 App 针对得到年度书单的活动，在小红书上进行了一系列投放，所有投放的博主都会在笔记中附加"#来得到阅读有方法"这个话题标签，如图 2-35 所示。

通过这类话题标签，你能够一眼看出这是广告合作。

b. 用大篇幅文字描述产品且有利益声明。如果在一篇笔记中有 3 张以上的图片展示某个产品，有大篇幅文字描述该产品，那么它很有可能就是软广告。同时，有些博主也会在文案内标注利益声明。

图 2-34　　　　　　　　　　图 2-35

c. 排在合集前几位的笔记。对于视频合集的广告植入来说，很多品牌方会要求产品的展示位置靠前，同时也可能会对产品的展示时长有一定的要求。所以，如果一个产品展示的位置靠前且比其他产品展示的时间更长，那么这可能也是广告。

同时，一些品牌方投放广告会有一定的周期。在同一个时期内很多博主都在发布与同一个产品相关的笔记，那么很可能这样的笔记就是广告。

当然，也不排除很多产品是博主自己在用的。他们只是在小红书上发布使用心得。是不是广告植入，还需要从其他方面判断。

（4）可借鉴的点。

① 崛起点。拆解对标账号最重要的一个步骤是，总结它们的流量密码，思考哪些内容可以复用到自己的账号里。你要重点研究对标账号的崛起点是什么、哪篇笔记或者哪种类型的笔记成了爆款笔记，让账号在短期内快速"涨粉"。你

要时刻记住，对标账号走过的路大概率你也能走，能让它们在短期内快速"涨粉"的爆款笔记，一定是被市场验证过的。如果你也去做这类选题，那么会更高效。

在拆解对标账号的爆款笔记路径时，可以按时间顺序找到这个账号点赞数和收藏数最高的笔记。比如，在刚开始时我的图文笔记的点赞数平均在几百，当某一篇图文笔记突然达到 10 000 次点赞时，那么可以判定这篇笔记是我的账号的崛起点，如图 2-36 所示。于是，我又发布了一篇同类型的视频笔记，得到了 80 000 多次点赞，如图 2-37 所示。

图 2-36　　　　　　　　　　图 2-37

由此可以看出，我的账号的崛起点就是这个 iPad 系列的笔记。这时，我就要考虑是否有能力创作这类内容。

② 可复用的点。你要综合对标账号的爆款笔记的封面、标题、风格调性等各个方面，总结哪些因素可以被复用到自己的账号里。比如，对标账号的封面

的呈现形式值得参考，某几个爆款标题可以被复用，视频开头的自我介绍方式、每次在结尾都加一句金句的结构可以模仿。

（5）对标总结。在分析完以上几个方面后，你可以用以下问题进行总结。

① 看完后我整体感觉怎么样？

② 这个账号的整体风格调性、内容定位、呈现形式、变现方式是否与我想做的相契合？

③ 如果我来做，那么以现在的能力能做出这样的账号吗？

④ 有什么待改进的地方？

最终，制作出详细的对标账号拆解表，见表2-9。

表 2-9

账号的基本信息							
账号昵称	基础数据	粉丝数：（点赞数+收藏数）	点赞数：收藏数	第一篇笔记的发布时间	发布时间和近3~6个月的更新频率	账号的多平台布局	
兔姐Cheryl	粉丝数：1.8万 点赞数：4.6万 收藏数：5.6万 发布笔记数：124	约1：5	约1：1.2	2021—08—21	发布时间不固定，集中在18：00—22：00 一周4条	无	
账号的风格调性			账号的商业模式		可借鉴的点		
细分方向	人设	呈现形式	报备合作	不报备合作	崛起点	可复用的点	
健康教程	健康、阳光	①图文实拍 场景：室内/户外+彩色运动服 ②视频：运动动作讲解	接运动服、鞋及周边产品的广告变现	无	臀部训练教程视频、直角肩拉伸训练视频	1. 封面视觉冲击（形体造型+彩色运动服） 2. 运动配饰丰富	
对标总结							
1. 账号的调性和我的账号很契合，可以作为主要的对标账号。 2. 运动动作讲解类的视频能出现很多爆款笔记，我以后在做这类视频时可以参考这个博主的视频。 3. 封面中博主的身材很吸引人，在后续制作内容时要多呈现优美的身材曲线。							

以上就是拆解一个对标账号的全过程，从账号的基本信息到风格调性、商业模式、可借鉴的点等多个方面进行拆解。前期拆解得越详细，后期越省力、越高效。

3. 拆解时的几个注意事项

在拆解对标账号时，还要注意以下3点。

（1）账号是否做过大调整。在剖析对标账号时，要整理出时间线，看账号早期发布的内容与现在的是否一样。如果不一样，要看在哪个时间段换了一种形式，调整方向后火了。如果账号做过大调整，就要总结出在哪些方面做了调整。

同时，你还要分析账号的点赞数较少的笔记有哪些、点赞数较多的笔记有哪些、它们有什么明显的不同。在这些明显的不同中，你要总结出什么因素导致出现了爆款笔记。

（2）对标账号是可以更换的。对标账号是可以随着账号的发展不断变化的。也许在实操的过程中，你才会发现某个方向不适合自己，或者找到了更好的切入角度，这时是可以更换对标账号的。

如果你纠结定位，不知道该选哪个对标账号，那么请记住一句话：定位一定是在"做的过程中"迭代出来的。你千万不要因为纠结定位而迟迟不行动，要找到一个大致的方向和一个差不多符合预期的对标账号，迈出第一步，立即去发布内容，在做的过程中不断迭代。

（3）对标多个维度。很多人在找对标账号和拆解对标账号的时候，会发现很难找到一个各个维度都完全符合自己想象的账号。这时，你可以在满足整体调性的情况下，选择多个账号的单个维度，进行组合对标。比如，账号A的身份标签、账号B的爆款选题、账号C的道具，都可以组合到你的笔记里。同时，你在发布具体内容时，不一定只参考对标账号，用选题的关键词在小红书上搜索爆款笔记，找到这个关键词对应的某篇爆款笔记进行对标也是可以的。

你通过商业模式定位、赛道定位、内容定位、人设定位设计出自己的账号，通过搜索对标账号、拆解对标账号，对于接下来该怎么做、该做什么就有了更清晰的规划。

最后，把账号的最终定位汇总在表 2-10 中，就能清楚地知道下一步该做什么、该怎么做。

表 2-10

我的赛道和用户定位		
我的对标账号	账号名	链接
我的变现方式		
我的人设+场景设计		
我的呈现形式		

2.2.3 测试方向，形成独家风格

在找到对标账号后，你就可以开始实操了。最重要的是，你要不断试写、试发，把内容放到市场中，不断地看数据、复盘迭代，形成自己的内容生产体系和爆款笔记生产流程。

这一过程主要分为两个阶段：

第一个阶段，从模仿开始迈出行动的第一步。

第二个阶段，在实践与创新中形成自己的风格。

1. 从模仿开始，迈出行动的第一步

在模仿对标账号阶段，很多人会有以下困惑：

模仿就是抄袭吗？平台上的同质化太严重了，我和别人做一样的选题，算不算抄袭？

第 2 章 定位：从 0 到 1 策划一个小红书账号

我的一些观点和别人重复，算抄袭吗？

我不想和别人做一样的内容，怎么办？

在实操阶段，模仿对标账号或者平台上的爆款笔记是最高效的方法，但必须明确以下 3 点：选题必须借鉴、观点和方法必须独立、呈现形式可以部分借鉴。

（1）选题必须借鉴。所谓借鉴选题，不是抄别人的内容，而是看这个选题戳中了用户什么痛点，大部分爆款选题的背后都有人们的痛点。

例如，对于"如何无痛戒手机"这个选题，小红书上很多博主都在做，平台内也有很多爆款笔记，如图 2-38 所示，说明

图 2-38

"戒手机"这个行为是很多人的痛点。用户在刷小红书的时候，可能会存在一定的焦虑，在看到这类笔记时就会选择打开，查看解决方案。

有些火过的选题值得你再做一遍，因为这些选题的背后是人的痛点，是人们关心的话题。比如，备婚的新娘会对怎么选喜糖、怎么选伴手礼感兴趣。在婚礼前很多新娘和伴娘会在小红书上搜索"堵门游戏"。一个即将考英语四级的大学生会对"如何在一个月内稳过四级"这类选题感兴趣。

特定人群在特定的时间段，一定会对某些选题感兴趣。所以，你不用担心别人写过的内容你不能写，因为这些痛点和需求存在，做已经被验证过的爆款选题，做出爆款笔记的可能性会更大。

（2）观点和方法必须独立。你在借鉴完爆款选题后，最终落地到创作具体的图文笔记或视频笔记时，一定要注意：观点和方法必须独立，内容的内核必

须是你自己的。比如，对于前面提到的"无痛戒手机"这个选题来说，为什么要戒手机、怎么戒手机、有哪些方法？这些观点和经验是需要你亲身实践后总结出来的。其中有一些方法可能会和别人重复，这没有关系，因为你用过的方法别人可能也在用，或者在某本书里写的方法你和别人都看过。

但用了这个方法后具体的感受是什么、你要怎么把这个方法表述出来教给别人，这些内核必须是你自己独有的东西，而不能是东拼西凑得来的。

如果对一件事情你都没有亲身实践过，而是看搜集资料后整合自别人的经验感受，就违背了内容创作的初衷。

（3）呈现形式可以部分借鉴。在创作具体的内容时，你也可以借鉴对标账号的呈现形式。当不会拍照的时候，你可以模仿别人的构图角度，拍10张、20张照片，总能找出一张还算满意的。当不知道如何布置拍摄场景时，你可以借鉴对标账号的场景布置。

不过需要注意的是，你在设计账号的呈现形式、风格、封面时，不要像素级地模仿某个博主，特别是封面。如果你的封面里的每一个元素、字体都与某一个博主相似，就侵犯了原作者的著作权。作为内容创作者，你一定要珍惜自己的羽毛。

以上就是模仿阶段的 3 个要点，借鉴爆款选题，从模仿开始迈出行动的第一步，然后站在巨人的肩膀上用自己的话语体系创作内容。

2. 在实践与创新中形成自己的风格

实操的第一个阶段是模仿对标账号。在这个阶段，你可以锻炼自己的手感、网感，在刻意练习中逐渐找到运营账号、做爆款笔记的感觉。到了进阶的阶段，你就要不断地在实践与创新中找到自己的爆款笔记创作套路，形成独特的风格。

（1）做出爆款笔记，复制套路。在逐渐找到门道做出了几篇爆款笔记之后，你就要分析这些笔记火起来的原因，找到可以用到下一篇笔记的要素，然后不断复制，源源不断地做出爆款笔记。

第 2 章 定位：从 0 到 1 策划一个小红书账号

我在小红书上的第一篇点赞数过万的爆款笔记是关于"iPad 生产力"的图文笔记，分享了一些 iPad 学习软件和平价配件。在这篇笔记火了之后，我把同样的选题做成了视频，内容也是分享 iPad 学习软件和平价配件，结果这条视频也火了，最终获得了 80 000 多次点赞和 60 000 多次收藏，如图 2-39（a）所示。

于是，我不断地复制这个爆款选题，复用逻辑结构、封面和标题，分享不同主题的软件和配件。后来每做一次这个系列的内容，几乎都能有很不错的数据，如图 2-39（b）所示。这个系列的内容就成了我的固定的选题栏目。每隔一段时间，我就会分享一些新的使用心得。

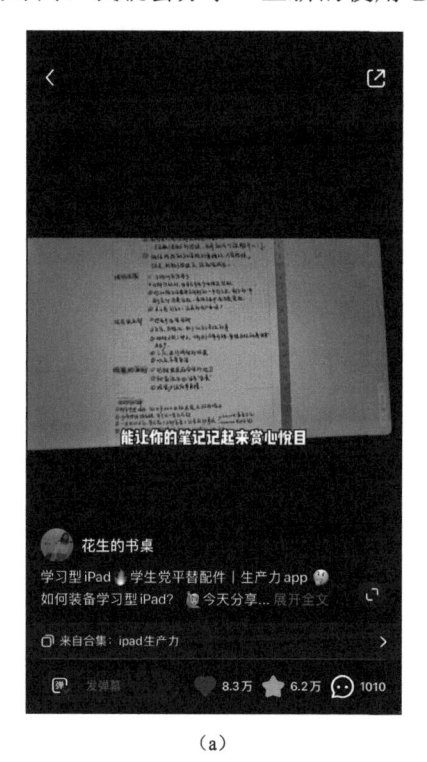

（a）　　　　　　　　　　（b）

图 2-39

所以，你在创作出一类内容后数据不错，且这类内容和你的账号定位相符合，你就可以不断地做同类选题。

（2）做出成绩，形成标签。在前期用养成系的方式运营账号时，你会面临创作的内容没有个人特色、趋于同质化的问题。这些都源于你没有只属于自己的一套知识体系，没有做出自己的成绩。

在运营账号的过程中，不断地输入、输出会让你学到很多东西。当做出了一些爆款笔记、一点儿成绩的时候，你就可以基于这些成绩形成标签。比如，从写作"小白"到在小红书上赚到第一笔稿费、一个月增加 1000 个粉丝、3 天接到 10 个广告合作。或者你为了打造人设，做出了一些努力并得到了结果：连续 100 天 5 点起床读完了 30 本书、3 个月减 10 斤、零基础转行涨薪 30%……

你在做出了成绩后，就从模仿别人的阶段跨越到了有自己独特标签的阶段。我的私教学员小 Q 是一个大学生，在刚开始做小红书运营时围绕着大学学习与成长输出内容，很多选题必然会和同样是大学生的学习博主重复。后来，小 Q 越做越好，广告收入达到了几万元。小 Q 就顺势分享了一些大学生经济独立的心得，结果这类内容很受欢迎。于是，我就让她强化"大学生经济独立"这个标签，多分享一些关于大学生赚钱的思维方式、经济独立的心得干货，如图 2-40 所示。

就这样，她的账号从没有个人特色到逐渐做出成绩形成标签，在实践与创新中形成了只属于自己的风格。

图 2-40

2.3 装修：账号设计4件套

在做完定位、找到对标账号后，你就要根据自己的定位"装修"账号，让访问你的账号主页的"客人"在看到这个账号时，就能知道你是做什么的、要分享什么内容、他能在你这里获得什么。设计一个好的账号，需要从以下 4 个方面入手。

2.3.1 账号名称设计

账号名称并不能决定账号能否火、能否吸睛。

1. 账号取名的3个原则

（1）没有阅读难度。自媒体账号取名最忌讳的一点就是，名称是大部分人看不懂、叫不出的。最典型的就是用生僻字和复杂的英文名，例如"彧（yù）""語（jīng）"这些生僻字，这在一个人的名字里可能会让人觉得很特别，但放在互联网上，给网友带来了阅读难度。人们可能没有耐心去查询这些字怎么读，更不知道该怎么拼写，从而给个人品牌打造、账号传播带来了难度。

（2）没有称呼难度。你要让粉丝立刻知道怎么称呼你。我遇到过一个小伙伴，在刚注册账号时取名为"你这么棒你可得快活点儿"。取这样的账号名称看起来很俏皮，实际上犯了两个致命的错误。首先是太长。当笔记出现在推荐页时太长的账号名称无法完整显示，用户也记不住这么长的账号名称。其次，粉丝不知道怎么称呼他。作为博主，要想与粉丝拉近距离，一个好叫的账号名称是标配。比如，我叫"花生的书桌"。粉丝们会叫我"花生"，在评论区交流时，也会用"花生"或者"花花"来称呼我，但"你这么棒你可得快活点儿"这样的账号名称会让粉丝摸不着头脑，不知道是应该叫"棒棒"还是叫"儿儿"。

所以，你的账号名称里最好有一个只属于你的昵称，可以是你的姓氏、小名、网名，能让人容易地叫出来即可。

（3）有记忆点。一些有特殊含义、叫起来朗朗上口的账号名称，能让人在第一次看到时印象深刻。博主"取个啥岷"的每条视频里都有一句固定的开场白"hello 大家好，我是至今不知道取个啥名的取个啥岷"。这句话让人瞬间记住了这个博主。

此外，账号名称还可以与账号的内容相结合，增加记忆点。比如，博主"阿丹今天存钱了吗"发布的内容围绕着存钱展开，这个账号名称就能加深用户对她的记忆。"文森特别饿"是一个美食博主，他将他的名字"文森特"和"饿"这个属性相结合，形成了一个很有趣的账号名称。

2. 账号取名的4个方法

（1）名字/称呼+领域/职业/学校/身份。用这个方法取名，能让人从账号名称里直接看出你的领域方向，知道你是做什么的、要分享什么。

①用名字/称呼+领域取名。例如，"硕硕的装修日记""圆圆宝贝美食记"，只看账号名称就能知道这些账号的创作领域。

②用名字/称呼+职业取名。例如，"摄影师林云""HR 小弘哥""女心理师青橙"，让人一眼就可以看出博主的职业。

③用名字/称呼+学校取名。例如，"北大姐妹花""清华护肤易博士"。这类账号名称可以为内容做背书，凸显更专业的人设。

④ 用名字/称呼+身份取名。例如，"学姐潇潇""蘑菇妈妈呀"。特定的身份能突出人设，让特定的群体产生认同感。

第2章 定位：从0到1策划一个小红书账号

你也可以在账号名称里融入你分享的内容方向、爱好特征。例如，"猪猪在努力吃"是一个"种草"美食的博主，"阿鱼爱学习"是一个分享读书与学习干货的博主。

（2）名字/称呼+地域。用这个方法取名，适合身份特征或者内容里带有地域属性的，能让特定的群体对号入座，可以在小圈层内打造话题。

① 地域与内容相关。例如，"保罗在美国""上海小阿姨""一妈在北京"。这些博主都会分享本地生活与故事，与本地相关的话题能吸引本地圈层的人群，在当地形成一定的知名度。

② 地域与人设相关。例如，"沪漂少女灵芝""北漂宝妈丹妮"。这些博主的地域标签是人设的一部分。在他们发布的内容中，有一部分会与地域相关，但主要目的是通过地域标签来展现自己某一方面的特质，比如"沪漂少女灵芝"的账号展现了一个"沪漂"女孩通过自己的努力一点点变美、变有钱的逆袭故事，分享的内容很宽泛，并没有与地域强关联，地域在账号名称中的作用是为了与人设相符合。

（3）地域+领域+名字/称呼。如果你的产品和服务需要依托于线下销售，那么你可以用"地域+领域+名字/称呼"的方式取名，给用户明确的信号。用户如果有某个需求且正好与你在同一个地方，就可以找你。比如，"杭州石律师""长沙律师刘大壮""北京导游冯少保""锋锋老师（长沙滑板私教）"。取这类账号名称的好处在于能筛选精准的同城用户，避免无效沟通。

其弊端在于把其他地方的人挡在了门外，但如果你输出整个领域内的专业内容，你的内容能给大部分有需求的人带来帮助，那么也能通过内容"吸粉"。

（4）直接使用名字/称呼。直接用名字/称呼做账号名称，不加任何修饰，能打造只属于你的个人品牌。我们经常能看到一些账号的内容不错，如果只看账号名称和主页，那么好像谁都可以做，可替代性很强。比如，一些工具型的账号"学习方法""书单君""美妆种草菌"。我们看不到账号背后的人是谁。

要想打造个人品牌，最直接的取名方法就是用名字/称呼（例如，"程十安""骆王宇""小宇菇菇"），或者用一些比较好记的英文名，或者用英文和中文组合（例如，"Winnie 文""papi 酱"）。这些账号名称的背后就是博主本人，账号名称就是最好的个人品牌。

账号名称的作用是让用户知道你是谁、你是做什么的、你可能会分享什么、你分享的内容是否与他有关。你要记住这些用户心理，再以终为始地设计账号名称。

在账号名称确定好之后，不要轻易修改，频繁地更换账号名称会给已关注你的粉丝造成困扰，更会影响你的个人品牌打造。同时，在确定好账号名称后，最好在全网使用统一的账号名称，这样有利于打造全网影响力，也方便用户在其他平台上关注你、记住你。

2.3.2 头像设计

与账号名称相比，账号头像不用特别讲究。你不一定要使用好看的真人头像才能成为有百万个粉丝的博主，因为自媒体账号运营更重要的是内容本身。因此，在不放二维码、恶俗照片和不违规的情况下，用你喜欢的任何图片做头像都没有问题。

小红书账号的头像主要分为以下 3 类。

1. 真人照片

如果你做的是 IP 类的账号，有自己的人设，那么我建议用真人照片作为头像。使用露正脸或侧脸的照片，或者背影照都是可以的。尽量选择让人感到舒服的照片作为头像。小红书是一个讲究美感的平台，好看的头像在一定程度上是加分项。

除此之外，如果你的账号有一些特别的元素，那么可以将相关元素融合在头像里。例如，"网不红萌叔 Joey"的视频中经常有一只鹅的道具出镜，封面里也有与鹅相关的插画元素，因此他的头像在真人照片的基础上画上了一些鹅的元素，形成了一整套与个人品牌相关的视觉体系，如图 2-41 所示。

图 2-41

如果你想打造个人影响力，让网友记住你，那么最终要做的事情就是打造你本人的品牌，让人记住你这张脸。

2. 卡通头像

很多博主在刚开始运营账号的时候，因为各种原因不愿意或者不方便露脸，但又担心不露脸没有个人特色。

你完全不用担心，很多视频博主不露脸也能做出爆款笔记。账号的头像更不用露脸，内容吸引人才是最重要的，真人头像甚至真人露脸并不一定是运营自媒体账号的标配。

如果不想露脸而又想带有一点儿个人特色，那么可以用一些工具来制作卡通头像。

常见的卡通头像制作工具有美图秀秀、醒图等软件。

在美图秀秀中点击"工具箱"→"动漫化身"或者"绘画机器人"或者"绘本时代"选项，上传一张自己的照片，就能自动生成一张卡通头像，如图 2-42 所示。

(a) (b)

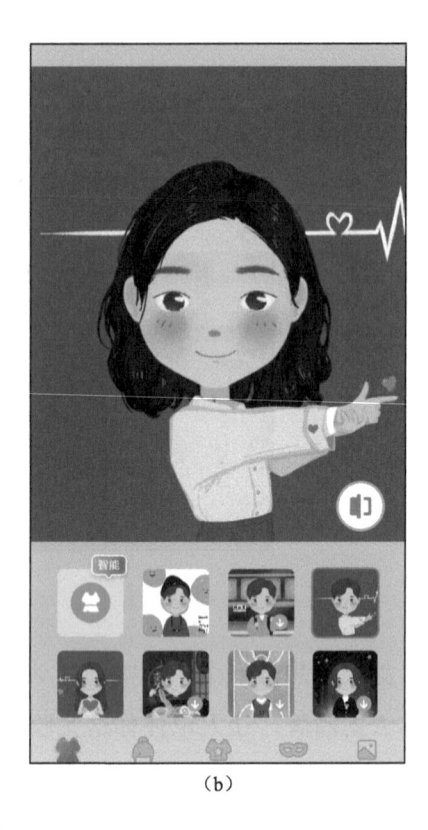

图 2-42

当然，你也可以用一些漫画、插画人物来做自己的头像。

3. Logo

一些品牌和企业的账号，可以选择用 Logo 作为头像，如图 2-43 所示。

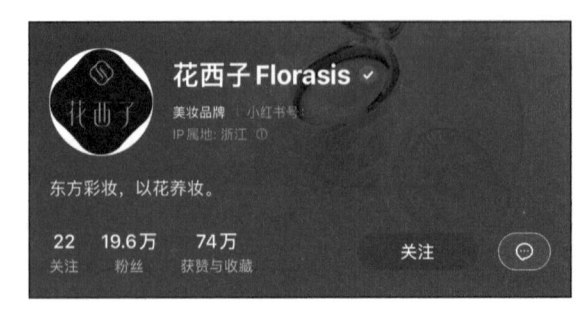

图 2-43

普通博主也可以为自己设计 Logo。比如，博主"小浪书单"把账号名称里的字做成一张图片，这样的图片用作头像后能让用户加深印象，如图 2-44 所示。

图 2-44

2.3.3 简介设计

账号的简介就像名片，好的简介能让进入你的主页的陌生用户迅速地了解你。

一个账号的简介，可以由以下内容组成。这些内容不必全部展示，可以根据账号的内容定位、人设定位来灵活地选取其中部分内容进行组合。表 2-11 为简介设计问答表。

表 2-11

自我介绍	作用
人设标签	你有哪些独特的经历、想给用户展现哪些特质
身份标签	你的个人身份有哪些标签，向用户展现你的身份背景，获得用户信任
个人基本信息	向垂直用户展现你的基本信息，吸引同类用户。 比如，穿搭博主展示身高、体重信息；护肤博主展示肤质信息；家居博主展示房屋面积信息
内容定位	你要分享哪些内容，要让用户知道关注你能得到什么
成就事件	你取得过什么成绩，与别的博主有什么不一样
关注预期	给用户一个关注你的理由
一句话 Slogan（标语）	用一句金句传递个人价值观，或者用一句话呈现账号特色
联系方式	让合作品牌可以联系到你

这些内容相互组合，就得出以下 4 个自我介绍公式。

（1）公式 1：身份标签+成就事件+内容定位。这类简介通过强化身份标签和成就事件，为内容的专业性做背书。比如，"瘦鬼"是一个职场博主，通过展现职业身份和成就，为分享的职场笔记做背书，获得粉丝的认可，如图 2-45 所示。

图 2-45

（2）公式 2：人设标签+成就事件+内容定位。这类简介有利于强化人设特征，加深用户对你的人设的了解，放大情绪价值。比如，"小 QQQQ"的简介突出的是"小镇女孩逆袭记""大二经济独立"的人设和成就，强化"逆袭"的特征，如图 2-46 所示。

图 2-46

（3）公式 3：个人基本信息/特征（身高、体重、肤质）+Slogan（标语）。这类简介常见于美妆护肤、时尚穿搭、健身等领域。用户在看到这类博主分享的内容或者"种草产品"时，需要看到他们的一些基本信息来辅助决策。比如，图 2-47 所示为一个专注于分享梨形身材穿搭的博主，把身高、体重与体形放在简介里，能让对她的穿搭感兴趣的用户了解基本信息，在购买她推荐的产品前做出理性的决策。

图 2-47

同时，她的 Slogan 是"每天都在想着怎么瘦腿"，给出用户的心理预期。她会分享与瘦腿相关的穿搭，吸引精准粉丝。

（4）公式 4：关注预期+内容定位+身份标签&成就事件+个人基本信息。这类简介能让用户清楚你是谁、你能分享什么、你的情况是否与他一致。比如，图 2-48 所示的家居博主通过描述账号会分享哪些内容，给用户内容预期，通过标注自己的房屋面积和户型信息，能在某些方面给同样对装修感兴趣的人一定的参考。同时，她还用一句话描述了自己买房与装修时的年龄与装修费用，用数字形成反差，从而打造出账号的差异化。

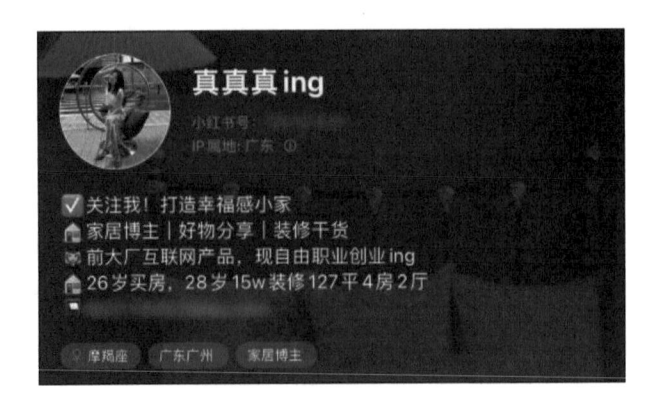

图 2-48

2.3.4 视觉设计

大部分用户进入你的主页的路径是这样的：在推荐页看到你的某篇笔记，觉得这篇笔记写得不错，想进一步了解这个博主，于是点击头像或账号名称进入主页。在进入主页后，你的账号的整体视觉效果决定了用户对你的第一印象。一个账号的整体视觉效果又取决于封面的风格。

这就像逛超市一样，我带着买零食的目的去超市，来到一个专门卖零食的区域，货架上有零食供我挑选。如果这个超市的物品摆放没有规律，零食被摆放在五六个货架上，而且与日用品混在一起，我要花费很长时间才能找到想买的零食，这样的用户体验是极差的。

因此，你要做到让用户来逛你的主页"超市"的时候，"货架"上的陈列整整齐齐，视觉上舒适，内容上符合用户的预期。

1. 图片风格统一

图片风格统一是指封面用相同的呈现形式，风格、调性都是极度统一的。用户在进入一个账号的主页后，最先看到的是整体的封面。

如果你今天用一张真人出镜的图做封面，明天用一张设计网站上的海报模板做封面，后天又用桌子上的本子做封面，封面上的字体也是一天换一个样式，那么用户在逛你的账号主页时，大概率看了几秒就退出了。你无法让用户在第一时间明白你是做什么的、能给他带来什么价值，没有给他一个非关注你不可的理由。

所以，你在创建一个账号时，要先考虑封面用怎样的方式来呈现、账号的图片或视频的调性是怎样的，要考虑好呈现形式再创作内容。

常见的封面样式有真人照片、景或物照片、plog 拼图、伪实拍图、海报、截图、电子手绘图、纸质手绘图。

我们能看到，很多优质账号的封面都极度统一。用户打开主页看几秒就能知道这个博主的风格是什么样的、大概会发布什么类型的内容。如果你的封面的整体风格让用户觉得舒服且内容符合用户的预期，那么用户大概率会关注你。

图 2-49 所示的"憨憨学长"是一个学习成长领域的博主，他的笔记全部都是用手绘的视觉笔记图片来呈现干货。这类笔记比单纯用文字讲干货的笔记更通俗易懂、更有趣，在整体的视觉呈现上，每张图的色调、画风、字体样式也都极度统一。用户进入这个账号的主页，会感觉到"极度舒适""赏心悦目"，就会自然而然地关注这个博主。

"拼图"的封面往往会因为图片元素过多而让人眼花缭乱。如果封面用统一的滤镜色调和字体样式，就能让人感觉更舒适、更统一，再配上垂直领域的内容，这就是一个比较优质的账号了，如图 2-50 所示。

新手如果不知道该用什么形式呈现内容，最便捷的方法就是参考对标账号，看一看对标账号的封面是什么样的、对标账号是用什么形式呈现内容的、以你目前的能力和环境条件是否也能用这样的形式来呈现内容。

只有在整体的风格规划清楚后，才会避免后期频繁地更换风格。否则，你的主页今天用这个风格，明天又换了另一种风格，就会给用户造成困扰，粉丝转化的效果可能会大打折扣。

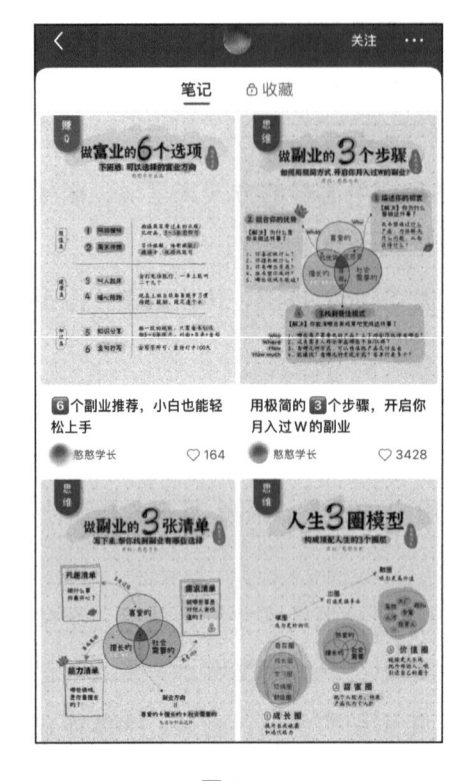

图 2-49　　　　　　　　　　　　图 2-50

当然，并不是说在确定一个风格后就不能变，图片的风格是可以随着账号内容的不断迭代而更换的。所以，我们经常会看到一些博主早期采用的是某一种风格，中间换了一种风格，这是完全可以的。

对于新人来说，前期可以探索不同的图片风格，测试哪种图片风格的点击率更高，但切记不要频繁地切换风格，要有耐心，一种类型的图片风格至少要先测试 10 篇。

2. 字体风格统一

除了图片风格，账号的字体风格也需要统一，特别是封面上的字体。

如果你发布的内容较宽泛，且封面的呈现形式有文字、视频、实拍景物、真人出镜等，那么看起来可能会有点乱。这时，你可以用统一的字体风格。比如，我的封面都是用花字的主标题和副标题，这样从整体上来看会比较舒适，如图 2-51 所示。

3. 内容风格垂直

在确保图片风格和字体风格统一的情况下，一个账号想要让用户获得最佳的体验感，最重要的一定是内容风格极度垂直。也就是说，你发布的内容需要符合打开你的主页的用户的预期。

当他们在推荐页看到一篇爆款笔记时，打开你的主页是带有一定的预期的。如果你的整体内容风格与爆款笔记相契合，那么爆款笔记带来的用户有更大的概率转化为你的粉丝。

所以，账号装修的最后一步一定是，规划你的整体内容风格。你的内容风格要与封面、字体、账号名称相互搭配，组成一个完整的账号。

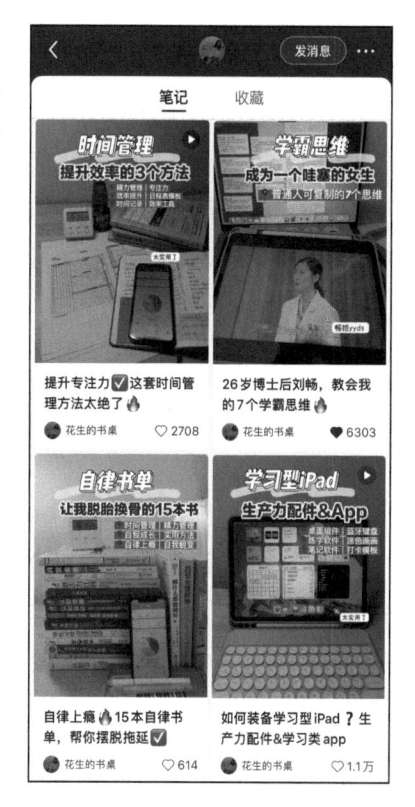

图 2-51

第 3 章 涨粉：高效地做出爆款笔记的秘诀

3.1 爆款笔记的底层规律

3.1.1 决定笔记成败的核心要素

在第 1 章中提到，小红书采用的是千人千面的算法推荐机制。一篇笔记在得到初始曝光后会进入一个小流量池中，系统根据用户的互动数据来判断这篇笔记是否受欢迎。如果互动数据好，系统就会把它推荐到更大的流量池中。因此，互动数据好坏是决定一篇笔记成败的关键因素。

1. 互动数据的组成

小红书的互动数据由点击率、点赞数、收藏数、评论数和弹幕数、完播率、转发数、关注数组成。

点击率是指阅读量占曝光量的比例。用户的点击行为取决于他在推荐页中看到你的笔记的封面和标题后是否愿意点击。

点赞数是指一篇笔记的点赞数量。用户在看了你的笔记后，如果喜欢你的笔记，就会点赞。

收藏数是指一篇笔记的收藏数量。用户在看完你的笔记后觉得有用，想要下次用到的时候再翻看，就会收藏。

评论数和弹幕数，分别是指用户在浏览笔记时发表的评论和弹幕数量。

完播率是指看完视频的用户占所有观看视频的用户的比例。

转发数是指用户看完一篇笔记后将其转发给站内好友或者转发到站外的数量。

关注数是指用户在看完一篇笔记后，通过这篇笔记直接关注账号的数量。

小红书官方没有明确说明哪个数据更重要。小红书官方在创作中心的教程中指出，每一个数据都很重要。因此，你要分析每一个数据背后的底层逻辑，有针对性地进行优化。

2. 互动数据的底层逻辑分析

那么，点击率、点赞数、收藏数、评论数、弹幕数、完播率、转发数、关注数到底代表什么呢？我们应该从哪些方面优化互动数据，做出爆款笔记呢？

（1）要想提高点击率，选题的受众要广，封面、标题要吸引人。小红书的首页采用的是双列信息流的展现模式。用户需要主动点击一篇笔记的封面，才能看到详细的内容。与之相反的是抖音，在抖音的推荐机制下，你的视频会被直接推荐到用户的面前，前几秒的内容是否吸引人决定了用户是否会继续看。

小红书的双列信息流模式，在一定程度上更公平。系统把更精准的内容推荐到用户的面前，然后根据用户的行为判断用户的喜好，从而更进一步推荐更精准的内容。因此，选题、封面和标题直接决定了一篇笔记的命运。

① 选题决定了用户是否对内容感兴趣。选题决定了用户是否对你的内容感兴趣，所以要想做出爆款笔记，你的内容就必须是大部分人关心的。选题覆盖的受众范围越广，点击你的笔记的人就越多。

"30岁生日vlog" vs "30岁财务自由，关于财富的3点认知"，前者是自嗨的内容，后者是大部分人关心的话题。

"挑战背10个英语单词打卡第3天" vs "请停止看小猪佩奇！5部真正的零基础英语启蒙动画片"，前者是偏个人的内容，后者是更多人关心的话题，解决了家长们不知道怎么选英语启蒙动画片的痛点。

"零基础围棋教程：挂角咋防守" vs "零基础围棋教程：如何看懂棋盘、棋子、规则",前者是进阶的教程,受众少,多为已经开始学习围棋的人,后者是面向大众的教程,从最基本的内容开始介绍,受众人群包括还没有学过围棋的"小白",所以能覆盖更多的人。

在一定程度上,你的选题好坏决定了一篇笔记的成败。

② 封面和标题决定了用户是否想进一步了解。在同样的选题下,封面和标题的好坏直接决定了用户对这篇笔记是否有进一步了解的兴趣。

图 3-1 所示为同一篇笔记的不同标题。图 3-1(a)所示的笔记标题为"干货 | 半年全网涨粉 6w,我的写作秘籍分享",该笔记在发布后一天内阅读量只有 2000 多次。第二天,我将标题改为"干货 | 普通人如何开启写作,超越同龄人?",修改后笔记的流量迅速增加,最终阅读量增加了 10 倍,如图 3-1(b)所示。

(a)　　　　　　　　　　(b)

图 3-1

第3章 涨粉：高效地做出爆款笔记的秘诀

在修改前，标题只与我自己有关，与用户无关，无法激起用户非常强烈的点击欲望。修改后，"普通人如何开启写作"这句话能引起想写作的普通人的兴趣，而"超越同龄人"又能激发大家的好胜心和好奇心。

（2）要想提高点赞数，就要让用户产生情绪波动。用户如果收藏一篇笔记，就需要选择将其加入哪个收藏夹；用户如果想要给一篇笔记评论，就需要打字。这些互动行为都需要一定的行动门槛。对于点赞这一行为，用户只需要顺手点击屏幕即可，所以点赞是最轻量级的互动行为。你想让用户点赞其实是很容易的。

用户在以下情况下可能会产生点赞的行为。

感到喜欢：用户可能会点赞喜欢的笔记。

感到美好：你的笔记激发了用户对美好生活的向往，用户就会不由自主地点赞。

感到惊艳：用户看到你的笔记后学到了新知识，看到了意想不到的剧情，或者你有某些常人没有的技能、故事。这些都能激起用户内心的波澜，从而让其进行点赞等互动行为。

因此，要想提高点赞数，就需要在笔记中尽量加入更多情绪价值，让用户产生情绪波动，让其自发地进行点赞。

（3）要想提高收藏数，就要让用户觉得有用。用户是否会收藏取决于你的笔记有没有实用价值，能不能让他想收藏以便下次继续看。

要想让用户收藏，就需要满足用户对未来的诉求，让用户觉得"这篇笔记对我的未来有用"。大部分人是在为未来进行收藏的，为了满足未来的某些需求而收藏。

收藏数多的笔记，多为信息密度大并且干货足的攻略类、教程类、合集型笔记。这类笔记能让用户觉得有用、实用，也许未来某一天会用到，于是选择将其放进收藏夹。

如果你的笔记的收藏数大于点赞数，不一定是坏事。我的一篇视频笔记《写作素材搜索术，写作高手的秘籍在这里》的点赞数为 5.2 万，收藏数为 5.8 万，收藏数大于点赞数。因为这是一篇干货型的视频笔记，知识密度比较大，很多人在看完后觉得很受用所以选择收藏，也有很多人根本没看完，也选择将其收藏以便下次再看。

这样的笔记在小红书上非常典型。用户觉得有用，就会选择收藏。用户在收藏时，大部分内容不是立即能用上的，也许在未来的某一天有用。于是，他们害怕损失，不想错过优质的信息，就选择了收藏这一行为。

因此，要想提高收藏数，就可以在内容中增加实用的方法、清单列表、工具合集，增加一篇笔记的信息密度。

（4）要想提高评论数和弹幕数，就要增加互动指令。点赞、收藏、转发这些行为的时间成本和门槛很低。用户一般不需要思考就可以进行操作。对于"写评论"和"发弹幕"这两个动作，用户则需要思考，需要付出打字的时间成本。

所以，只有对特别触动用户、引起用户共鸣的笔记，用户才会自发地进行评论。你可以在笔记里埋下一些行动指令，让用户评论，否则用户看完笔记，点赞或收藏后就会去看下一篇笔记了。

因此，在一定的程度上，如果用户给你评论、发弹幕，那么说明你的内容是能引起用户讨论的好内容，如果评论和弹幕的数据特别好，就很有可能会被系统判定为受欢迎的内容，将其推荐到更大的流量池中。

（5）要想提高完播率，就要让内容有层次。影响完播率的因素很多，任何一个因素都很重要。

真人出镜的视频的完播率取决于以下几点：①博主是否有镜头感、观众缘，说话的语气和音调能否让人愿意听。②视频的脚本文案是否有节奏感，能否一步步地引起用户好奇，让其想要继续看。③视频画面是否清晰，声音是否忽大忽小，背景音乐是否盖住人声等。

这些因素都可能影响视频的完播率。因此，你在准备脚本和拍摄的时候，要在每个环节都尽量做到有节奏感，能吸引人看下去。

（6）要想提高转发数，就要让内容带有社交属性。转发这一行为取决于这篇笔记是否有社交货币的功能。用户转发一篇笔记的动机，可以分为以下3种。

产生情绪共鸣：你的笔记引起了用户的情绪波动，让他们激动、感动、开心或者愤怒，促使他们转发。

拥有社交货币：一些有价值的信息在转发后能让用户在社交关系中占据优势地位，或者你的一些观点与他的相同，符合他的社交形象，强化了他的社交符号。

获得行动指令：比如，"转给你的闺蜜一起学起来吧""这么好用的方法，还不快转给你身边那个需要的朋友"。这样的指令能把用户唤醒，提醒用户进行下一步行动。

因此，要想提高转发数，就要尽量引起用户情绪波动、给用户的社交形象赋能或者给出具体的行动指令，从而让用户产生转发行为。

（7）要想提高关注数，就要让内容更有特色。如果一篇笔记能让用户看完就立刻想要关注这个账号，那么说明这篇笔记不仅能给用户带来价值，还有很强的内容特色或个人特色，被人喜欢和认可，让人想在这里获得长期价值，这也是判断一篇笔记好坏的因素之一。

总之，影响一篇笔记流量的每一个数据都很重要，如果一篇笔记的2~3个数据很高，这篇笔记就有很大概率成为爆款笔记。

你在做内容时，要根据这些核心要点有针对性地优化自己的笔记。表3-1为影响笔记流量的互动数据。

表 3-1

互动数据	动作	核心要点
点击率	用户在推荐页点击笔记	用户对你的封面、标题或者选题是否感兴趣
点赞数	用户为笔记点赞	内容是否被喜欢,是否有情绪价值
收藏数	用户收藏笔记	内容是否有用
评论数/弹幕数	用户评论笔记或给视频发弹幕	内容能否引起共鸣、有没有讨论的点
完播率	看完整篇笔记	内容是否吸引人,是否有节奏感、逻辑性
转发数	将笔记转发到社交平台上	内容是否有社交功能
关注数	用户看完笔记后关注博主	内容是否有特色

3.1.2 掌握这 3 个技巧,迅速找到爆款笔记流量密码

梁宁在《产品思维三十讲》中指出,做产品要满足三点:痛点、痒点、爽点。这三点的背后其实是人的底层的需求。

1. 戳中痛点

什么是痛点?痛点就是目标用户害怕、恐惧的点。任何让人不安、愤怒、焦虑的点,都是痛点。

戳痛点是内容创作中最常用的套路。如何找到用户的痛点对症下药呢?

(1)罗列痛点。你可以把目标用户可能遇到的问题按场景分类,在每个场景中罗列出痛点。以美食领域为例,如果你是一个美食博主,你的目标用户是对做菜感兴趣的人。做菜这一场景可以分为做菜前、做菜时、做菜后。用户可能会有以下痛点。

① 做菜前的痛点。

a. 食谱选择。用户不知道吃什么,你就给出选项,比如"6 款咸味燕麦粥,一周早餐不重样!低卡美味"。

用户觉得做菜太复杂、没有时间做菜,你就提炼出"懒人""快手"这些关

键词，给出解决方案，比如：

"10分钟0失败快手菜！家常美味，好吃不贵！"

"预制菜，在家能做的超快手速便利菜！"

b. 食材选择。用户不知道怎么买菜，不知道是超市的菜好还是网购的菜好。菜场的摊位很多，用户不知道怎么挑。用户不知道怎么备菜，不知道哪些食材可以放冰箱，哪些食材的保质期长。用户不知道该怎么选择各种调料，不知道哪些是家中必备的、哪些调料能让"手残党"做出美食。

对这些痛点，你可以给出以下解决方案：

"买菜再也不怕被坑了，菜农选菜的正确小技巧"

"一周备菜攻略！附买菜清单，拿去吧你！"

c. 道具选择。用什么锅炒菜？铁锅、砂锅、不粘锅到底有什么区别？如果只买一口锅，那么最推荐买哪种？切菜用什么工具？有什么好用的懒人神器？

对每一个痛点，你都可以做出许多选题，比如：

"铁锅测评|百元锅和千元锅有什么区别？"

"15件宝藏厨房好物神器｜建议人手一个！"

② 做菜时的痛点。

a. 烹饪步骤。做这道菜是先放盐还是先放糖，要放多少？酱汁要怎么调配？加入水后要煮多久？

对每个环节的问题，你都可以做对应的选题，比如：

"用一个公式了解并记忆做菜步骤"

"6款低卡百搭酱汁！水煮菜也能好吃到哭"

b. 烹饪方法。吃腻土豆了，还有什么新吃法？买了一个空气炸锅，能用它做什么小吃？

在做菜时，用户需要考虑怎么做、用什么工具做、怎么做出花样。只要有痛点存在，就可以有针对性地创作内容，比如：

"史上最全的土豆做法！土豆星人快来"

"微波炉只用来做饭太可惜了，还可以用来做面包！"

"空气炸锅食谱大全·懒人福音！含详细做法"

c. 功能效果。在不同的场景中，用户对美食有不同的需求。根据目的罗列问题，可以针对更垂直的痛点做对应的选题。

比如，在减脂期间可以做些什么好吃又不长胖的美食？要想祛除湿气应该做什么养生汤喝？天气太热了，吃什么开胃凉菜？

对这些细分痛点，你可以给出不同的解决方案，比如：

"怎么会有这么好吃的减脂餐！太掉秤了"

"秋冬就是要多喝汤！6款一周不重样的养生汤"

③ 做菜后的痛点。在做完饭后，还要清洁、保存食材等。只要这些是大部分人每天都经历的，就一定会存在痛点。

a. 厨房清洁。用户担心洗碗和刷锅太麻烦、洗碗伤手。这是很多用户的痛点，你可以做对应的选题，比如：

"不加一滴水，免刷锅做出超好吃的锡纸牛肉"

"洗碗机按照这个买，再不担心洗不干净！"

"想安利给全世界！不伤手的洗洁精真实存在啊！"

b. 剩菜保存。用户吃完饭后有剩菜，不知道如何处理。你就可以针对这一痛点做出一个"剩菜美食"攻略，比如：

"用冰箱的剩菜做了一大盆凉拌菜，闺女吃嗨了"

在任何领域中都可以罗列出各个场景下的痛点，然后根据痛点给出各个角度的解决方案。只要有痛点存在，就一定有受众。痛点越痛，受众越多。

小红书的主要用户是年轻女性，情感、育儿、变美、自我成长、副业等都是女性用户关心的话题。根据每个话题下用户关心的痛点做内容，永远不愁没有选题，也永远不怕做不出爆款笔记。

第3章 涨粉：高效地做出爆款笔记的秘诀

很多人会存在以下顾虑：针对同一个痛点有太多人写过了，我再写还会有人看吗？只要这个痛点存在，就永远有人想要解决方案，而人们永远不嫌解决方案多。因此，只要你的笔记足够有用，能解决痛点问题，那么永远都有需求，都可能成为爆款笔记。

（2）梳理痛点。内容创作的一大核心是洞察人性。如果能梳理出普遍存在的痛点，就能快速地做出受人欢迎的内容。在小红书上，最常见的基于痛点延伸出的爆款内容有以下几类：与钱有关、走捷径、比较、羡慕、宣泄情绪。

① 与钱有关。很多人都关注与钱有关的内容。人们总是想花更少的钱获得更多的东西，因此免费、省钱、平价这类内容在小红书上很受欢迎。在小红书上这类爆款内容有以下几类：

a. 免费资源类。

"掏空海底捞！对暗号最全攻略，免费吃免费喝"

"苹果Mac免费看真4K高清电影方法，一秒学会"

"学霸绝对不会告诉你的宝藏免费学习网站！"

"十个0成本靠谱兼职！在家也能赚大钱（附平台）"

b. 平价"薅羊毛"类。

"1688按斤囤的文具店，快去薅羊毛吧！"

"低至10元平替，享受千元大牌香水，绝了！"

"均价5元平替真香！小众绝美1688高质量店铺"

这类内容适用于各个领域。你可以用这个方法戳中人们想省钱的痛点，吸引他们点击。

② 走捷径。人们总是想花尽可能少的时间和资源来得到更大的回报，那些帮助人们省时间，教人们更省力地达成目标的笔记，往往能获得更多的阅读量。

a. 省时类。

"懒人冻水果吃法，3分钟水果冰激凌冰饮自由！"

"3分钟搞定的葱油拌面的神仙吃法"

b. 省力类。

"懒人必备！躺着就能瘦的4个动作"

"ootd/夏天这样穿吧 搭配不费脑子舒适且显白"

"8个不累父母的亲子游戏，爸爸和娃超喜欢"

"纸上沾到辣条油渍也能轻松去除？学会了吗？"

c. 短期速成类。

"7天6个offer，恭喜我求职秘密算拿捏住了"

"张予曦呼吸瘦腰法，三步轻松get同款小蛮腰！"

"四种高颅顶编发分享，三分钟速成！超简单"

"零基础速成！麻将打法教学，第一把就上手"

③ 比较。人们总是会忍不住与别人比较，在比较的过程中，又往往出现焦虑。你可以利用这点，从两个角度切入做选题。

一个角度是替用户说出内心的焦虑，比如：

"为什么你的能力比同事强，升职加薪却轮不到？"

"为什么别人都能赚到钱，而你却赚不到？"

另一个角度是基于焦虑，给出解决方案，比如：

"别赚钱，搞脑，才能和同龄人拉开差距"

"不再嫉妒，同龄人的成功不是我的失败"

④ 羡慕。人们总会羡慕强者，对厉害的人、厉害的事情表示赞叹。

利用这一点，你可以晒出优于常人的好物、身材、能力等。同时，如果这类笔记中能给出方法，分享如何做出这样的成绩，就能给读者带来更多价值，增加内容的收藏量。

a. 晒自己的家人。

"老公虽然不是厨子，却愿意为你变成一个厨子"

"如何做到学前识字 2000+，无痛过渡到自主阅读"

b. 晒自己的成绩。

"刷酸变白的作用？走在路上回头率太高"

"12 月过半了！晒一晒收到的稿费，写作真香"

c. 晒自己的物品。

"晒一晒我的宝藏手机壳！我也太会买了吧"

"我的家很小，但是院子很大"

"40W 买的 97 平方米空中三层别墅，带你参观我的家"

"凡尔赛一下，我真的好喜欢我的家！"

⑤ 宣泄情绪。我们经常会看到一些热点事件爆发后，宣泄情绪的视频能迅速爆火，这都是基于人内心的愤怒情绪。

对于这一痛点，你可以从以下两个角度进行内容创作。

a. 替用户宣泄情绪。

"集美们，遇到渣男给我使劲怼怼怼！！！"

"像我这么能怼人的相亲对象，深得我妈真传"

b. 阻止用户宣泄情绪。

"千万别再骂孩子了，小心把孩子给骂废了"

"高情商社交|4招优雅发脾气！没人敢欺负你"

以上就是戳痛点的两个方法，罗列某一场景中的具体痛点和梳理人们普遍存在的痛点，从而更了解用户对什么内容感兴趣，以便创作内容。

2. 戳中痒点

痒点是指用户希望实现的某些愿望。戳中痒点是指用户在看了你的笔记后觉得"如果有这个东西，我也能这样""如果我有……就好了"，或者你是他理想中的样子、满足了他的欲望等。

小红书上有很多自律 vlog、独居 vlog。在这些视频中，博主们在干净舒适的环境中做饭、学习，生活美好且充实。

很多家居博主把家装修得很漂亮，让人看了不禁留言"这是我的梦中情房，我非常想拥有同款房子"或者"我以后有了房子也要装修成这样"。

这些用户暂时无法实现的愿望、内心更深层次的欲望就是痒点。对于痒点，你可以从以下两个用户心理入手，进行爆款内容创作。

（1）我做不到，但看你做到了就很满足。大部分人都向往美好生活，但因为各种原因只能隔着手机屏幕把对美好生活的向往寄托在各个博主身上。

"我加班回到家吃了一碗泡面，看到旅行博主房琪 kiki 在游览祖国的大好河山，很向往却无法说走就走，隔着屏幕看别人旅行就很愉快。"房琪 kiki 的主页如图 3-2 所示。

"我很想养猫但家里不允许，打开宠物博主的视频，就能充满能量。"

"我不会画画，但看到插画博主们那些厉害的作品，非常佩服。"

对于那些人做不到的事情，你帮他们做到了，就能解决他们的痒点问题。

图 3-2

（2）我想做到，看到你做到了就想象着自己也能做到。用户在浏览"种草类"内容时，心理活动是这样的——我看到你用了这个产品，能达到某些效果，那么我拥有同款产品，也能达到你这样的效果。

因此，你要在创作内容时尽量展现用了某个产品、使用了某个方法后达到的美好结果。比如，美食教程里展现诱人的食物成品图，健身教程里展现用了某个方法后 1 个月瘦 5 斤的成果，美妆教程里展现用了某支口红后让气色明显变得不一样的效果图。

我的很多效率方法类的笔记，就是用了这种"展现美好结果"的手法。比如，我有一系列选题是与 iPad 数码相关的内容。我不会详细介绍各种数码参数，而是分享如何用 iPad 进行学习，介绍软件怎么用、如何用某个软件写出好看的笔记、如何用某个软件看书学习，以及这些软件如何帮助我做时间管理、提高效率等，如图 3-3 所示。用户在看完这些笔记后，就会想象"如果我也有 iPad，就可以像博主一样提高效率。"

图 3-3

你在利用痒点做内容时，要时刻谨记：用户不关心你是谁，只关心自己用了同样的东西、使用了同样的方法后，能否得到一样的结果。

如果你做与自律相关的选题，就可以把手账本的每一页都写满笔记，展现使用手账本后自律的结果，这样更能戳中用户的痒点。

如果你做与育儿相关的选题，想推荐育儿书单，与直接介绍书的内容相比，你加上读了这本书后，把其中的某个方法用到自己的孩子身上，让孩子不再挑食、不再拖延。这样更能戳中用户的痒点。

因此，你要尽量让用户看到结果。

3. 戳中爽点

爽点是指用户需要在短时间内被满足的需求，在满足需求后可以获得愉悦感，释放内心的情绪。看到短视频里的帅哥和美女心情很愉快，看到一个很搞笑的剧情段子立刻哈哈大笑，这些都是戳中了爽点。

利用爽点做内容，能够很好地调动用户的情绪，让你的笔记被更广泛地传播。你可以从以下几个角度切入做戳中爽点的内容。

（1）替用户说话。你帮用户表达了用户想表达的，就会让用户很爽。

图 3-4 所示的这个博主晒出了与爸爸的聊天截图。每次爸爸催婚时，博主都会回应一些特别的文案，用有趣的方式回应爸爸的催婚。这段对话戳中了用户的爽点，替不想被催婚的人说出了想说却一直不敢说的话。

这类内容成了这个博主的流量密码，这类内容的数据一直都非常好。同样，在一些热点事件中，你替用户高声呐喊，表达激动的心情，都戳中了大家及时表达的爽点。

如果你能顺应大部分用户的情绪，替他们说出想说的话，那么会有越来越多的人支持你、跟随你、认同你。

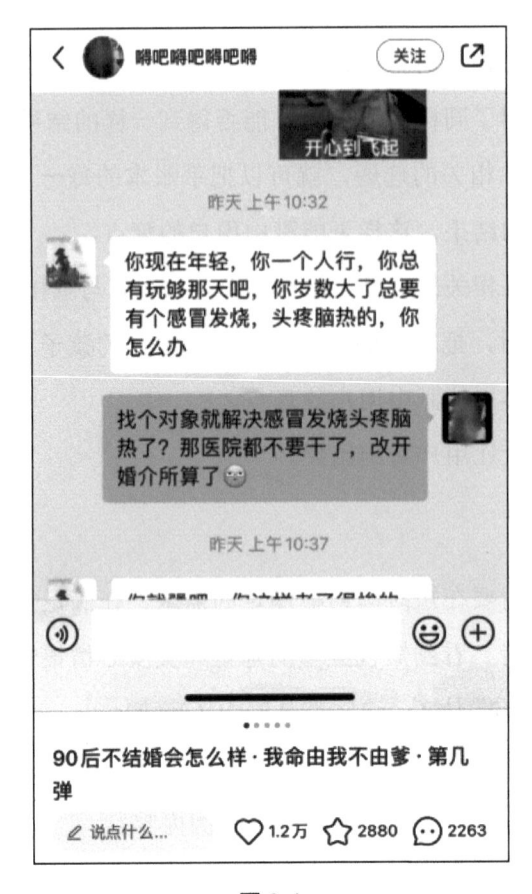

图 3-4

（2）释放用户情绪。这类内容常见于娱乐、情感博主的笔记中。很多人刷手机没有很强的目的性，在工作和学习累了时会打开手机消遣一下，所以一些泛娱乐、轻松的内容更能引起人们的情绪波动。娱乐博主"papi 酱"的短视频在全网都很火，每条视频中的段子都富有创意，让人捧腹大笑。其他类似的娱乐博主或者剧情账号，都能满足大家释放情绪的需求。

所以，我们会经常看到，那些搞笑段子类笔记的互动数据很好，能很好地释放大家的情绪。总之，爆款内容一定是顺应人性的，你的内容想火，就一定要戳中痛点、痒点、爽点中的至少一点。

3.1.3 学会这两个方法，成为爆款笔记收割机

1. 学会追热点，成倍吸引用户的注意力

如果你想做出爆款笔记，就需要学会追热点。热点是指在某些特定的时间内，很多人会关注和讨论的事情。在热点到来的时候，很多人的注意力都集中在了热点上。

因此，借助热点做内容，做出爆款笔记的可能性就会比平时更大。怎么才能追热点呢？

（1）有网感。首先，你要时刻保持网感，知道什么样的热点适合自己、什么样的热点不适合。当你有了足够的网感时，就能在热点到来的第一时间判断出是否值得写。

怎么锻炼自己的网感呢？到目标用户所在的地方，多去看他们讨论什么。比如，微博热榜、知乎热榜、豆瓣小组等。你要去看一些热门话题下用户都在讨论什么。在热门帖子的评论区中都在议论什么，他们都用了一些什么网络热词、说话的语气是怎样的、对一些热点事件持有怎样的态度。

除了外部各大平台的热榜，你还要多刷小红书上的爆款笔记，多看对标账号的热门笔记和同类选题的爆款笔记，看一看在这些笔记的评论区中用户都在讨论什么、都在发什么内容的弹幕。你要把用户讨论的关键词汇总整理。这样看得多了就自然而然地有了网感。

（2）会迁移。你要有很好的洞察力，在看到一个热点、一篇爆款笔记时，要时刻思考大家正在热议的话题戳中了痛点、痒点、爽点中的哪一点、释放了大家怎样的情绪。

你还要思考与这些热点相关的关键词能否迁移到自己的创作领域中，你的目标受众是否也关心这些。比如，新东方转型做直播带货，其中某个英语老师用双语卖货的视频火爆全网，各平台、各渠道都在传播这个老师的直播视频。

统计与新东方直播间相关的热门笔记的评论区中的关键词可以发现，用户的评论主要集中在老师谈古论今时的一些金句或者幽默的段子，评论区中都是正面的议论，称赞老师有才、有文化，很多想买书的网友在问新东方直播间的开播时间，并且要推荐书单。热点笔记的评论词云如图3-5所示。

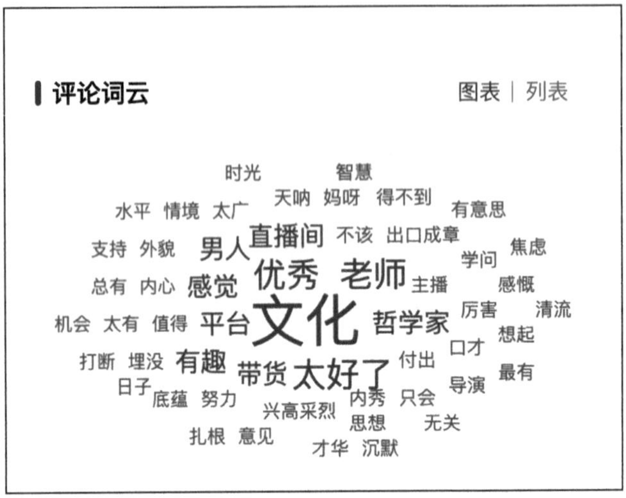

评论词云　　　　　　　　　　　图表｜列表

时光　智慧
水平　情境　太广　天呐　妈呀　得不到　有意思
支持　外貌　**直播间**　不该　出口成章　　焦虑
总有　内心　感觉　**优秀　老师**　主播　感慨
机会　太有　值得　平台　**文化**　哲学家　厉害　清流
打断　埋没　有趣　带货　**太好了**　付出　口才　想起最爱
日子　底蕴　努力　兴高采烈　内秀　思想　只会　导演　无关
扎根　意见　才华　沉默

图 3-5

这时，你要有网感和迁移能力，把这些词代入自己的创作领域，思考能否创作内容。如果你是文化、教育博主，就可以整理直播间老师提到的与历史、文化相关的金句，把提到的历史故事进行延展，甚至把提到的书整理成书单。如果你是财经博主，就可以深入分析这一现象背后的直播带货行业的新局面。如果你是插画博主，就可以把"出圈"的名场面画下来，给直播间里的老师画漫画头像。

脱离"吃瓜群众视角"看热闹，用"创作者视角"审视热点背后传达怎样的情绪价值，才是一个合格的内容创作者。

热点分为限时热点、日常热点，以及热点活动。在小红书上做内容，对不同类型的热点，有不同的创作方式。

(1)限时热点。

① 热点事件/现象。一些突发事件、有时效性的热点,往往因为不可预判,所以很多机构和创作团队都没有办法提前准备内容,这就给了个人创作者机会。

抓住这些热点快速做出的笔记,有可能成为爆款笔记。比如,冬季奥林匹克运动会(简称冬奥会)期间冰墩墩大火,当全网都在"一墩难求"的时候,小红书上的博主各显神通,通过借势冰墩墩,做出了很多爆款笔记。插画博主手绘冰墩墩头像,手把手教如何画冰墩墩简笔画,如图 3-6 所示。美食博主拍摄各种以冰墩墩为原型的美食教程,如图 3-7 所示。如图 3-8 所示为购买冰墩墩的攻略。

图 3-6

图 3-7

图 3-8

② 热点人物。热点人物和热点事件一样自带流量。借助热点人物做内容，在一定程度上能带来更高的点击率。

在冬奥会期间，谷爱凌成了极具流量的人物。谷爱凌夺冠背后的体育精神、谷爱凌的家庭教育方式、谷爱凌的时间管理方法，都成了大家热议的话题。综艺节目《乘风破浪 3》播出时，王心凌的热度是其他明星的几倍。蹭了王心凌热度的笔记的阅读量也会比往常高。

当上海迪士尼乐园的玲娜贝儿大火时，插画博主教用户画玲娜贝儿的头像，美食博主做带有玲娜贝儿元素的甜品，摄影博主教用户用玲娜贝儿的经典拍照

第 3 章　涨粉：高效地做出爆款笔记的秘诀

姿势拍照，这些借势玲娜贝儿笔记的阅读量都比平时高得多。

当带有热点人物的笔记出现在首页时，往往能吸引更多人点击。

③ 热门的影视剧和综艺节目。一些热门的影视剧、综艺节目都会自带热度。如果你能将自己的创作领域与这些节目相结合，就很可能做出爆款笔记。

有一些节目会与小红书官方合作。博主在小红书上发布与节目相关的笔记会得到流量扶持。比如，在《令人心动的 offer3》播出时，小红书发起了"#令人心动的职场图鉴"活动（如图 3-9 所示）。博主可以针对节目发表职场感悟和心得，优质的笔记还能在综艺节目的片尾展示。我当时也借势发布了一篇关于这个节目的笔记，因为内容优质得到了官方的流量推荐。

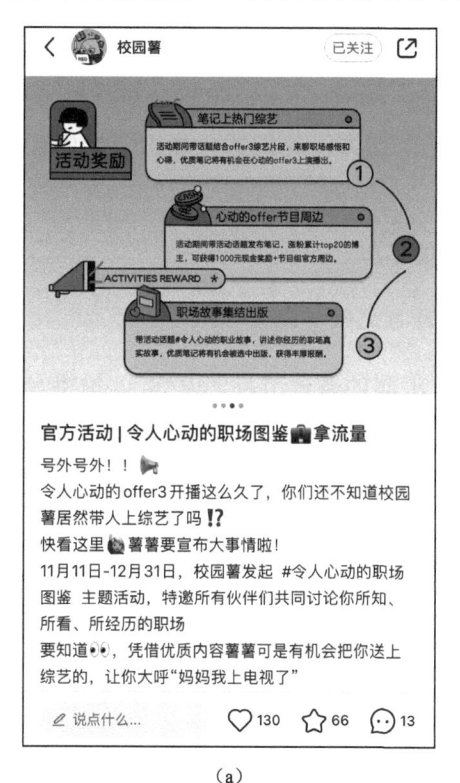

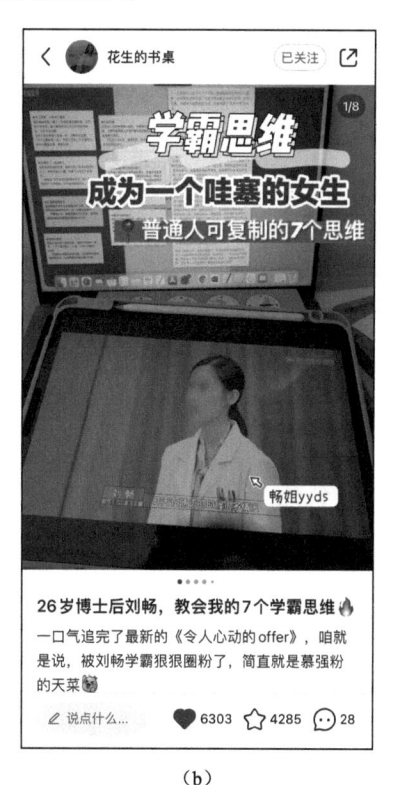

(a)　　　　　　　　　　　(b)

图 3-9

追当下大火的影视剧和综艺节目，能让你的笔记有更大的概率被人看到，成为爆款笔记。我在刚开始运营账号的时候，就借势于当时两个热门综艺节目《令人心动的 offer》和《奇葩说》，总结了节目里与职场和成长相关的干货、金句，实现了账号从 0 到 2000 个粉丝的冷启动。

在追这些热门的综艺节目时，你要时刻谨记选取的角度要与自己的创作领域相结合。比如，穿搭博主可以盘点节目中的穿搭，职场博主可以整理节目里的职场干货，美食博主可以做节目里的同款美食，插画博主可以画节目里"出圈"的名场面或者主角的头像。

该怎么借势，从不同的角度来讲述同一个节目呢？比如，在综艺节目《乘风破浪3》开播时，王心凌全网"翻红"，节目受到了更多关注。这时，我们可以借势于最火的王心凌做出爆款笔记。

财经博主、知识博主可以从"怀旧文化"切入，分析这一热点背后的经济学知识。

"王心凌翻红周杰伦刷屏，人为什么喜欢怀旧？"

"她又红了？探究'王心凌现象'的原因与文娱市场启示"

健身博主、舞蹈博主可以翻跳王心凌火出圈的舞台节目"爱你"，拍摄分解动作进行教学。

"原创健身舞｜王心凌一声爱你炸出全网老粉"

"甜到心里！爱你燃脂舞零基础暴汗！瘦全身"

美妆博主可以画王心凌仿妆，教大家扎王心凌同款的高马尾辫，或者分享保养知识。

"王心凌同款甜心高马尾"

"王心凌仿妆｜圆脸甜妹快来看！！超减龄！"

"冻龄女神的保养秘籍"

第3章 涨粉：高效地做出爆款笔记的秘诀

插画博主可以把节目里王心凌"最出圈"的画面画下来，或者画王心凌的头像，盘点王心凌之前的影视剧作品的名场面进行绘画创作。

"王心凌少女头像线稿练习"

"王心凌头像 Procreate 教程"

成长或者职场博主可以借助节目中的人物或某些名场面，分享职场沟通、向上管理、职场思维等话题，或者从节目中某些"姐姐"的独特经历中，提炼出一些成长思考和发人深省的观点。

"女生必看！王心凌搞事业，她做对了这 3 件事！"

"宁静 PK 那英，浪姐两大 BOSS，你选谁？"

"从浪姐 3 名场面中看新人入职第一天该如何破冰"

"领导当众说你不足，该怎么回应？"

"浪姐 3 职场缩影｜那英宁静于文文 谁难打交道"

"从浪姐 3 里学到的 15 条高情商社交法则"

对于这类突发型的、有时效性的热点，在实操的时候要注意以下几点。

① 在短期内求快。如果这个热点发生得比较突然，热度来得太快，你要做的就是在短时间内写出笔记立即发布。

这时，平台上还没有太多相关的话题，谁先把笔记写出来，谁就有先发优势，从而可以抢占创作者市场。对这个热点感兴趣的人，在当时可能还没有更多的笔记可以看，自然会选择看你的笔记。

所以，在热点刚出现的几小时内，你需要动作快！

你可以从信息类选题和情绪类选题这两个方向快速切入。比如，在谷爱凌刚夺冠的那一刻，网友们需要表达喜悦、激动的情绪。这时，他们只要刷到一篇报喜的笔记，大概率就会打开看。

所以，这时，你只要简单地整理几张图片加上几句表达喜悦的文案，展现夺冠的信息和喜悦的情绪，就有可能做出爆款笔记。

② 在中期求优质。当热点出现半天后，人们就需要更多有价值、有信息量的内容来了解出现热点的前因后果，或者更深入地了解热点人物的相关故事、背景信息。

谷爱凌在冬奥会上夺冠的当天，当夺冠的新闻已经尽人皆知的时候，你就需要做更优质的内容才能吸引用户点击，让用户获得更多的价值。在她夺冠后的半天里，小红书上已经陆续出现了很多从各种角度写谷爱凌的优质内容。

比如，从谷爱凌的人生经历中，有博主提炼出"谷爱凌开挂人生的7个特质，值得所有女生学习"。

从谷爱凌的时间管理和学习方法里，有博主提炼出"谷爱凌学习法，普通人也可以弯道超车""高效自律！GET谷爱凌时间管理法则"，甚至还有博主整理了超全的资源清单"谷爱凌全网最全纪录片，都帮你整理好啦！"。

从谷爱凌妈妈的家庭教育方法中，有博主提炼出"谷爱凌给我们提供了另外一种教育的可能性""谷爱凌妈妈的教育观，这6点值得每位父母学习"。

美妆博主模仿谷爱凌的妆容，发布了仿妆教程、欧美混血妆教程。

在热点出现后，你要结合自己的创作领域做出更优质、更全面的内容，给出足够的信息增量，给用户带来更多的价值，这样才能在众多笔记中脱颖而出。

③ 在后期求差异化。在热点出现了一两天后，平台上的同质化内容越来越多。这时，用户已经看了很多相同的内容，如果你从平常的角度来写，没有新的角度和观点，那么很可能没有人愿意打开你的笔记。

到了热点的后期，你需要从有差异化的角度来写，才能引起新的讨论。比如，全网都在讨论应该如何参考谷爱凌的学习方法时，有博主提出"求求别再盲目学习谷爱凌了！"。当大家都在说谷爱凌妈妈的教育方式能培养出这么优秀的孩子时，有博主提出"谷爱凌妈妈的育儿方式，我们普通人学不了"。当你的观点与主流的观点相反，或者有差异化、新奇时，你的笔记脱颖而出。

第3章 涨粉：高效地做出爆款笔记的秘诀

需要注意的是，你需要考虑你的差异化角度是否与主流的价值观相符，如果为了博眼球、博流量而故意说一些出格的、违背主流价值观的话，那么最终只会给你的账号带来负面的影响。

④ 不要盲目追热点。如果热点与你的账号调性不匹配，那么不要盲目追热点。也许热点能在短时间内给你带来很高的点赞数、收藏数，但如果与你的账号定位不符，那么这篇爆款笔记的转粉率会非常低。

我在看完某个综艺节目后，刚好在小红书上刷到了这个节目里嘉宾杨幂的发言截图，出于对热点的敏锐度，我想到正好可以把杨幂的发言与女性成长相结合，做一个大格局女生的成长思维相关的选题。

于是，我把杨幂在这个节目里的发言截图拼成了图片，加上了自己的感想，发布了名为《杨幂的这段发言，值得所有女生手抄10遍》的图文笔记。这篇笔记在第二天迅速火了，获得了4万多次点赞，1.9万次收藏，800多条评论，成了一篇大爆款笔记。

然而这篇笔记的涨粉效果极差，在发布的3天内粉丝只增加了500多个（如图3-10所示），而主页的访客有近1万人，转化率只有5%左右。

用户在看完笔记后觉得杨幂的发言让他们很有收获，于是点赞、收藏或者在评论区中留言发表观点。这些行为都只是出于对这篇笔记的认可。

大部分人并不一定会对我感兴趣，在点击我的账号主页发现与杨幂无关、账号的内容定位与这一篇爆款笔记的调性不太符合、大部分内容也都与这篇爆款笔记的主题无关后，大概率不会选择关注我。

同样，我发布过另外一篇追节目热点的笔记，分享的是《令人心动的offer3》这个综艺节目里某一个实习生的学霸思维。这篇笔记获得了6000多次点赞，4000多次收藏，粉丝增加了200多个，如图3-11所示。虽然这篇笔记的转粉率比其他笔记的转粉率还是低得多，但是比《杨幂的这段发言，值得所有女生手抄10遍》多了几倍。

图 3-10　　　　　　　　　　　　　　图 3-11

经过复盘可以看到，我是一个分享学习方法、成长干货的博主。这个实习生的学霸思维在一定程度上与"学习""成长"这类关键词弱相关，同时这个节目也仅限于某些对求职、医学生等特定话题感兴趣的人会看，节目的受众与我的账号受众有一点儿重合。

杨幂这个热点人物自带泛流量属性。对我的这篇笔记感兴趣的人，并不一定是对"成长"这个话题感兴趣的人，可能更多的是被杨幂吸引过来，所以看到我的账号发布成长类的内容，并不一定会选择关注。

因此，你在追热点时一定要确保这个热点与账号契合，或者你追热点的角度要与账号强相关，否则追这个热点是无效的，即使做出了爆款笔记，粉丝也不会增加很多。

（2）日常热点。

除了突发的热点事件，你其实可以提前准备和预判很多日常热点，在热点到来的第一时间发布笔记。

① 节假日热点。到了一些节假日，大家普遍会关心一些共同的问题。比如，国庆节放假去哪里玩、在端午节是吃甜粽子还是吃咸粽子、过年在家吃什么。这类问题几乎每年到这个节假日都会出现，人们每年都会有相同的痛点和需求，因此很多选题每年都值得重复做。

比如，到了新年，美食博主可以做的选题有"创意年味美食合集""如何用500元搞定一桌10人的年夜饭""挑战用空气炸锅做8道年味菜"。学习博主可以做的选题有"春节假期自我提升方法""过年宅在家必看的纪录片和书单""寒假弯道超车的学习方法"。美妆博主可以做的选题有"过年见亲戚妆容""同学聚会妆容""五分钟快速出门妆""妈见夸妆容"。穿搭博主可以做的选题有"新年红色系穿搭""第一次去男朋友家过年怎么穿"。健身博主可以做的选题有"过年居家懒人健身大法""过年 7 天健身操打卡"。育儿博主可以做的选题有"5本春节绘本帮助孩子了解传统节日""如何用压岁钱培养孩子的财商"。摄影博主可以做的选题有"在家自拍全家福攻略""如何把年夜饭拍成大片"。

在做节假日热点选题时，你可以参考历年的爆款笔记，去年火过的内容，在相同的情境下依然有可能再火一遍。

② 可以预判的大事件。对于很多即将到来的大事件，你可以根据以往的经历和数据预判出结果，提前根据可能发生的结果做内容。这能让你在事件到来时获得先发优势，抢占稀缺的内容市场。比如，在北京冬奥会开始前，你就可以预判哪些热门选手可能夺冠，从而事先搜集选手的资料信息，提前写好笔记，在夺冠当天立即发布，就能抢占先机。当别人都在发布资讯内容时，你已经发布了又全又有干货的笔记了。

我的这篇笔记《保姆级攻略，苹果返校优惠送耳机开始了》在发布 3 天内点赞数和收藏数都超过了 1 万，就是用了预判的方法，如图 3-12 所示。

图 3-12

每年暑期苹果公司都会做针对大学生的暑期优惠活动。很多想买苹果产品的人每年都会参加这个活动。苹果公司不会公布活动从哪天开始，于是我根据往年的时间节点和各方面透露出来的小道消息，提前制作好详细的视频攻略，在这一年活动开始的当天，根据活动细节修改视频，并在第一时间发布，视频就迅速成了爆款笔记。

在活动当天，大家都在搜索攻略，其他创作者只是公布了活动信息，而我已经发布了全面的视频攻略，抢占了先发优势。想要获得详细攻略的用户，就会优先选择观看我发布的这条全面且详细的视频。

这就是先发优势，在同样的热点下，谁先发布，谁就能获得更多流量。同时，流量也会偏向内容更优质的创作者。

③ 固定时间节点的事件。很多事件每年都会重复发生，比如高考、中考、开学、"618"购物节、"423"读书节等。对每年或者一定的周期内都会重复的事情，你值得重新做一遍选题。针对这些固定时间节点的事件，你可以提前策划选题，在时间节点到来时蹭热度。比如，在每年的年初，大家都会做上一年的复盘和新一年的计划，每年在这个时间节点都会重复。你可以提前策划这类选题，在时间节点到来的时候第一时间发布，就能获得一些流量。

同样，对于做计划这件事情，你可以换一个切入角度。在年初的时候，人们要做计划，而到了年中的时候，很多人就会焦虑这一年已经过去了一半。这时，你可以发布一些关于半年复盘、下半年如何做计划的笔记，依然会有很好的热度。

同样的角度，在一年过去 100 天、一年还剩 100 天这些时间节点，你依然可以重复做一遍，甚至在每月的月初发布关于如何做月计划的笔记，也有不错的热度。

同理，对于一些每年都固定发生的事件，你也能根据往年的爆款笔记，策划今年的选题。

比如，在高考结束后，你可以策划以下选题："高考完暑假必做 7 件事，大一开学自带外挂""高考准考证不要扔，这些羊毛一定要薅""大学入学前必备的 20 个宿舍好物""军训防晒用品大合集"。

此外，在一些固定的季节，你也可以重复做选题。比如，在春季、夏季、秋季、冬季，你都可以做穿搭、护肤选题。

同理，对于春季养花指南，到了夏天也可以做夏季养花指南。

对于夏天必备的清凉美食，到了冬天可以换成冬天必备的暖胃美食。

（3）热点活动。

① 官方活动。小红书官方会发起一些站内活动。你可以按照活动要求发布笔记，优质的笔记就可能得到平台的流量扶持。

在不同的时期，小红书官方会对不同的领域有不同的扶持力度，对一些重要的活动或者在某一阶段主推的领域，会投入更多的流量。这时，你针对这类活动创作内容，就会有很大概率做出爆款笔记。

如何获取小红书官方的活动信息？点击"创作中心"—"笔记灵感"—"官方活动"选项，可以查看各领域的官方活动，如图 3-13 所示。

除此之外，你还可以关注各领域的官方账号，见表 3-2。官方账号会在第一时间发布垂直领域的活动信息。

图 3-13

第 3 章 涨粉：高效地做出爆款笔记的秘诀

表 3-2

领域	官方号
官方	薯队长、薯管家、安全薯、薯条小助手、小红书创作学院、创作者小助手、REDclub
生活	日常薯、生活薯、VLOG 薯、视频薯
知识	人文薯、知识薯、校园薯、招聘薯
数码	数码薯、Geek 小哥哥
母婴	薯宝宝、辣妈成长日记
美食	吃货薯、吃不饱同学、零食情报官
宠物	宠物薯、萌宠幼儿园
摄影	RED Studio、摄影薯
运动	运动薯
时尚	潮流情报官、潮流薯、潮流艺术薯、时尚薯、时髦小姐姐、包小姐档案、小红叔
美妆	美妆薯、美妆情报局
好物	新品薯、礼物情报官、小红书体验站、红卡薯、生活研究所、国货情报官、新品薯
家居	家居薯
旅行	城市情报官、走走薯
娱乐	玩家薯、游戏薯、娱乐薯、音乐薯、电影薯
直播	直播薯、带货薯、逛逛薯

在参与平台活动时，你一定要根据活动要求创作对应主题的内容，同时添加对应的主题标签。符合平台标准的好内容，就有机会被小红书官方流量扶持或者得到对应的活动奖励。

我曾参与了一次"数码薯"发起的数码领域官方活动，在活动中获得了优质内容奖，获得了 50 万流量的奖励，如图 3-14 所示。

② 笔记灵感。除了官方活动，在笔记灵感页面中还有各个领域的热门话题，如图 3-15 所示。小红书官方每周都会更新美妆、时尚、美食、出行、兴趣知识、运动健身、vlog 等多个领域的热门话题，这些话题都与时下的热点相结合。当做选题没有思路时，你可以根据笔记灵感中的这些话题做内容，在一定程度上可以提高做出爆款笔记的概率。

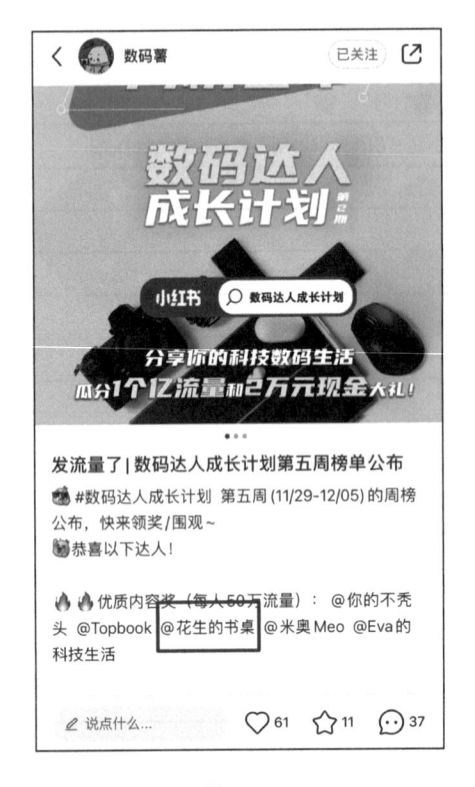

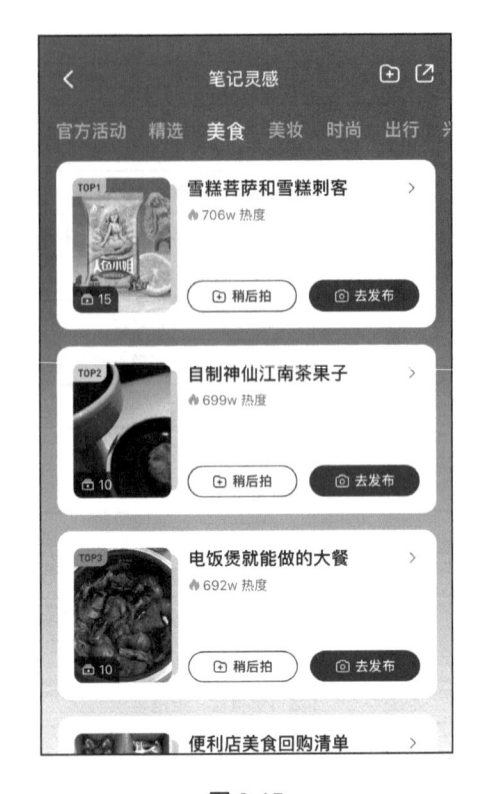

图 3-14　　　　　　　　　　　　图 3-15

2. 学会成倍增加内容价值

在小红书上一篇笔记能否成为爆款笔记，核心要素是内容能否给读者带来价值。

（1）情绪价值。用户浏览一篇笔记后会感到舒适、快乐、激动、愤怒等。笔记的内容会对用户的情绪产生正面或负面的影响。

如果用户在看完一篇笔记后毫无情绪变化，就很可能直接退出。

如果用户在看完一篇笔记后，情绪发生了变化，产生了共鸣或被感动或开心、愤怒，就可能进行下一步的点赞、收藏、评论等互动。

全网流行的《一个普通女孩的十年》《一个普通男孩的十年》等视频中都带有困境逆袭、奋斗、不服输等内容。这些内容往往能引起人们的情绪变化。人们会被奋斗的故事所激励，被不服输的性格所感动。这些都是一篇笔记传达给用户的情绪。

① 励志。在小红书上，我们经常能看到普通人的励志、逆袭故事。博主"一个幸运的伪学霸"在小红书上分享自己的励志经历：三年通过了公务员考试、司法考试、注册会计师考试、税务师考试并考上了南开大学硕士研究生。她经常晒厚厚的书和挑灯夜战的场景，非常激励人，如图3-16所示。没有学习动力的网友看到这样的笔记，斗志也会被燃起。

类似的笔记在小红书上非常多，小镇女孩通过努力"北漂"8年终于买了房、高中考试排名倒数的学生逆袭考上985名校、全职妈妈4点半早起读书……这类励志的内容总能让大家产生情绪变化。

图3-16

② 慕强。人们一般都会崇拜强者，羡慕优秀的人。如果自己做不到，而别人能做到，就会产生慕强情绪，从而由衷地喜欢和赞叹。比如，看到非常厉害的手艺人、非常好看的画、拍得非常美的照片、惊为天人的化妆技术后，人们往往会由衷地敬佩。

博主"弱冠年华"是一个插画师，凭借在飞机上用垃圾袋画画出名。他能在一个空白的清洁袋上画出各个城市的特色美食，非常好看，也非常让人震撼，如图3-17所示。他把作品发到小红书上"圈粉"无数。后来，他又画了很多餐馆、美妆护肤品牌的插画，如图 3-18 所示。每一幅作品都让人惊艳，让人不得不佩服其才华。

图 3-17

图 3-18

博主"大语与鱼"发布了一篇名为《毕业作品画完了》的笔记，展示了她临摹敦煌 159 窟的壁画作品。因为作品让人极其震撼，所以这篇笔记迅速成了爆款笔记，并且登上了微博热搜。在笔记的评论区中用户都在感叹作者的专业与优秀，如图 3-19 所示。这样让人震撼的作品不是一般人能完成的。很多人看完后会非常佩服，慕强情绪油然而生。

(a)   (b)

图 3-19

很多人都会崇拜厉害的人，佩服厉害的人，人们会被强者的才华所折服，会感叹强者的过人之处。所以，在创作内容时，你可以大方地展示出自己厉害的地方，展现自己的才华，秀出大大小小的成绩。

③ 治愈。人们在上网时，会普遍带有某种情感目的，想要通过网络短暂地排解现实生活中的焦虑、孤独、沮丧等。

小红书恰好是一个特别讲究"美好"的平台。在小红书上，治愈系 vlog、治愈文案、治愈美图非常受欢迎。这类内容普遍能让人感到温暖、积极、励志、向上等。

例如，"自顾自少女"是一个治愈系 vlog 博主。她的视频画面唯美精致，文案内容让人感到温暖，选择的话题也能戳中大家的痛点，给人力量。

这类内容看起来轻松且赏心悦目，同时观众能在画面和文字中获取积极向上的力量，看完后会觉得很舒适、愉悦。这些能让人感到美好的内容，是让用户点赞、收藏的核心要素。

（2）内容价值。除了情绪价值，爆款笔记的另一个核心价值是内容价值。

① 实用内容。很多人会把小红书当成搜索引擎，在遇到问题时会打开小红书进行搜索。因此，在小红书上，实用内容非常受欢迎。

创作小红书用户喜欢的干货，核心在于实用、有用，而实用内容一般以攻略、合集、教程等形式呈现，如图 3-20 所示。

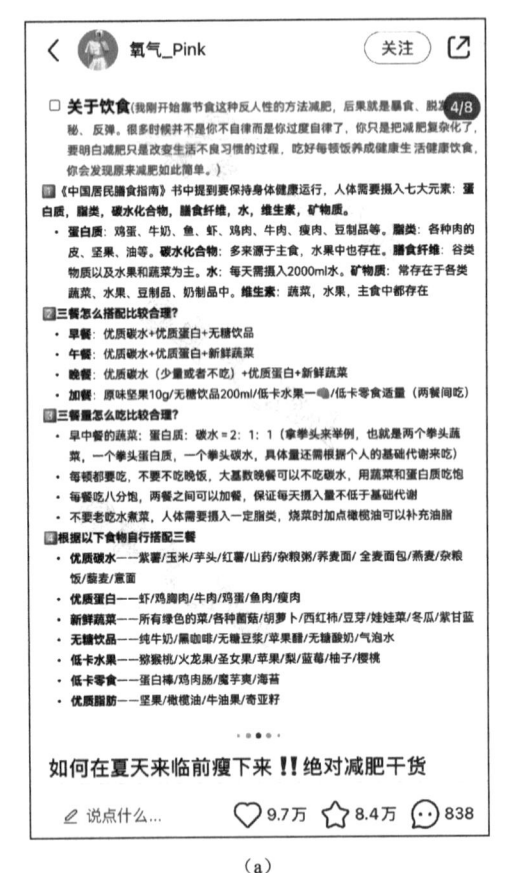

(a)　　　　　　　　　　(b)

图 3-20

实用内容一般以解决某类问题为主旨，用通俗易懂的方式提供解决方案。比如，图 3-20 中的减肥干货、调养皮肤干货，从各个方面给出可执行的实操方案。

在创作实用内容时，切忌堆砌专业名词。要"说人话"、简单易懂，要用最简单的文字提供落地的解决方案。

② 新知内容。除了实用内容，还有一类非常受欢迎的内容，即新知内容，给人提供稀缺价值。

稀缺是指你分享的内容在别的地方看不到，只有你有，或者对于同样的内容，只有你的角度和别人不一样，只有你会这样写。

稀缺体现在两个地方：主题稀缺或者方法新颖。

首先是主题稀缺。比如，博主"遇见英国-大英博物馆讲解"用通俗易懂的方式讲解历史，同时配上在大英博物馆现场讲解的视频，让无法到达大英博物馆的网友有种身临其境的感觉，如图 3-21 所示。

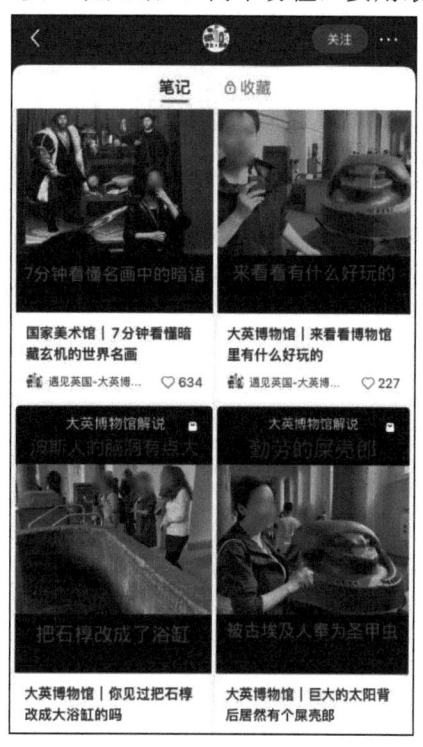

图 3-21

讲历史的人很多，但在英国讲历史的人很少，在英国讲历史的人里能有条件身临其境讲解的又少之又少，于是这样的账号就有极大的稀缺价值，对博物馆、历史感兴趣的人就会选择关注。因此，如果你的内容是大部分人无法提供的，且内容是有受众的，那么一定能成为爆款笔记。

其次是方法新颖。所谓新知，其实就是信息差。当用户听到一些没有听说过的方法，看到一些生活中常用的东西还有更多用法，看到常吃的食物还有新奇的吃法时，就能眼前一亮。这就给用户带来了新知价值。比如，图 3-22 所示的这个博主分享了一个微信隐藏功能，利用置顶功能设置代办事项，内容很简单，操作起来也不难，但因为其中的新知价值成了一篇爆款笔记。

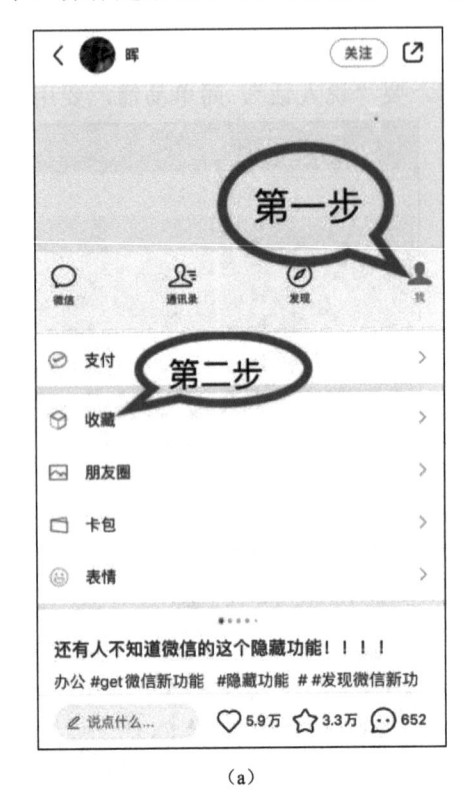

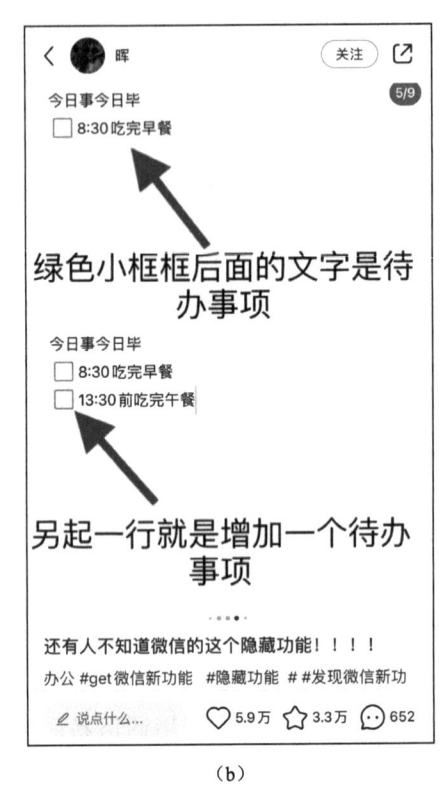

(a)   (b)

图 3-22

微信是很多人每天都用的社交软件，其中的一些功能很多人不知道也不会用。如果你能把某个大家平时不知道的功能描述得特别厉害、特别有用，就会让人眼前一亮。

同理，对于牛皮纸袋的妙用、土豆的另类吃法、iPhone 相册的隐藏用法等各种信息，只要有人不知道，你就能给他们带来新知价值。

可能有人会问，什么是新知呢？一个普通人怎么可能知道这么多新知识？你要知道这个世界上永远有"信息差"存在。你不要以为你身边的人都知道的

第 3 章　涨粉：高效地做出爆款笔记的秘诀

事，其他人就都知道。不知道这件事的大有人在，并且懒得去搜索的也大有人在，只要你把这个知识分享出来，就能给不知道这个知识的人带来帮助和收获，让他们觉得学到了新知识。

有一条爆款视频给我带来了近 3 万个粉丝，这条视频的转粉率高的原因之一就是提供了新知价值。我在视频里分享我买了一个 iPad，使用苹果公司的暑期教育优惠还免费得到了一个 1000 多元的耳机。仅仅因为这个信息，引起了很多不知道这个活动的人询问。

这条视频的灵感来自我之前发布过的一篇同样选题的图文笔记，在其中提到了耳机是苹果教育优惠免费送的，评论区中有很多人问这是什么活动。出于对选题的敏感，我捕捉到了这一信息差的存在，于是把这个信息差运用到了视频中，埋入一个引导关注的钩子——"等今年的活动通知有了，我单独做一个详细的教程，感兴趣的人可以关注我"，如图 3-23 所示。于是，很多人就会选择关注我，并且在评论区中留言让我发布教程后提醒他们看。

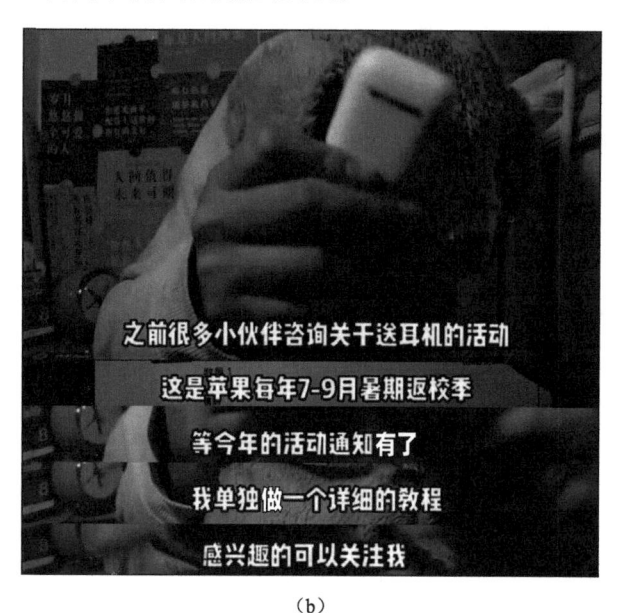

(a)　　　　　　　　　　(b)

图 3-23

如果没有这个信息差和对应的引导关注的钩子，那么这条视频的转粉率一定会大打折扣。也是因为这件事，让我彻底明白了什么叫信息差，什么叫新知价值。

你不一定要掌握很多新的知识，也不一定要获得大部分人不知道的信息，只要比一部分人多掌握一点儿信息，就能利用信息差做内容，就能用信息差打动别人，让别人觉得有用。

3.2 爆款笔记的流量密码

3.2.1 小红书上常见的爆款笔记类型大盘点

如果说做爆款笔记有固定的套路，那么在小红书上常见的爆款笔记可以用多、好、省这三个词来总结。

1. 多：合集类笔记

合集类笔记是小红书上非常受欢迎的内容之一。几乎任何领域都可以用合集的形式做内容，并且合集类笔记的数据一般都会比非合集类笔记的好。

合集类笔记是指在同一篇笔记中呈现一些主题相同、解决相同问题的内容。比如，"空气炸锅美食合集""历史纪录片合集""学生党平价眼影合集""广州必吃美食TOP10"。

合集类笔记的核心是内容丰富、信息量大、非常全面。用户在看到这些又多又全的内容时，往往会选择"收藏"，因此合集的互动数据都会很不错。

常见的合集类笔记的分类有以下几种。

（1）按人群。虽然小红书的用户大部分为年轻女性，但是不同的身份、年龄、特征的用户的需求也有很大的差异。

学生可能更关注一些学习方法、平价好物；妈妈们更关注情感需求、育儿、

第3章 涨粉：高效地做出爆款笔记的秘诀

副业、自我成长等。

不同年龄的人的痛点、需求也不相同。比如，针对护肤品，不同年龄的人对功能效果的需求不一样。比如，眼霜的合集类笔记就能细分出孕妇眼霜合集、学生眼霜合集、30多岁必备的眼霜合集、25～30岁必备的眼霜合集等，这些内容可以通过算法被精准地推荐给对应的人群。

不同肤质、身高、体重、脸形的人对产品会有不同的需求。

按人群分类的笔记如图3-24所示。

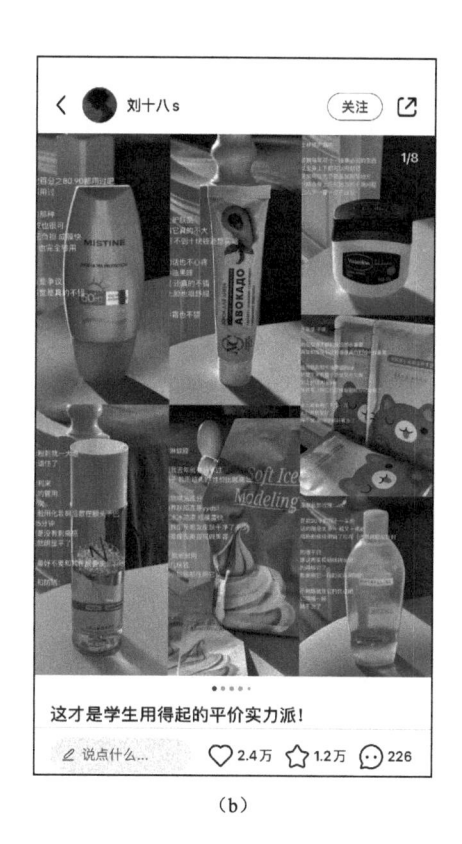

(a) (b)

图3-24

（2）按价格。虽然小红书用户的消费能力很强，但不同年龄和身份的人，对消费的需求和观念都会不一样。因此，在分类时，你还可以根据产品的价格分类。比如，小红书上最常见的一类内容就是 1688、拼多多好物合集，百元内、10 元内就能买到的各类好物汇总等，如图 3-25 所示。对于大品牌产品，合集类笔记多为使用感受和测评，用户会搜索这类内容做消费决策，如图 3-26 所示。

图 3-25

图 3-26

追求性价比是大部分人的天性，根据价格把物品分类，能让有不同需求的人快速做出决策。

（3）按地域。不管是去某个城市游玩还是在本地休闲，很多人都会用小红书搜索攻略，然后根据网友的攻略和自己的喜好有针对性地行动。比如，"上海一日游攻略""成都必吃的 8 家火锅店""北京必逛博物馆""赏樱花必去的 8 个城市"，在小红书上都是非常常见的爆款内容。

因此，如果美食、旅行、同城类的账号按地域做合集类笔记，那么能很快

第 3 章 涨粉：高效地做出爆款笔记的秘诀

地吸引精准的同城粉丝。

按地域分类的笔记如图 3-27 所示。

（a）

（b）

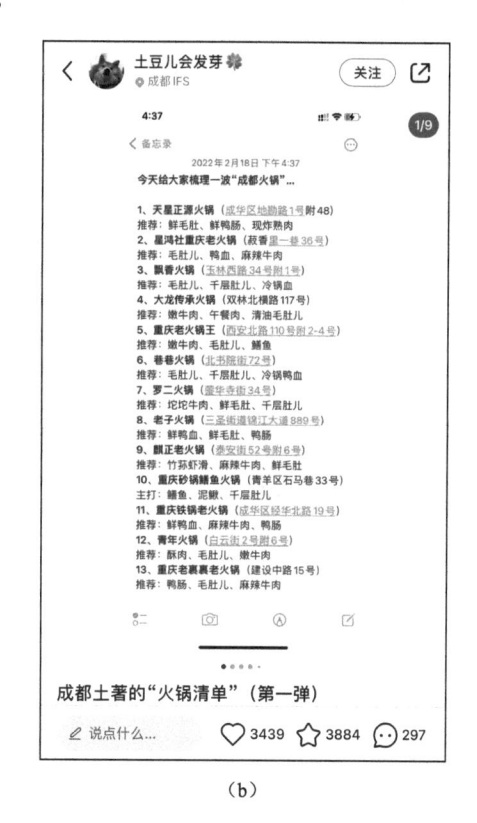

图 3-27

（4）按时间。在不同的时间，用户会遇到不同的问题。你可以研究目标用户在不同的时间节点、节假日的痛点和需求，有针对性地创作内容。

在相同的场景下，只要换一个时间，就能做出不一样的内容。比如，你可以做春季、夏季、秋季、冬季的穿搭内容，还能根据春节、圣诞节等各种节假日设计穿搭内容，如图 3-28 所示。对于美食领域来说，你在夏季可以做清凉开胃食谱，在冬季可以做暖胃养生食谱，如图 3-29 所示。

图 3-28　　　　　　　　　　　　图 3-29

  这些符合当下时间的合集类笔记，能高效地帮用户解决某些痛点问题，让他们快速做出决策，因此这类笔记能频繁出现爆款。

  （5）按场景。用户在不同的场景中也会有不同的需求。比如，在办公室这样的场景中，用户可能会有提升工作技能、发现办公好物、搞好人际关系、做办公室盒饭等内容需求，如图 3-30 所示。又如，在约会这样的场景中，用户可能会有穿搭、化妆、情感沟通等内容需求，如图 3-31 所示。

  针对不同的场景创作内容，能快速地满足用户的某些特定需求。

  （6）按用户需求或产品功能。用户在搜索一些实用内容时，往往会根据自己的一些需求或者痛点，搜索对应的解决方案。比如，想要变白的人在浏览内

第3章 涨粉：高效地做出爆款笔记的秘诀

容时会特别关注"美白"这个关键词，在搜索时也会搜索"美白"加上对应的痛点关键词来找解决方案。

图 3-30

图 3-31

又如，想要减肥的人很多，有些人想要瘦腿就会关注带有"瘦腿"这个关键词的笔记，有些人想要研究吃什么才能不胖，就会关注带有"减脂餐"这个关键词的笔记。

在做合集类笔记时，你要针对不同需求的人做合集类笔记，给出又多、又全面的干货，这样才能有更大的概率做出爆款笔记。

按用户需求和产品功能分类的笔记如图 3-32 所示。

当然，以上不同的类别也可以互相组合，使内容更具体，更适合某一类人。比如，根据人群+时间+用户需求，可以做出"学生暑假必备的 8 个学习 App"。根据人群+价格+场景，可以做出"百元平价通勤套装，上班族必入！"。

(a) (b)

图 3-32

2. 好：颜值类笔记

小红书是一个极注重颜值的平台，任何好看的、美好的内容，在小红书上都可能被看见、被喜欢。

在小红书上的美好的内容，可以分为美好的生活、美好的物品、美好的人。

（1）美好的生活。小红书一直倡导"标记美好生活"的理念。在小红书上，我们总能看到很多记录生活的图文笔记和视频笔记，内容涉及温馨的家庭、好吃的食物、美丽的风景等。

旅行博主"皮皮在蓝色星球"通过视频的形式记录她在全球各地旅行的故事。她勇敢地融入当地生活，记录当地的风土人情。在她的镜头下，展现的是不同地方美好且真实的生活。

第3章 涨粉：高效地做出爆款笔记的秘诀

（2）美好的物品。在小红书上，新奇、有趣、高颜值的物品往往非常受欢迎，如图 3-33 所示。

国货彩妆品牌"花知晓"，把小红书作为主要的投放平台之一。花知晓产品的"颜值"非常高，符合小红书女性用户的审美。

品牌方拍摄了很多好看的产品图来吸引用户点击。花知晓官方账号用了不到一个月的时间，就实现了从 0 到 5 万个粉丝的增长，并且发布了大量爆款笔记。

小红书用户对美有着极致的追求。要想做出爆款笔记，就一定要让用户感到足够美，足够好看，才能吸引用户点击，甚至做下一步的互动。

（3）美好的人。在小红书上，颜值类博主有很大的优势。爱美之心人皆有之，大家看到美女、帅哥、好看的妆容、好看的穿搭，都会忍不住观看。

图 3-33

同时，可爱的萌娃、萌宠在小红书上也很受欢迎。比如，网红萌娃"王小麦"，王小麦的妈妈通过小红书记录了王小麦的成长，发布了很多搞笑、有趣的视频，让无数网友感受到美好。

3. 省：省时类笔记

能帮用户节省时间的内容，都是流量密码。常见的省时类笔记分为测评类笔记、攻略类笔记、教程类笔记。

（1）测评类笔记。在小红书上测评类的爆款笔记特别多。测评是指试用某个产品一段时间后，将各种功能详细地展现出来进行优缺点的评价，或者对多个产品进行比较。

测评类笔记提炼出产品卖点、使用人群，帮助用户在面对多个产品不知道如何选择或者不知道某个产品是否好用时快速做出决策，省去了查找资料和对比的时间。

与"种草"不同的是，测评类笔记能更客观、公正地评价产品，帮助用户全方位地了解产品，让其做出更理性的决策。因此，真诚且实用的测评类笔记在小红书上特别受欢迎。

测评类笔记如图 3-34 所示。

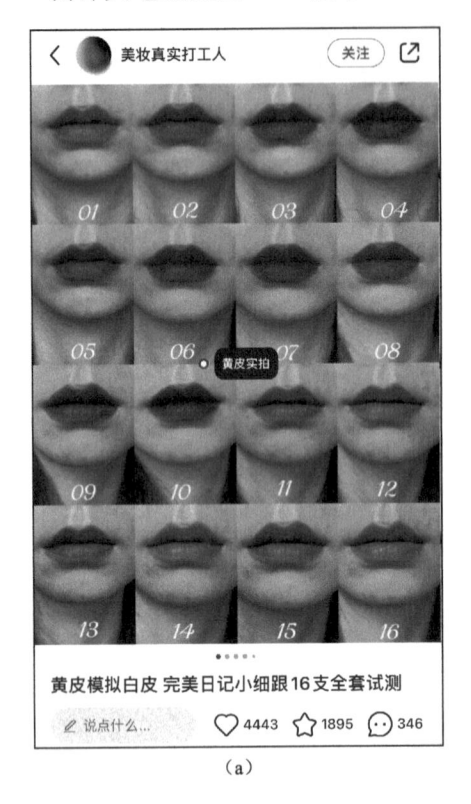

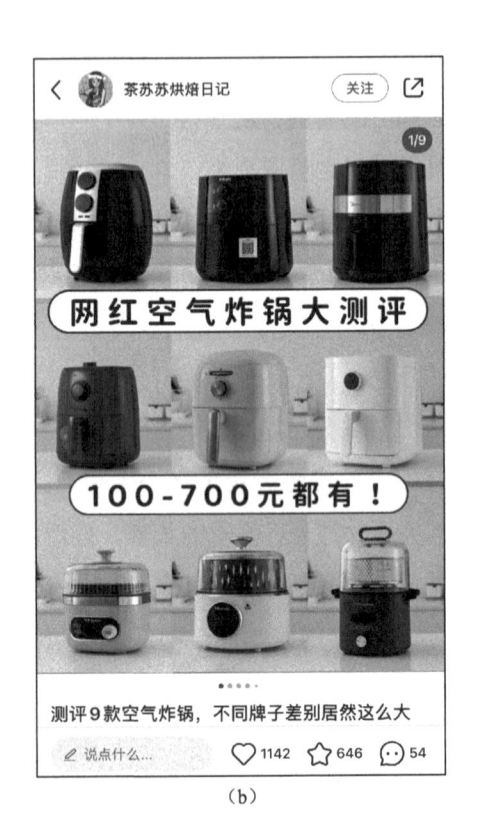

（a）　　　　　　　　　　　　（b）

图 3-34

（2）攻略类笔记。攻略类笔记一般面向新手，能够从 0 到 1 解决某一类问题。比如，一个旅行攻略，能帮助想去某一个地方旅行的人，从吃喝玩乐住等多个方面了解目的地，如图 3-35 所示。参考这个攻略就能玩得很不错。又如，一个装修攻略，把物料采购、各个时间节点的注意事项等全部罗列出来，能让同样想装修的人快速获取有用的信息，如图 3-36 所示。

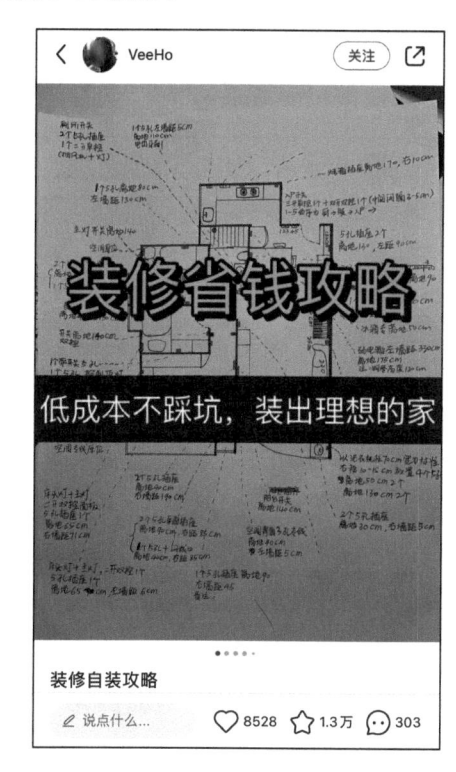

图 3-35

图 3-36

一个"双 11 购物攻略"，能够非常全面地罗列出各品牌的优惠力度、赠品、购买时间等，让想要购物的人非常清楚地知道自己想要购买的品牌的活动安排，从中获取有效信息。

攻略类笔记一般非常全面，能够让完全不了解的人看完后初步了解，甚至照着攻略就可以直接行动。这类笔记深受小红书用户的喜欢。

（3）教程类笔记。教程类笔记，通常会详细地描述某个产品或工具的使用步骤、适合的人群和场景，更适用于新手。这类笔记通过通俗易懂的方式，让完全不了解某个产品的用户，通过详细介绍了解如何使用该产品，或者从零开始学习一门技能。

教程类笔记通常在美食、健身、美妆、教育、职业技能等领域中特别常见，如图 3-37 所示。比如，美食教程，从备菜到配料再到做菜步骤，用户按照教程操作也能做出一道菜。

(a)

(b)

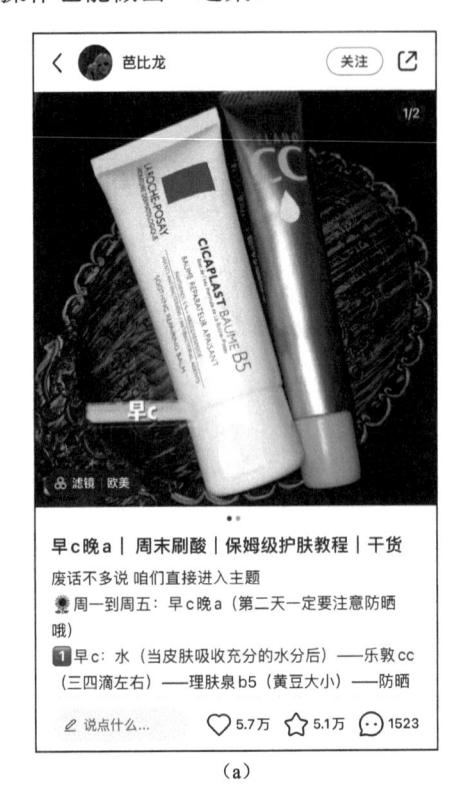

图 3-37

又如，绘画教程，从道具准备到画出第一笔再到完整呈现一幅作品，介绍了每一步该怎么操作，用户按照教程也能画出一幅画。

一个优质的教程，应该让用户看完即会、中途不卡顿。在小红书上，一篇有用的、实用的教程笔记能有很大概率成为爆款笔记，并且被搜索的长尾流量会很大。

3.2.2 叠加爆款因子持续做出爆款笔记

1. 爆款因子叠加法

要想有更大概率做出爆款笔记，在做内容时，就要尽量在一篇笔记里包含至少 3 个爆款因子。你要把痛点、痒点、爽点、吸睛封面、吸睛标题、情绪价值、内容价值、工具、清单、合集等可能带来爆款笔记的因子相互叠加。爆款因子越多，笔记就越可能成为爆款笔记。

图 3-38 所示的爆款笔记叠加了以下几个爆款因子：合集的吸睛封面+吸睛标题+实用内容（在每个好物上都标注了价格和使用感受，给想买这些产品的人种草）。

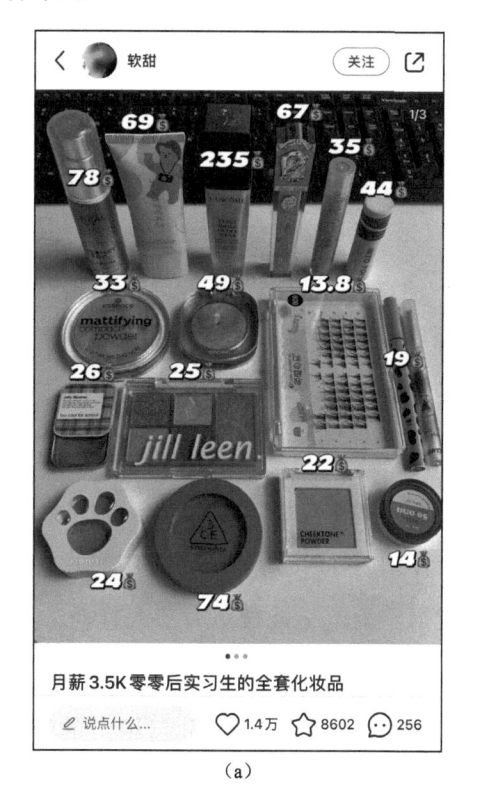

(a)　　　　　　　　　(b)

图 3-38

图 3-39 所示的爆款笔记叠加了以下几个爆款因子：引起好奇的吸睛封面+吸睛标题+情绪价值（打开笔记后发现照片非常好看）。

你在写笔记时，可以在文案的最上方罗列出这篇笔记的爆款因子，检查是否有至少 3 个爆款因子，如果发现一篇笔记的爆款因子不够多，那么要想办法叠加一些爆款因子，提高做出爆款笔记的可能性。

2. 成倍放大单个爆款因子

在小红书上有一类笔记，看上去没有很多爆款因子，甚至看起来平淡无奇，却也能成为爆款笔记。这类笔记的核心在于，把单个爆款因子无限放大。它的每一个爆款因子带来的效果可能是平台上同类笔记的几十倍、几百倍，因此它也能成为爆款笔记。

图 3-39

（1）极具冲击力的封面和标题。如果一篇笔记的封面极具冲击力，或者标题有极强的情绪感染力，能极大地引起用户的好奇，就能吸引用户点击。

图 3-40 所示的标题能让人产生极强的恐惧感，再配上很多人熟悉的苹果相册图标，就会让人觉得这件事与自己有关，从而想看。

图 3-41 所示的封面用了聊天记录截图，让用户好奇，从而吸引用户点击。

这类封面和标题，放大了情绪价值，使得整篇笔记能被更多的人打开。

（2）极度夸张的情绪。非常感人的励志故事，非常新奇的观点，极度搞笑的段子，带有极强反转效果的剧情表演，这类内容往往会引起用户的情绪波动。

第 3 章 涨粉：高效地做出爆款笔记的秘诀

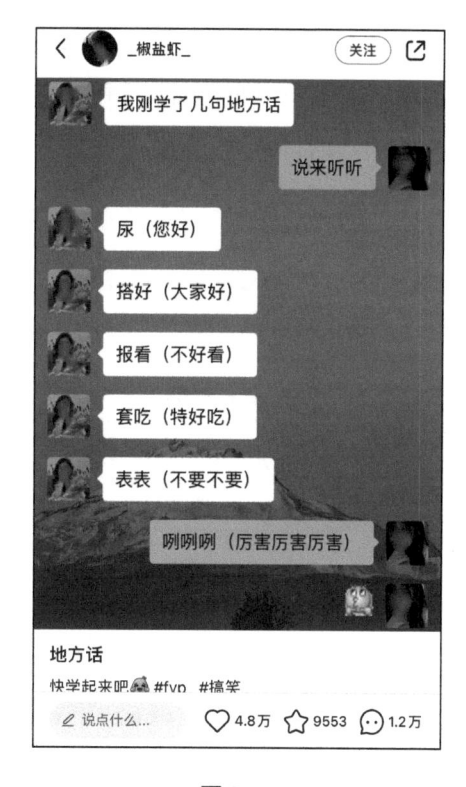

图 3-40

图 3-41

当一个人的情绪被高度调动时，一定会产生更多的互动行为，从而使得这篇笔记有更多的流量，成为爆款笔记。

（3）极度稀缺的干货。作者表达了某一个特别的观点，分享了一个非常新奇的方法、工具，或者一个极度罕见的、极度特别的、极度新奇的好物，这类笔记能让用户在看完后有一种极强的获得感，也能引起用户的各种互动。

（4）互动性极强的评论区。有些笔记可能看起来没有什么特别的地方，但是评论数比点赞数和收藏数还多。

可能是因为作者问了一些问题，或者表达了某个观点，激发了用户的讨论热情，这类笔记也能够成为爆款笔记。评论这一互动行为的权重在小红书上是比较高的。

图 3-42 所示的这类笔记在小红书上很常见。作者问一个问题，让大家在评论区留言推荐喜欢的音乐、博主、电视剧、电影、某个城市的美食攻略等，都能引起用户的讨论。

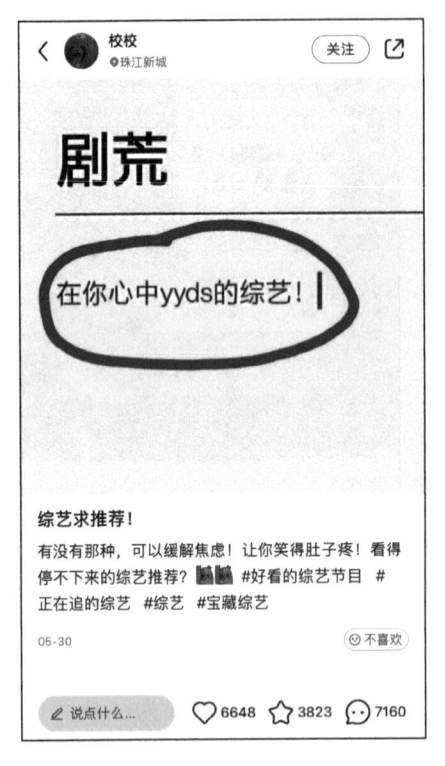

图 3-42

在这些笔记的评论区中，点赞数最多的评论，都是被多数人喜欢的内容。其他人在看到这些评论后，是可以在这里获得很多信息的，因此也会进行点赞和收藏，在有需要的时候来评论区查看答案。

如果以上某些方面的爆款因子非常突出，比如视觉冲击力、夸张程度、评论区的互动数据远好于其他笔记，这篇笔记就极有可能成为爆款笔记。

3.3 提高转粉率的核心方法

3.3.1 一张用户行为地图可以让涨粉效率提高 N 倍

很多人在学会创作爆款笔记的方法后，创作出了数据不错的笔记，但又会遇到一个新的问题：只有点赞、收藏却不"涨粉"。

一个用户在浏览笔记后，是否选择关注这个博主，并不一定取决于这篇笔记内容质量的好坏。这其实是一个系统问题。

你可以制作一张用户行为路径图，模拟一个陌生用户在推荐页看到一篇笔记后的行为路径，研究出这些行为背后的底层原因是什么。

1. 用户行为路径拆解

图 3-43 所示为用户行为路径图。

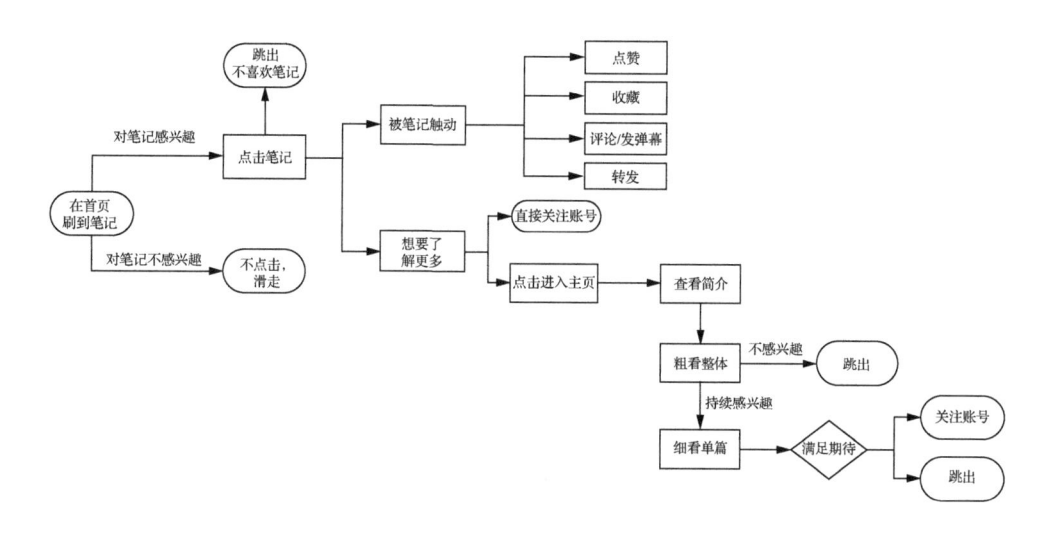

图 3-43

（1）首页推荐和点击。一个陌生用户因为曾经的一些浏览行为，被系统打上了对某些内容感兴趣的标签。当你的内容标签与他的兴趣标签相匹配时，用户就可能在推荐页里刷到你的笔记。

（2）互动。如果这篇笔记能引起用户的某些情绪波动，他就会点赞，如果他觉得有用，就会收藏。如果他被笔记中的某些图片、文字、细节触动，就可能进行评论、转发等。

如果用户觉得博主很有趣、有价值，被博主的魅力所吸引，就会关注博主。

（3）访问。如果用户想进一步了解这个博主还分享了什么，或者被博主的某些特质吸引，就会进入账号主页进行浏览，看一下这个博主都分享什么内容。

（4）关注。用户在进入博主的账号主页后，第一眼看到的是账号的简介和近期发布的笔记。

在扫了一眼近期发布的笔记的封面、标题后，如果他觉得整体的内容是他感兴趣的，在查看几篇笔记后觉得这个博主分享的内容不错，不想错过这类内容，就会关注。如果博主的主页很乱，他看不出来这个博主到底是分享什么的，或者查看几篇笔记后发现对内容不感兴趣，就会选择退出。

以上就是一个用户从看到你到对你感兴趣，再到被你折服的全过程。

2. 影响转粉率的要素

下面分析用户是否选择关注你的核心要素。

（1）打开笔记前。要想"涨粉"，首先要让笔记被更多的人看到、被更多的人点击。在做内容时，你要尽量做爆款选题，同时在封面和标题上多下功夫。

如果这篇笔记仅仅是为了博眼球、吸引点击，与主页调性不符，那么其实是一篇无效爆款笔记，并不能高效"涨粉"。

因此，在做选题时，你要尽量吸引账号的目标用户，而不能为了做爆款笔记而做爆款笔记。

第3章 涨粉：高效地做出爆款笔记的秘诀

（2）浏览笔记时。如果一篇笔记只是让用户觉得很好、很有用，那么大部分人可能只会点赞、收藏。要想提高转粉率，就必须在个人特色上下功夫，让用户觉得博主有趣、有价值、与别人不一样。

因此，你要在笔记中突出人设和记忆点，让用户不仅记住这篇笔记中的图片、文字、视频，还要记住你。

（3）进入主页后。

① 主页的风格调性。一个账号想要更快地被人关注，在用户进入主页后，需要让用户在 3 秒内判断出这个博主是分享什么的，分享的内容是否与他有关、他是否需要，要给用户最直观的感受。要做到这一点，最重要的是整体风格统一。最能直观地展现风格统一的就是主页的视觉风格。

首先，你的封面所呈现出来的账号调性、场景风格、构图风格等都应该统一。只有主页的视觉风格统一，内容风格看起来也一样，那么因为喜欢你的某一篇笔记而被吸引来的用户，才会喜欢你的其他同类笔记。

如图 3-44 所示，在进入主页后，用户能直观地看到，这个博主正在连载用 500 元改造卧室的过程，内容风格统一。用户会出于好奇想看她是如何一步步改造的，就一定会关注。

如图 3-45 所示，在进入主页后，用户最直观的视觉感受就是封面的色调和排版极其统一，很舒服。同时，笔记都是治愈系 vlog。如果用户对这类内容感兴趣，那么也会关注。

总之，要想让用户更快速、更直观地了解这个账号，就需要让用户在进入主页后，看到一个主页的视觉风格和内容风格都统一的账号。

② 简介。账号主页的简介，能快速地让新访客了解这个博主的账号定位、内容方向，能在短时间内判断这个博主的笔记是否符合他的预期。所以，要想让用户更快地了解你，就应该在简介中标注你的人设标签、内容定位。具体的操作方法，可以参考账号简介公式，见表 3-3。

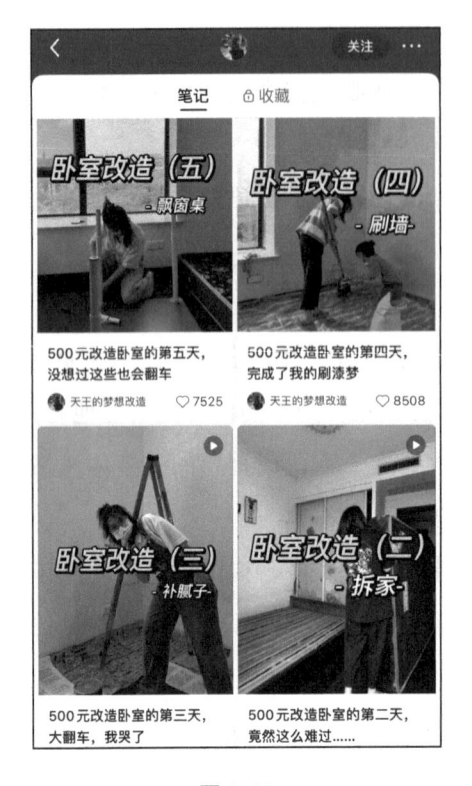

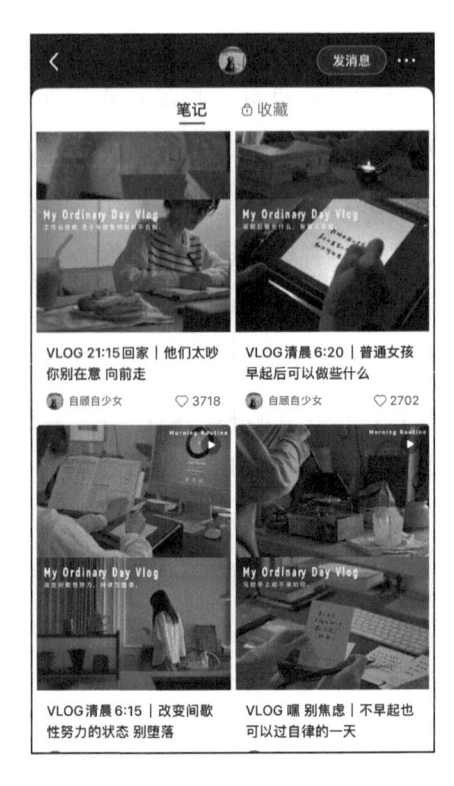

图 3-44　　　　　　　　　　　　　图 3-45

表 3-3

公式 1	身份标签+成就事件+内容定位
公式 2	人设标签+成就事件+内容定位
公式 3	成就事件+身份标签+产品服务成就+内容定位
公式 4	个人特征+Slogan
公式 5	关注预期+内容定位+身份标签&成就+账号所需的基本信息

③ 内容质量。要想承接住一篇爆款笔记带来的流量,让用户在访问主页时就立刻关注你,很重要的是,需要保证内容质量稳定和内容符合用户预期。

保证内容质量稳定是指,账号的内容水平应该保持在"市场及格线"以上。

以 10 分为满分标准，如果你的爆款笔记的内容质量达到 9 分、10 分，那么主页中其他笔记的内容质量至少应该在 7 分、8 分，而不能偶尔用心创作一篇高质量的笔记，其他笔记随手乱写。

每个人都有创作瓶颈期，创作出一篇内容质量好、数据也好的笔记需要平时的积累和一点儿运气，你不可能保证所有的笔记都一定优质。

你要在平时把内容质量打磨到 7 分、8 分，保证稳定、高频更新，持续给用户提供价值。在剩下的时间，你可以研究更优质、有更大概率成为爆款笔记的内容。

运营账号如同一场马拉松长跑，拼的是持续性。如果账号主页中的其他笔记的内容质量低，处于市场及格线以下，那么某一篇笔记再好，用户也不会关注你。

④ 持续、稳定且高质量更新。用户之所以关注一个博主，是因为这个博主能够长期稳定地提供价值。如果用户在推荐页中偶然打开了一篇爆款笔记，在打开博主的主页后发现已经停更几个月了，用户就会考虑这个博主是否值得关注。如果博主无法持续、稳定地提供内容，那么用户会预判这个博主无法在未来给他提供价值，于是就会把注意力转移到其他能提供价值的博主身上。所以，保持持续、稳定且高质量更新，是博主的基本功。

3.3.2 掌握这 3 个公式，快速找到"涨粉"的技巧

1. 公式1：涨粉数=阅读量×转粉率

我遇到过很多博主抱怨辛辛苦苦地写了一篇笔记，但就是不涨粉，阅读量只有几百。如果没有多少人看过这篇笔记，那么怎么可能涨粉？也有一些博主好不容易做出了点赞数和收藏数都超过 1000 的小爆款笔记，结果粉丝没有增加几个。于是，他们就开始疑惑：有很多人看过我的笔记了，为什么不涨粉？

在涨粉公式里，阅读量和转粉率这两个要素都非常重要。

（1）阅读量。你的笔记必须被更多的人看到，你才有更大的概率被关注。

酒香也怕巷子深，你的笔记写得再好，没有人点击，也就不会有后续的点赞、收藏、评论、关注。所以，你在做内容时，首先要考虑什么样的内容有更高的阅读量。

答案就是做更多的人关心的爆款选题，写更能"出圈"的话题。比如，虽然我的笔记《杨幂的这段发言，值得所有女生手抄10遍》的转粉率极低，但因为阅读量很高，有近40万人阅读，如图3-46所示，即使在1000个人阅读我的笔记后只有1个人关注我，也有400个人关注我。

（2）转粉率。你需要给打开笔记的人一个必须关注你的理由。

转粉率=涨粉人数/阅读量。

为什么很多人做出了爆款笔记，但是不涨粉呢？核心原因是用户在看完笔记，点赞、收藏、评论后就退出了，没有必须关注你的理由。比如，用户在看完我的笔记《杨幂的这段发言，值得所有女生手抄10遍》后觉得杨幂讲得很好，点赞或者收藏就行了，不需要关注我。

图 3-46

热点节目或者热点事件吸引来的一般是泛流量。这些流量不精准，用户因为对某个热点感兴趣，正好看到了你的笔记，发泄完某些情绪后就离开了，这篇笔记的使命也在点赞、收藏后就结束了。

这种现象在清单类、工具类账号发布的笔记中非常常见。这类博主如果只

第3章 涨粉：高效地做出爆款笔记的秘诀

是做整合类、"搬运类"的内容，那么只是一个工具人、"搬运工"，并没有任何个人特色，如图 3-47 所示。

（a）　　　　　　　　　　　　（b）

图 3-47

因此，如果一篇笔记展现出来的更多的是工具属性，让用户看完即走，那么很难有很高的转粉率。这类爆款笔记可以给你的账号主页带来访问量，如果你的爆款笔记与账号主页的其他笔记的内容强相关，都很有用，就能带来粉丝转化。

2. 公式2：转粉率=内容优质+人设鲜明

那么，什么样的笔记的转粉率高呢？要想让转粉率高，就需要**内容优质**、**人设鲜明**。

（1）内容优质可以让你被人认可。内容优质是指你的内容要比别人的内容更优质。比如，角度更新颖、呈现形式更独特、干货更多、解决方法更易落地。好内容能够让你的笔记被更多的人看见，被更多的人认同。一篇笔记的好坏，取决于能否给目标用户带来价值。不同的领域中的用户，对好内容的评价标准都不一样。

对于一些竞争者多的领域（比如，美妆、时尚），一篇好笔记需要的不仅是有颜值、有干货，可能还需要更有特色、更有记忆点。

对于一些优质作者尚不多的领域，好笔记也许只要有某些情绪价值、内容价值，能给人启发即可。

比如，我刚开始分享小红书运营方法的时候，分享同类内容的人还不多。我只需要把我知道的、实践后总结的方法整理并分享，就能让很多人认可。

在创作内容时，你应该充分调研竞争者创作的笔记，不仅要研究优质的爆款内容，还要研究无人问津的笔记，要分析好的笔记有哪些共性，不好的笔记有哪些共性，然后取长补短。

只有看过足够多的笔记，才能判断出自己的笔记是好还是坏。

（2）人设鲜明可以决定你被人喜欢。人设鲜明，并不是指要刻意营造励志的、正能量的、有文化的人设，而是你的性格特征、行为、说话方式要有个人特色，要被人喜欢。

如果你的笔记的选题、封面、内容结构与别人的都相似，你的账号主页发布的都是简单的工具型笔记，没有任何个人特色，那么用户为什么要关注你呢？

一个博主最失败的地方在于没有记忆点。只有鲜明的人设或者别具一格的差异化内容，才能占领用户心智，才能被人记住。什么样的内容能凸显人设，能有极高的转粉率呢？

① 鲜明的个人标签。我的社群学员"高小姐（35岁自我救赎之路）"是一个极其自律的全职妈妈。她在笔记中会反复强化自律、早起的个人标签。她发布带有这样的个人标签的笔记，转粉率极高。比如，《全职妈妈4：00读书副业，

第 3 章 涨粉：高效地做出爆款笔记的秘诀

月入 5 位数的时间表》这条视频的点赞数不到 2500，收藏数不到 2000，却增加了近 4700 个粉丝，粉丝增加数比点赞数和收藏数加起来还多，这样的转粉率是极高的，如图 3-48 所示。全职妈妈的身份标签，加上 4 点起床的行为标签，以及月收入几万元的结果，就能让人很快记住这个妈妈。同时，她在视频中分享了连续 200 天 4 点早起学习，最终实现边带娃边做副业月收入几万元的经历，这样的励志故事能给观众提供很大的情绪价值。在看完整条视频后，用户就会对这个全职妈妈留下自律、励志的印象。

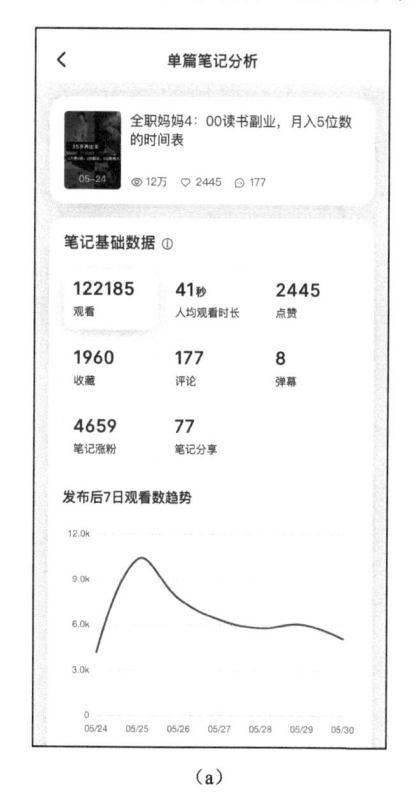

(a)　　　　　　　　　　(b)

图 3-48

② 强调努力的过程。很多新手在一开始的时候，可能没有亮眼的成绩和鲜明的人设，那么可以强调努力的过程。

我的社群学员"与清就是壮壮吖"是一个全职写作的二胎妈妈。她的笔记《1月过去2/3，晒一晒成果，要忙到月底了》，在只有600次点赞和500次收藏的情况下，粉丝增加了1300个。我在和她沟通的过程中发现，她时常自我怀疑，觉得自己没有拿得出手的成绩，其他同类作者都是晒赚了多少钱，收到了上万元稿费等。这其实也是很多人在运营账号时遇到的问题。

于是，我让她晒出约稿的聊天记录截图和转账截图，哪怕金额比不过别人，但可以把努力的过程晒出来，如图3-49所示。作为全职妈妈，她白天要带娃，很多稿子都是在孩子睡着之后完成的，这些点都可以强化努力奋斗的人设。于是，这篇笔记发布后，引起了很多妈妈的共鸣。大家钦佩她的努力、羡慕她的成绩，最终涨粉数比点赞数、收藏数加起来还多。

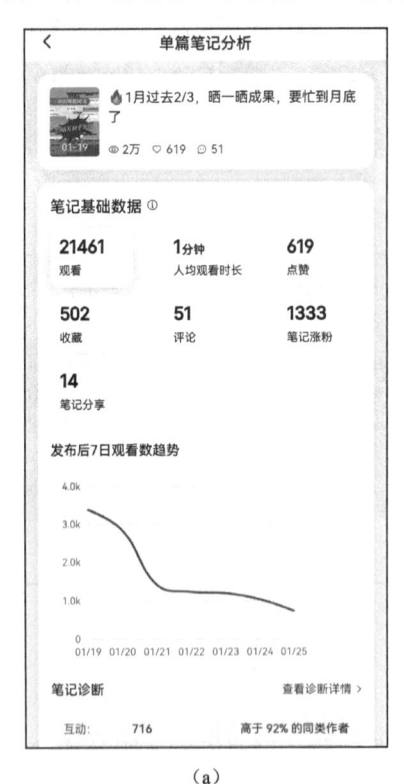

(a) (b)

图 3-49

这就是人设的魅力。当结果还不够好时，强调过程，同时强化人设，可以被更多的人认可、喜欢、记住，最终吸引用户关注。

③ 强化语言风格。家居博主"卡门卡卡"在小红书上分享各类家居好物的测评。她的内容风格和其他家居博主的完全不一样，在文案上形成了极大的差异化。

她的每条视频的文案都极具个人风格，能把测评好物的内容写成很多搞笑段子，每一句吐槽都非常有趣。她的视频被粉丝称为"单口喜剧""女版相声"。比如，在测评冰箱时，她说："冰箱再整洁，老公也不会把房产转移过来，婆婆也不会在朋友圈写表扬信"；在测评早餐机时，她说，"每天吃一种类型甚至一种味道的三明治，是不是签了对赌协议？"这种犀利又搞笑的语言风格，形成了博主鲜明又有标签的人设，"圈粉"无数。

3. 公式3：关注动机=长期有用+提供稀缺

用户关注一个博主的动机，无非是这个博主满足了两点：长期有用和稀缺。

（1）长期有用。长期有用是指，用户在看完单篇笔记后，浏览博主的主页，发现账号发布的笔记都很有用，从而判断出这个博主能长期提供有用的、有价值的内容。

很多人在做出了一篇爆款笔记后，抱怨这篇笔记不"涨粉"，除了之前说过的这篇笔记不具有人设属性而导致转粉率低，还有一个很重要的原因就是这个账号没能提供长期有用的价值。

如果你把小红书当成朋友圈，今天发布随手拍，明天发布美食，那么对于用户来说，他们无法从你这里获得长期有用的价值，只要点赞、收藏某一篇爆款笔记即可。

如果你的账号发布的内容不垂直，一会儿发布这个领域的内容，一会儿又发布那个领域的内容。用户打开你的主页不明所以，不能立刻判断出你分享的是哪类内容，那么大概率也不会关注你。

因此，你在创作内容时，要从用户视角时刻记住创作的内容要利他、能给用户带来长期有用的价值。

（2）稀缺。稀缺是指你分享的笔记不是随处可见的。稀缺可以分为标签稀缺、颜值稀缺、内容稀缺。

① 标签稀缺。标签稀缺是指博主的一些经历、职业、身份、性格等组成了一组人设标签，这些标签的组合让这个博主变得与众不同。

比如，同样是美妆博主，有些博主极其有趣，在每次化妆的时候都用说相声或搞怪的方式来讲解化妆步骤，这样的性格标签就能让人记住。

又如，同样是萌娃博主，"王小麦"就很有趣，搞笑、要强、有爱心，这些标签组成了王小麦这个人，使她变得独一无二。

② 颜值稀缺。博主本人很帅、很美，或者能够形成很强烈的反差。比如，博主"垫底辣孩"在变装前和变装后形成了强烈的对比反差，给用户带来很强的稀缺感。

除此之外，不真人出镜的博主，也能做到颜值稀缺。比如，摄影博主发布的图片极美，家居博主家里的环境极好，拍摄的 vlog 极好看等。

③ 内容稀缺。内容稀缺是指某类内容可能只有你能发布。比如，博主"阿吴"是一个男性，但却在小红书上做女装测评，给女性用户测评衣服细节，从面料到穿上后的视觉效果，非常认真地测评每一件"网红"衣服，对用户"种草"和"拔草"。这样的人设和内容，就极度稀缺。

总之，你要想让用户关注你，就一定要给出一个充足的理由，让人喜欢你、觉得你不一样、离不开你。

第 4 章 内容：从 0 到 1 创作一篇受欢迎的笔记

4.1 选题

4.1.1 用 5 个方法，源源不断地找到选题

1. 常规选题法

（1）对标账号选题法。第 3 章介绍过，平台上的爆款笔记之所以能火，一定是满足了人们的某种需求，而人们的很多需求是不变的，火过的内容再做一遍，依然还会火。因此做爆款笔记的捷径就是，复制已有的爆款笔记，在对标账号发布过的笔记中找选题。

具体的做法很简单，找 1~3 个对标账号，筛选出账号里点赞数排名前 10 的笔记，将这些笔记分类汇总，制作成对标账号爆款选题库。例如，表 4-1 为博主"三多同学"的爆款选题库。

在整理出对标账号的爆款笔记后，要分析这些爆款笔记都集中在哪些话题、哪些关键词出现的频率很高，研究出其中的共性。比如，这个博主的点赞数排前三的选题，全是关于"无痛逆袭"这个话题的，并且这几个标题的风格调性也都相似。

表 4-1

方向	标题	点赞数	收藏数	评论数
自我成长	一个普通女孩的十年：从自卑到自信，越努力越幸运	2.4 万	5898	1140
	骂醒不想努力的你！坚持不下去的进来看！	22 万	15 万	2648
	2021 年下半年别废掉！三个方法让你无痛逆袭	13 万	9.6 万	4653
	2022 年别废掉！三招让你脱胎换骨	29 万	22 万	3584
	2022 年别再荒废！四招让你无痛逆袭！彻底改变	39 万	21 万	6953
	这个月别再废掉！三招让你 30 天无痛逆袭！	1 万	7791	267
理财副业	日赚 3000 元！复旦学姐带你定投基金！小白必看	3.6 万	2.1 万	418
	支付宝隐藏功能：存钱省钱赚钱理财！进来发财	1.3 万	1 万	325
	10 个 0 成本靠谱兼职！在家也能赚大钱（附平台）	10 万	6.9 万	4435
	10 个声音类变现方式，在家也能赚大钱（附平台）	6.2 万	5.3 万	1033
	4 个摄影类赚钱方法！0 基础小白也能月入过万	1.2 万	7783	206
	复旦学姐：小心！这四种穷人思维正在毁掉你	1 万	3128	220
情感婚姻	36 个恋爱实用话题，越聊感情越深	6.5 万	5.3 万	402
	新娘誓言｜感动了现场所有人，看一次哭一次！	2.7 万	1.6 万	1040
	我的十个婚礼创意｜花小钱也能 get 百万级婚礼	2.4 万	2.8 万	291
学习方法	优秀人士的四个共性！这场聚会令我叹为观止	8268	5016	171
	9 个自我提升 App，不花一分钱，学霸都在用！	2.3 万	1.8 万	350
	无痛记忆法！一天背 500 页！过目不忘，逢考必过	13 万	10 万	2699
	考前急救宝典：如何高效抱佛脚？轻松提高 20 分	2.3 万	1.1 万	1997

由此可以得出结论，"无痛逆袭"这个话题在小红书上很受欢迎，这个博主已经掌握了"无痛逆袭"的流量密码，跑通了这个爆款选题的创作流程，知道什么标题能火、什么样的开头能吸引人看下去、什么样的内容是用户喜欢看的。

如果你的账号的内容定位中涉及自我成长，那么可以把"无痛逆袭"放进选题库中，在之后实操的时候可以拆解这个博主的脚本。

在整理完对标账号的爆款笔记后，你不能照搬他的爆款笔记的选题，而要根据自己的知识储备、内容创作能力、环境条件、人设、内容定位等各种因素筛选出现阶段自己可以尝试做的选题。

经过一轮筛选，在账号 A 的爆款笔记里，可能有 5 篇适合你，在账号 B 的爆款笔记里可能有 3 篇适合你。你要把所有适合自己的选题放进自己的选题库中，做成单独的表格。要注意的一点是，借鉴选题不是抄袭内容。

一个选题之所以可以被重复做，是因为它戳中了人们的某些痛点、痒点、爽点，但如何解读一个现象、用哪些方法解决大家关心的痛点问题，需要结合自己的知识储备来创作。因此，在借鉴爆款选题的基础上，整篇笔记的观点和方法必须是原创的，或者是在看书或听课后，实践过一遍的。

唯有真诚分享，才能走得长远。

（2）长尾关键词裂变法。长尾关键词是指用户在搜索大关键词后，搜索框下拉延伸出来的细分关键词。在搜索框中，系统会根据大数据和热搜词给出一定数量的细分关键词。

用户在遇到某个问题需要搜索答案时，在一般情况下不会搜索大关键词，而是带有一个明确的目的，搜索一些细分关键词。

比如，想要减肥的人，往往想先从某个部位瘦起，不会直接搜索"减肥"这个大关键词，而是在搜索框中输入一些细分关键词（比如，瘦腿、瘦肚子、瘦胳膊）。

想要吃减脂餐的人，往往也不会直接搜索"减脂餐"这个大关键词，而是代入某一场景进行搜索。比如"减脂晚餐""宿舍免煮低卡速食""办公室打卡零食"等。

因此，在构建选题库时，你可以先列出几个与创作领域相关的大关键词，然后根据大关键词的长尾关键词进行选题延伸。

如何找到长尾关键词？

① 在搜索页中找关联词。

a. 在搜索列表中找关联词。在小红书上搜索某个关键词，在搜索列表中会出现与这个关键词相关联的其他词汇，这些词都是系统根据用户的搜索行为匹配的热门关联词。

将关键词与其他词汇进行组合，就能延伸出许多细分选题。比如，搜索"减脂"，会出现减脂运动、减脂晚餐、减脂早餐、减脂零食、减脂午餐、减脂果汁等，这些就是"减脂"这个关键词下用户关心的细分关键词。

如果你的创作领域比较垂直，专门分享减脂美食，那么你还可以用细分关键词进行二次搜索，得到再细分的关键词。比如，在搜索框中输入"减脂晚餐"，就会出现"减脂晚餐吃什么掉秤""减脂晚餐速食""减脂晚餐鸡胸肉""减脂晚餐上班族"等关联搜索（如图4-1所示），将这些搜索结果分类，就能得出更细分的选题。

将"减脂晚餐"的关联词分类后，可以得出以下几种类型：

按效果/场景分类：掉秤、速食、外卖、即食、宿舍。

按人群分类：大学生、上班族、小基数。

按食物分类：主食、鸡胸肉、汤、三明治、牛肉、水果、金针菇、凉拌菜、代餐、土豆、鸡腿、玉米。

由此，你就能根据这些细分关键词，按照效果/场景、人群、食物组合，裂变出无数个选题，比如：

掉秤+宿舍："免煮免洗碗！分享几个宿舍党可冲的掉秤神器"。

掉秤+凉拌菜："太掉秤了姐妹们！！巨好吃的减脂拌菜合集来了"。

上班族+即食："21天减脂餐不重样，免煮即食！低卡饱腹"。

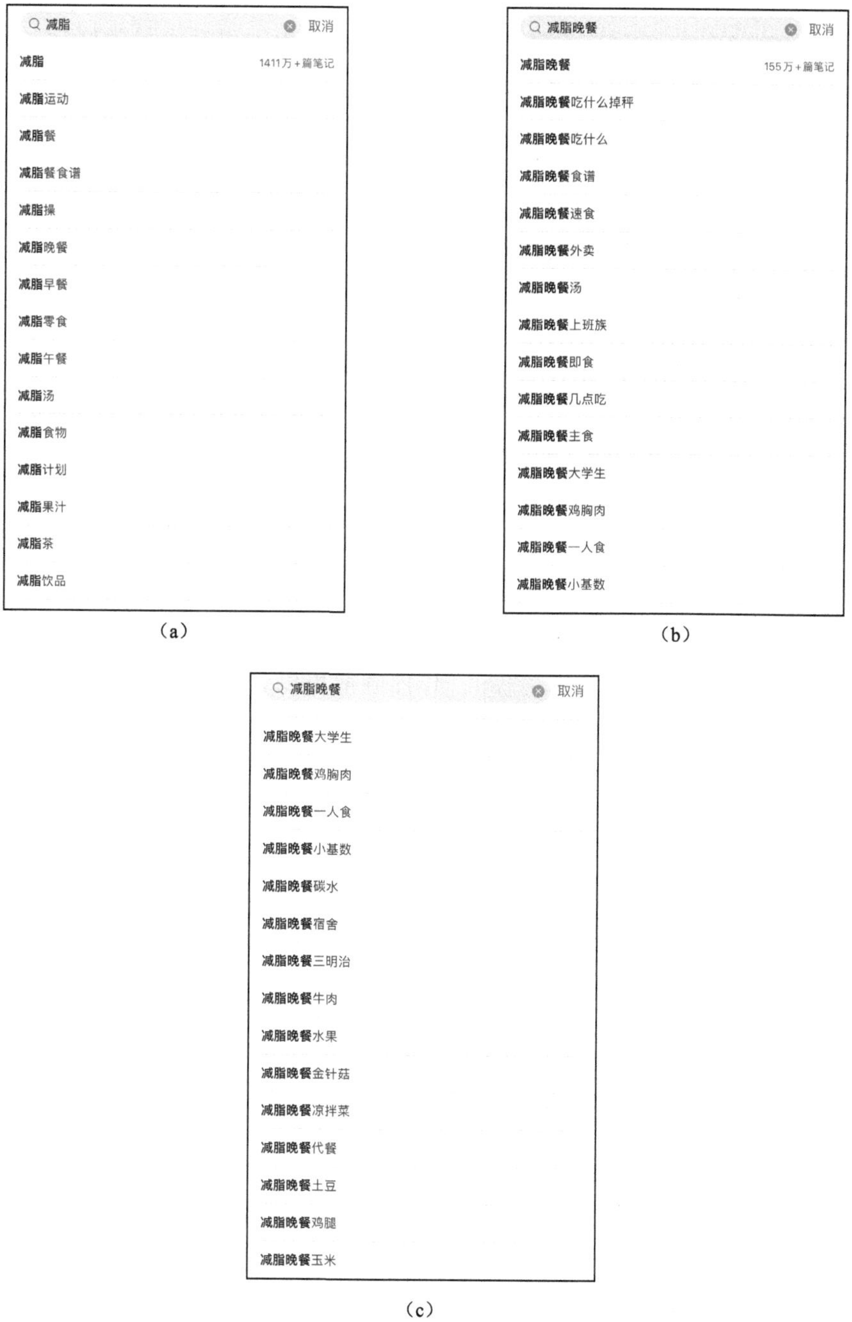

第 4 章 内容：从 0 到 1 创作一篇受欢迎的笔记

(a) 搜索"减脂"：
- 减脂　1411万+篇笔记
- 减脂运动
- 减脂餐
- 减脂餐食谱
- 减脂操
- 减脂晚餐
- 减脂早餐
- 减脂零食
- 减脂午餐
- 减脂汤
- 减脂食物
- 减脂计划
- 减脂果汁
- 减脂茶
- 减脂饮品

(b) 搜索"减脂晚餐"：
- 减脂晚餐　155万+篇笔记
- 减脂晚餐吃什么掉秤
- 减脂晚餐吃什么
- 减脂晚餐食谱
- 减脂晚餐速食
- 减脂晚餐外卖
- 减脂晚餐汤
- 减脂晚餐上班族
- 减脂晚餐即食
- 减脂晚餐几点吃
- 减脂晚餐主食
- 减脂晚餐大学生
- 减脂晚餐鸡胸肉
- 减脂晚餐一人食
- 减脂晚餐小基数

(c) 搜索"减脂晚餐"（续）：
- 减脂晚餐大学生
- 减脂晚餐鸡胸肉
- 减脂晚餐一人食
- 减脂晚餐小基数
- 减脂晚餐碳水
- 减脂晚餐宿舍
- 减脂晚餐三明治
- 减脂晚餐牛肉
- 减脂晚餐水果
- 减脂晚餐金针菇
- 减脂晚餐凉拌菜
- 减脂晚餐代餐
- 减脂晚餐土豆
- 减脂晚餐鸡腿
- 减脂晚餐玉米

图 4-1

b. 在搜索结果页中找关联词。

除了搜索列表，在搜索结果页中笔记的最上方，你可以看到系统根据关键词推荐的二级关联词，这些词也是平台根据热门搜索匹配的关联词。

搜索"减脂"，在搜索结果页中会出现减脂餐、运动、计划、好物推荐、食物等与减脂相匹配的关联词，如图 4-2 所示。

点击对应的文字选项，就会出现对应的笔记。出现在最前面的笔记都是这些关键词下权重较高的笔记，这些笔记的数据一般都很不错且内容质量有保证。你在创作内容前可以分析这些优质笔记。

对于这些词，系统会在不同的时间根据搜索热度进行调整，比如在夏季搜索"穿搭"，关联词会与夏天穿搭有关。因此，在做选题时，你可以每隔一段时间在搜索结果页中查看是否有新的热门关联词，从而获得做热门选题的灵感。

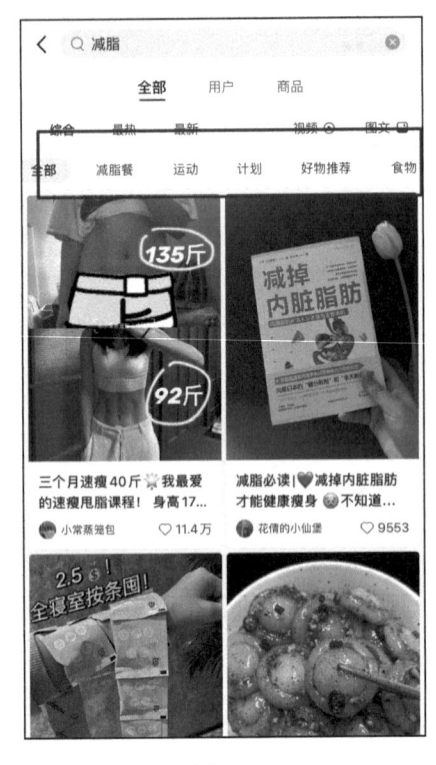

图 4-2

选题越贴合热度，越是大家关心的话题，笔记就越可能被更多的人需要、被更多的人打开、被更多的人点赞和收藏。

② 用第三方工具提取关联词。除了小红书的搜索页，你还可以用第三方长尾词工具，用全网的大数据分析目标用户的需求。

依然以减脂餐为例，在 5118 网站中，在"关键词挖掘"选区中，输入关键词"减脂餐"，点击"高频需求"选项（如图 4-3 所示），可以看到系统提取出的"减脂餐"这个关键词下的高频词，如图 4-4 所示。这些词都是用户在搜索

第 4 章 内容：从 0 到 1 创作一篇受欢迎的笔记

减脂餐时的细分关键词。词语后面的数字表示在相同量级的词库中，该关键词出现的次数。数字越大，说明用户的需求越强，如果用这些词做细分选题，那么做出爆款笔记的概率越大。

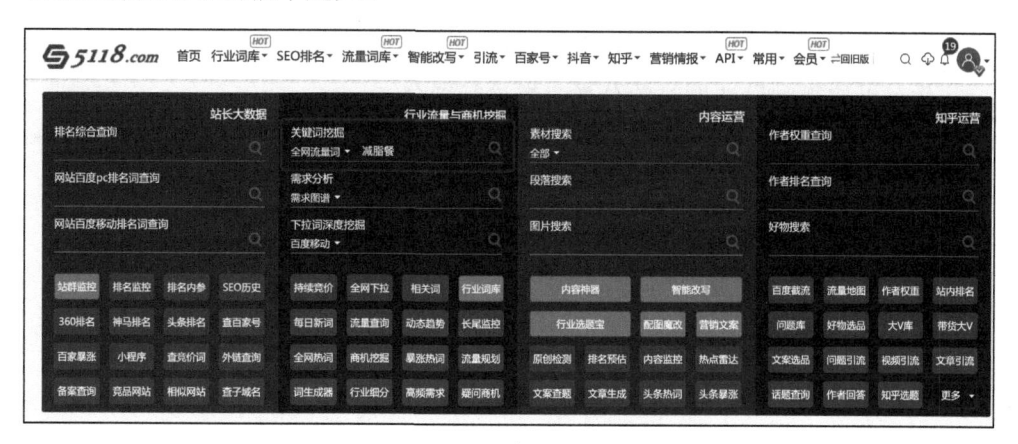

(a)

(b)

图 4-3

通过将高频词分类，就可以得出减脂餐这个关键词下用户的需求如下。

教程需求：食谱、具体到使用某一个食材的教程。

场景需求：早中晚、代餐、健身房、宿舍。

工具需求：微波炉、烤箱、电饭煲。

你可以按平时做选题时的分类习惯进行细分。

高频词列表 (a)	高频词列表 (b)	高频词列表 (c)
做法(12546)	一周(2553)	晚餐(4859)
食谱(12080)	一个月(550)	午餐(2109)
菜谱(1187)	七天(431)	早餐(1765)
餐谱(242)	三天(185)	晚饭(348)
餐单(181)	搭配(2384)	午饭(234)
鸡胸肉(5458)	代餐(2286)	早饭(118)
牛肉(3202)	减脂代餐(2064)	豆腐(4039)
鸡肉(1562)	餐能(2050)	金针菇(1434)
虾仁(1511)	减脂期(1987)	西兰花(1328)
鸡腿(1340)	轻食(1922)	生菜(1075)
牛排(663)	晚上(1840)	香菇(749)
鸡腿肉(407)	中午(1405)	木耳(709)
猪肉(276)	早上(571)	茄子(706)
龙利鱼(246)	早晨(117)	豆皮(639)
鸡翅(167)	好吃(1788)	芹菜(492)
羊肉(155)		豆芽(464)
鳕鱼(154)		包菜(449)
		豆腐皮(449)

图 4-4

将这些需求与目前的知识、能力相匹配，就能裂变出许多新的选题。

2. 评论区选题法

在一篇笔记的评论区中，往往隐藏着很多没有被满足的用户需求。

你要仔细分析在评论区中出现的次数最高的词有哪些、用户都在讨论什么、用户在看完一篇笔记后还有什么疑问、用户在表达什么情绪。

从这些出现的次数高的词和热门话题中可以找到潜在的热点选题。

如果用户在评论区中都在问物品的购买链接，那么很显然这篇笔记里的物品很吸引人，用户看到后被"种草"了。这时，你要思考是否可以在自己的笔记里加入一些好物，从而让用户询问购买链接。

如果在评论区中用户都在表达某种情绪，或者针对博主提到的某件事情进行讨论，那么这时你就要思考能否在自己的笔记里也融入一些个性化的观点，引起用户讨论。

如果在评论区中用户都在回复某个工具怎么用、某个方法没看懂、图文不直观想要看视频等，那么这些用户没有被满足的需求，都可以作为选题。

在评论区中，用户问得最多的问题、讨论得最多的需求，就是好的选题，这时你就可以趁热打铁，制作相关的内容，满足用户的需求。

3. 热点选题法

（1）热点渠道。在小红书 App 上，在"创作中心"的"笔记灵感"页面中，有平台推荐的热点话题和官方活动。这些话题都与当下最热、最新的热点相结合，并且都是平台推荐的。

在小红书 App 之外，常见的热点渠道有微博热搜、知乎热榜、百度搜索风云榜、B 站热榜等。

通过这些渠道，你可以查看用户最近在关心什么、讨论什么，然后在自己的创作领域中，筛选出适合自己的热点。

（2）做热点选题的注意事项。并不是所有的热点都适合追，即便一个热点适合你的创作领域，你也要考虑以自己的知识和能力能否创作相关内容。在热点发生时，你可以从以下 3 个方面评估自己是否适合追这个热点。

① 速度是否够快。你在看到一个热点后，要判断自己对热点的了解程度和创作的难易度。如果你正好了解这个热点，而且能在速度上超过别人，就可以在前期打时间差，以速度取胜，抢占先发优势。

② 能否满足用户需求。除了速度要快，你还要判断这个热点选题做出来后，

能否满足目标用户的需求。通过分析各平台上网友的评论，你可以判断出用户对某一个热点想要表达怎样的情绪，是想抒发喜悦、愤怒之情，还是对此表示困惑、想要了解更多。

当清楚了用户想要获得什么时，你就可以判断能否满足用户的这些需求，然后根据用户的情绪和需求来创作内容。比如，某个手机品牌商召开了新品发布会，用户想要看对该产品的真实测评，如果你能在短期内快速地把产品的细节和使用感受展示出来，就能满足用户对产品的好奇心。

只有满足了用户的某些需求，才能让他们产生更多的互动行为。

③ 是否有差异化。在热点发酵后期，笔记一定要有自己独特的观点和差异化的角度，才能在同质化的内容中脱颖而出。所有的差异化都是与你平时的知识储备有关的。

热点只是一个壳，最终内容的呈现一定要基于你已有的积累。如果你平时的积累不够，即使出现再多的热点，你也无法做出更有深度的内容。所以，创作者需要提升的是对创作领域所需要的技能的熟练度、知识的掌握程度，这样才能在面对各种热点选题时游刃有余。

4. 交叉选题法

一个选题一般是由领域、内容形式、时间、人群、价格等元素组成的。将这些元素交叉组合，就可以源源不断地获得选题。例如，领域可以细分为职场、穿搭、美食、美妆、家居等。内容形式可以细分为教学类、吐槽类、故事类、"种草"类、剧情类、挑战类等。时间可以细分为早上、夏季、春节等。人群可以细分为上班族、学生、全职妈妈等。价格可以细分为百元内、平价、高奢等。

在做选题时，可以把这些元素交叉组合，比如：

把领域、内容形式（如教学类）、人群交叉组合，就可以得出"矮个子女生穿搭公式""上班族减脂餐教学"。

把领域、内容形式（如"种草"类）、价格交叉组合，就可以得出"花不到

100元搞定一套矮个子女生穿搭""花10元搞定办公室一周减脂小零食"。

把领域、内容形式（如"种草"类）、时间交叉组合，就可以得出"女生必备的秋季外套合集""冬天必囤的减脂热饮"。

把领域、内容形式（如"种草"类）、人群、时间、价格交叉组合，就可以得出"花100元搞定全套穿搭！""矮个子女生秋季穿搭分享"。

通过以上交叉组合，创作者可以做出无数选题。

5. 系列选题法

根据账号的内容定位，可以细分出许多选题。这些选题按照一定的逻辑结构和主题结构，可以归纳分类，做成特定的栏目。在移动互联网时代，用户的注意力会被手机里的各种信息夺走。要想在用户心智中占据一席之地，除了做出富有创意的差异化内容，还有一个方法就是不断重复。重复个人标签、重复固定的口头禅、重复固定的动作、重复某个吸引人的场景等，只要不断重复，就能被人记住。

做选题也如此，在一定的周期里重复做系列选题，就能让用户加深印象。搭建系列选题库，可以从固定栏目、固定时间、系列专题这几个方面入手。

（1）固定栏目。固定栏目是指根据账号的内容定位，设置更细分的垂直选题。比如，我的账号"花生的书桌"设立了一系列细分的选题方向，围绕着高效成长这个关键词，将栏目分为博主运营方法系列、iPad 生产力系列、学习方法系列、读书写作干货系列。

固定栏目可以随着账号的运营在不同的阶段增减。比如，因为我在发布了一篇 iPad 生产力方面的爆款笔记后，又发布了几篇这方面的笔记，这些笔记的数据仍然很好，所以就衍生出了一个固定的栏目"iPad 生产力"系列，如图 4-5 所示。

同样，一些固定栏目的数据如果不好，也可以不再更新这类选题。

系列选题能扩充博主的内容，满足用户不同维度的内容需求，但要注意的一点是，所有的选题都应该围绕着账号的整体内容定位，千万不要什么栏目都做。这会导致账号变成一个大杂烩。

（2）固定时间。固定时间是指固定在每年、每个季度、每月或每周的某一天发布某个类型的主题内容，通过固定的时间和主题内容加深用户对博主的印象。

当同一类内容在固定的周期内不断重复发布时，到了固定的时间节点，粉丝就会想起博主会发布相关的内容。同时，博主也要履行承诺，在固定的时间发布相关的内容，才能不断地增加粉丝的信任度和黏性。较短的固定时间可以是每周、每月、

图 4-5

每个季度。比如，"一周开销记录 vlog""本月书单推荐""本月好物开箱"。较长的固定时间可以是每个季度、每年。比如，"年度书单分享""季度空瓶分享"。

（3）系列专题。系列专题是指根据一个大事件或者一个特定的时间节点创作的一系列内容。比如，在奥运会期间，插画博主创作奥运健儿漫画头像这一系列选题，给每个奥运健儿画一幅画。在高考、毕业季、求职季等特定的时间节点，博主策划采访 10 个"985 工程"高校毕业生、10 个各行业的招聘官、10 个裸辞的人等，做一系列专题选题。

与固定栏目和固定时间的选题相比，系列专题可以是短期的、临时发起的、根据热点延伸出的，能快、准、"狠"地借势"圈流量"。

4.1.2 用两个步骤，搭建自己的选题库

1. 对已有的爆款笔记做减法

你在搭建选题库的过程中，要时刻牢记一点：不要追着别人的爆款笔记跑。追着流量跑不是坏事，我们确实要做爆款选题才能有更大的概率"出圈"，但核心的一点是，要在爆款选题中筛选出符合自己的人设、能力、知识储备的内容进行创作。不做选择地追着别人的爆款笔记跑，会导致为了做爆款笔记而迷失了自己。如果仿照别人的爆款笔记做出的同类型的内容依然没有很好的数据，就可能会焦虑万分。

你的账号可能会因为融合了太多别人的爆款选题，最后变成了"四不像"。因此，不管是整理出对标账号的爆款选题、用长尾词裂变出系列选题，还是追热点、做系列选题等，你都要在已有的选题库中做减法，结合自己的知识体系来创作内容。

2. 搭建自己的知识体系

每一个博主都应该有一套自己的知识体系，特别是知识分享、技能分享型的博主，应该在自己的细分领域中拥有几个独特的标签，打造个人的专业度和差异化。比如，我围绕着读书写作与效率提升这两个关键词做内容。

在读书写作这个大类里，我分享如何读书、如何输出书里的知识、如何写作；在效率提升这个大类里，我分享如何做时间管理、如何用各个工具提升效率。

这些都是我在知识学习这个泛领域里，细分出的关键词。我通过搭建更专业的读书写作、时间管理相关的知识体系，输出系列内容，打造更专业、更垂直的个人标签。

那么，应该如何从0到1搭建自己的知识体系呢？可以从以下4个步骤做起。

第一步，搭建框架。

要把现阶段想分享的选题方向罗列出来，放进思维导图里做成知识框架。这样，你的脑海中就会有一个清晰的框架，知道目前具备哪些能力、欠缺哪些知识，利用碎片时间就可以把所学的内容填充到框架中。

第二步，获取知识。

要想输出，就必须输入。获取知识的途径有很多，向领域内的专业人士请教、看专业书籍、听课，都能帮助你获取知识，弥补某些能力的不足。

对于不同的领域，获取知识的方式也不一样。例如，分享好物的博主，可以去产品的详情页了解产品的卖点和亮点，同时分析用户的痛点，从而做出让用户看了就被"种草"的内容。分享知识的博主，可以去系统学习某方面的知识，查阅资料、看书、听课。分享教程的博主，可以去了解每一步的做法，把教程中的每一个步骤都做熟练。

第三步，内化实践。

不管是什么形式的知识，最终都要被内化吸收，变成自己的经验。比如，我系统学习了时间管理的方法，将其运用到自己的生活中，把好用的方法记下来，形成了一套适合自己的时间管理体系。

第四步，形成知识体系。

从外部获得的所有知识，都应当被内化实践后，用自己的语言表达出来，最终变成一套自己的知识体系。比如，我学习并实践了时间管理后，就把实践心得输出成干货教程，在小红书上分享了如何做时间管理、如何做计划（包括日计划、周计划、年计划）、如何提高效率等。这些就是我通过获取知识、内化实践后形成的一套知识体系。

4.2 封面

4.2.1 4种爆款笔记的封面的底层逻辑大盘点

小红书的内容展现形式为双列信息流模式。因此，要想让一篇笔记被更多的人点击，封面和标题吸引人就至关重要。

一个宽高比为3：4的封面，占到了手机屏幕的1/4。与标题相比，大部分人第一眼看到的其实是封面。因此，封面是否吸引人，在某种程度上决定了一篇笔记的点击率的高低。

常见的爆款笔记的封面有以下几个特点：极大的对比反差、极强的视觉冲击、极具美感、引起好奇。

1. 极大的对比反差

在小红书上最常见的一类爆款笔记的封面，就是之前（Before）与之后（After）的对比式封面（简称BA图）。BA图常用于化妆前后对比、减肥前后对比（如图4-6所示）、穿搭前后对比、装修前后对比等（如图4-7所示）。两者的对比一般会极具视觉冲击力。

图4-6所示的是博主减肥前后的BA图，其身材变化特别明显，这样的图片出现在发现页会非常吸睛。用户会很好奇这个博主是如何做到从126斤减到94斤的，于是就会点击封面浏览笔记。

同样，图4-7所示的是家居博主把一个毛坯房变成非常精致的房间的对比，把极差的效果图和极好的效果图拼在一起，会给人非常大的视觉冲击。用户自然会很好奇博主是如何只花23万元就装修成最终效果的，于是就会打开笔记。

在制作BA图时，要注意不要违反社区规则，不要造假，也不要太夸张。

特别是一些美妆效果图，如果前后对比太假，有很明显的 PS 痕迹，滤镜使用得太重，或者使用一些引人不适的图片，就会被判定为违规。

总之，要真诚且真实，呈现出正向的价值观。

图 4-6

图 4-7

2. 极强的视觉冲击

很多人在刷小红书时没有特别强的目的性，看到特别吸引眼球的内容就会出于好奇点击，因此强视觉冲击的内容，往往能够引起人们的好奇。

常见的强视觉冲击类的标题或封面有以下几种。

（1）引起好奇类标题或封面。人们总会对自己不知道的事情充满好奇。一些新奇的好物、从来没听过的方法、从来没用过的工具，都能引起用户的好奇，让他们想要点击封面查看详情。

图 4-8（a）所示为一个很像头发的发箍。它和大部分人认知中的发箍很不一样，封面呈现出来的效果非常逼真，非常像真的头发，能给人很强的视觉冲击。在评论区中，用户纷纷表示"差点以为这是真头发"。

图 4-8（b）所示为一个问题式的封面。封面中的文字是一个问题"为什么有肥牛片、肥羊片，却没有肥猪片？"这个问题本身就很有趣，引起了用户的好奇，让他们想知道答案是什么。

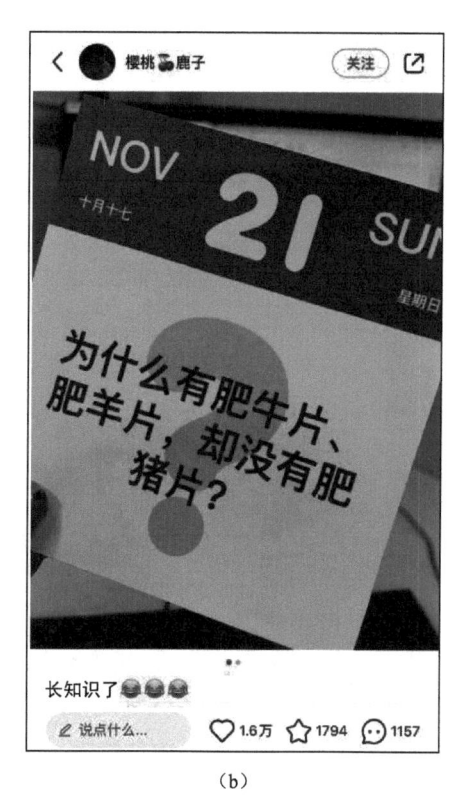

图 4-8

（2）冲突和悬念类标题或封面。还有一种视觉冲击，是让用户好奇的冷知识、反常识的内容。这类内容的封面展示的往往是大部分人熟悉的场景，配上独特的标题,能造成一种冲突,给人留下悬念。

图4-9(a)所示的封面和标题留下了悬念。微信是大部分人都在用的工具,提现需要手续费也是很大一部分人的痛点。通过熟悉的提现场景,以及令人好奇的省钱技巧,就能打造很好的悬念效果。

图4-9(b)所示的是一篇典型的反常识的冲突型笔记。多个插座的组合图配上一句吐槽式的标题,能极大地引起用户的好奇。人们一般会认为充电插头只有一个,如果有转换插头也不会太多,图片上的却是很多个转换插头相互连接。这是一个极其偶发的事件,因此就带有极强的冲突感,让人出于好奇忍不住想点击。

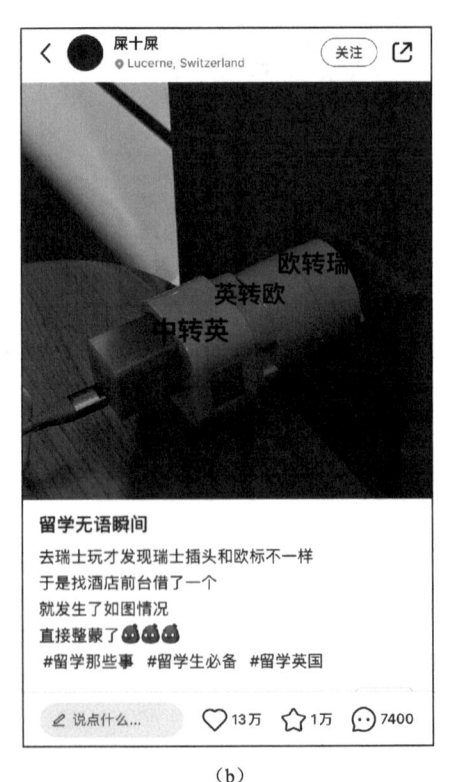

(a)　　　　　　　　　　(b)

图4-9

冲突和悬念类标题的核心在于反常识，越是超出用户的认知，越能吸引人。最终如果能带来很强的戏剧感，就会有比较多的点赞数，如果还能提供内容价值，那么也会有比较多的收藏数。

（3）大字报。当所有人都在用一些实拍图和海报做封面时，一些纯文字的封面会显得别具一格，特别是一些有个性的大字报反而能吸引用户的注意力。

图 4-10（a）所示的封面将文字和数字相结合，用超大的数字吸引眼球，与痛点选题相结合，能引起好奇。

图 4-10（b）所示的大字报封面能非常简洁地展现出内容主题。把最核心的话题放在中间，可以简单明了地用一个词语吸引对这个话题感兴趣的人。在推荐页刷到这篇笔记的用户，会出于对封面中关键词的好奇，想了解这个词是什么意思，从而打开笔记浏览正文。

图 4-10（c）所示的这类手写大字报可能不符合大多数小红书用户的审美，但是放在推荐页中却非常显眼，在视觉上与其他封面完全不是一种风格的，反而能吸引用户的注意力，从而吸引点击。

大字报封面的核心是突出主旨，不需要使用特别精致的画面与复杂的元素，简洁明了地呈现内容即可。

3. 极具美感

小红书用户对"美"的追求一般高于其他平台的用户，好看、美、诱人的图片，都可以吸引用户点击。

图 4-11 所示的封面展现的是一位新娘在农村办婚礼的场景，在背景中有很多乡亲围观，和美丽的新娘形成了视觉上的对比，让人感觉很美好，同时又有视觉冲突。

同样，各种美丽的风景、好看又新奇的好物、高颜值的帅哥和美女、好看的妆容、好看的家居图等，都能吸引用户点击。

（a） （b）

（c）

图 4-10

图 4-11

总之，小红书用户非常注重视觉美感，好看、美是封面的核心要素。

4. 引起好奇

（1）信息量大。很多笔记会把大量的信息呈现在封面上，从而吸引用户点击封面，将其放大以便看详细的内容。

图 4-12（a）所示的封面是一张手机备忘录截图，写满了笔记。图 4-12（b）所示的封面是一张手写笔记图，通过手写的形式呈现丰富的信息。此外，还有很多类似效果的展现形式，比如用思维导图做封面、用一篇写满字的笔记做封面，这类笔记在小红书上极其常见。

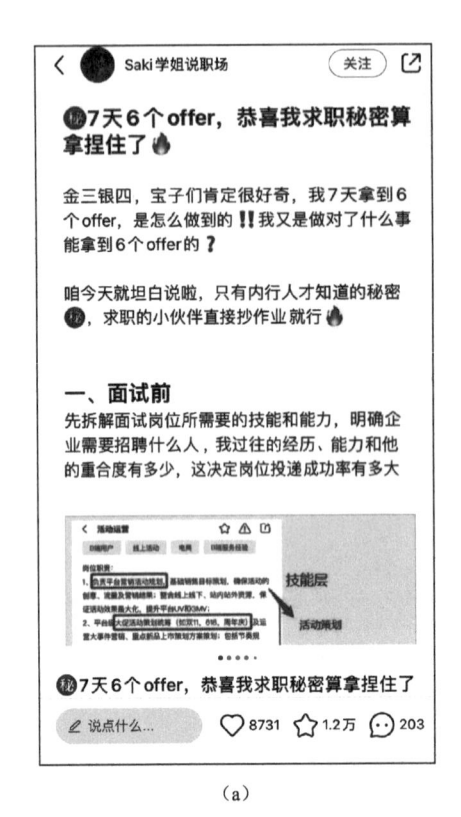

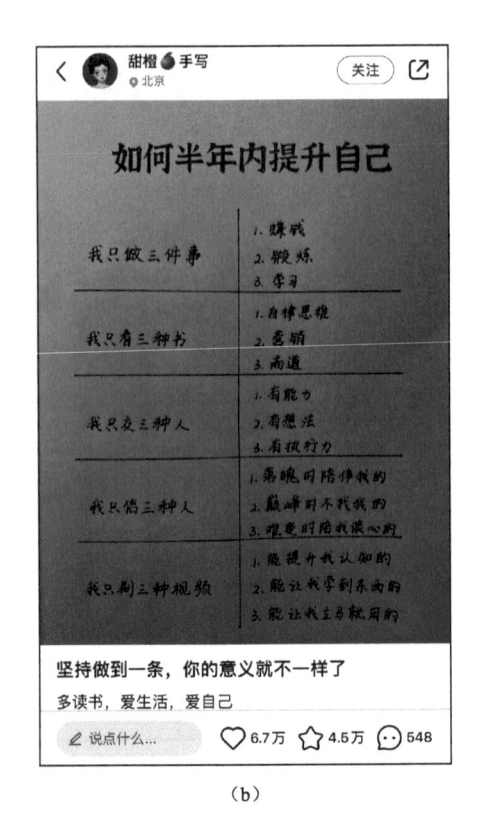

图 4-12

心理学中有个现象叫"损失厌恶",意思是人们对拥有的东西没有太多的感觉,但对失去的东西往往会比较敏感。因此,当用户在首页刷到信息量很大的封面时,总会害怕错过这类信息,因此会查看这类内容是否对他有用,甚至可能因为信息量巨大,而选择收藏,以便下次再看。

我们可以利用这一点,尽量将吸引人的信息呈现在封面中,吸引用户点击。

(2)内容丰富。一些看起来内容丰富的封面,也能让用户产生"损失厌恶"心理,从而点击封面进行浏览。

图 4-13 所示的拼图式封面特别适用于合集类笔记。把正文中的产品图拼在一起做成封面,能给用户一种内容非常丰富的感觉。

第 4 章　内容：从 0 到 1 创作一篇受欢迎的笔记

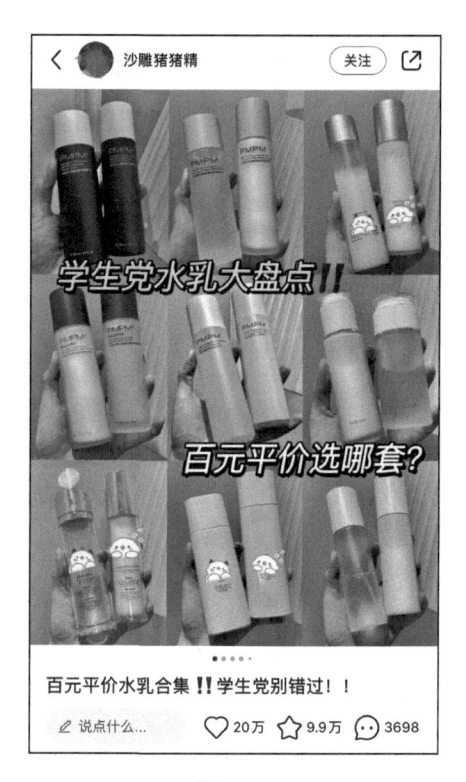

图 4-13

同时，这类合集图片还能"圈中"同类人，如果用户对其中的某几个产品正好也感兴趣，或者正在使用其中的某些产品，那么他们可能会好奇这个博主对它们有什么评价，也会点击封面进行查看。

除了拼图式封面，图 4-14 所示的这类封面的点击率也很高。一个封面涵盖了很多物品，每一件物品都很好看。如果用户想要看每一件物品的详细图，或者被其中的某一件物品"种草"，想看物品详情，就会点击封面。

这类封面的元素丰富，扩大了用户群，只要用户看中其中的某一个元素，就会点击封面查看细节图。

(a)   (b)

图 4-14

（3）未展示全貌。在制作封面时，你可以用"欲言又止"的方法吸引用户点击。

图 4-15（a）所示的封面包含了很多工具和表格，但都没有展示全貌，对此感兴趣的人只有点击封面打开笔记才能看到完整的工具和表格。这种半遮半掩、欲言又止的手法，能引起用户的好奇，极大地增加点击率。

图 4-15（b）和图 4-15（c）所示的封面，分别只展示做菜的食材和摄影的原片，用户在封面中只能看到原貌，需要点击封面打开笔记才能看见最终的成品。给这类封面配上一个吸引人的标题，就能极大地引起用户的好奇。

这类不展示全貌的方法在各个领域中都很常见。

第 4 章　内容：从 0 到 1 创作一篇受欢迎的笔记

(a)

(b)

(c)

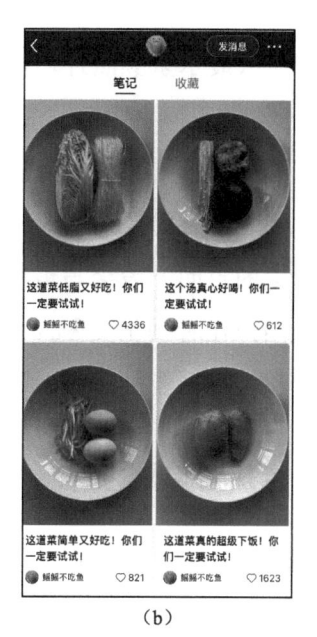

图 4-15

美食账号只展示原材料，用户需要点击封面打开笔记后才能看到诱人的成品图。

美妆账号只展示素颜照片，用户需要点击封面打开笔记后才能看到化妆后的效果图。

家居账号只展示装修前凌乱的屋子或者毛坯房，用户需要点击封面打开笔记后才能看到装修后的效果图。

这类笔记的封面一般会与最终的图片形成巨大的反差。正是因为封面朴实无华，所以用户在看到正文图片时会产生极大的情绪波动，巨大的反差会给用户带来震撼和惊喜，能极大地刺激用户点赞和评论。

4.2.2 封面的制作要点

1. 宽高比

（1）图文笔记封面的宽高比。小红书的图文笔记封面分为竖版（宽高比为3∶4）、横版（宽高比为4∶3）、正方形（宽高比为1∶1）封面。图4-16（a）～图4-16（c）所示分别为竖版、横版、正方形封面。

图文笔记封面的宽高比建议选择3∶4，竖版的图片在信息流里的占比大，在一定程度上能吸引用户的注意力。

在创作图文笔记时要注意，如果要上传多张图片，那么小红书默认所有图片的宽高比与封面的宽高比相同，也就是说，如果封面是横版或者正方形的，即使后传的几张图片为竖版的图片，系统也会自动将竖版图片裁切成横版或正方形图片。

因此，为了美观和统一，在一篇笔记中尽量让所有图片的宽高比统一。

（2）视频笔记封面的宽高比。小红书的视频笔记封面为竖版、横版封面。拍摄的视频一般默认为横版的或者竖版的。如果你做的是横版的视频，那么可以制作横版封面，如果你做的是竖版的视频，那么可以制作竖版封面。

小红书开通视频号功能后，可以自定义上传视频笔记的封面。在用手机上传封面时，即便是横版的视频，也可以上传竖版封面。

第 4 章　内容：从 0 到 1 创作一篇受欢迎的笔记

(a)　　　　　　　　(b)　　　　　　　　(c)

图 4-16

如图 4-17 所示，在上传横版视频后，点击"添加封面"选项，在相册中选择一张宽高比为 3∶4 的图片，点击右下角的翻转按钮，就可以上传宽高比为 3∶4 的封面。

(a)　　　　　　　　(b)　　　　　　　　(c)

图 4-17

这让创作者有了更多的选择权。即便制作的视频是横版视频，也可以用竖版封面，这样就能与图文笔记一样，让视频笔记在信息流里占比更大、更显眼。当然，创作者可以根据自己的创作领域和创作内容灵活调整，并不能说哪种封面更好。

2. 工具技巧

制作小红书封面不需要复杂的工具，很多网站提供了可以套用的模板，很多手机软件提供了滤镜和文字模板，这给创作者提供了很多便利。

（1）海报类图片制作。用一些现成的模板即可制作海报类图片。常用的海报类图片制作网站有创客贴、稿定设计、可画。在这类图片制作网站中搜索关键词"小红书"，会出现很多模板，直接替换内文即可使用，如图4-18所示。

图4-18

（2）实拍类图片制作。对于实拍类图片，在后期制作时可以选择醒图、黄油相机等软件添加滤镜和文字。这些软件中提供了很多滤镜和文字模板。以黄油相机为例，在导入一张图片后，点击"滤镜"选项，就会出现许多非常适合小红书风格的滤镜，选中一种滤镜后微调一下滤镜的参数和其他曝光参数，就能得到一张不错的照片，如图 4-19 所示。

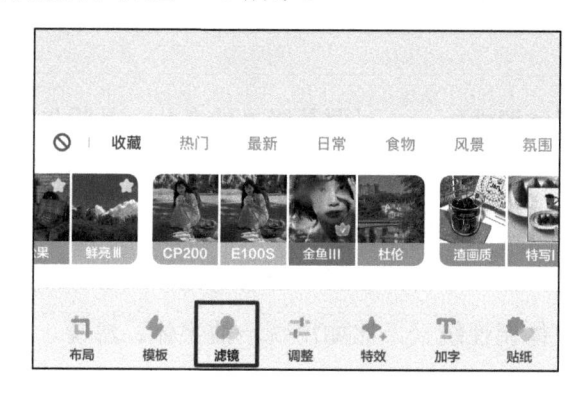

图 4-19

点击"加字"—"文字"或"花字"选项，如图 4-20 所示，可以给封面添加一些文字标题，在封面中呈现更多的信息。

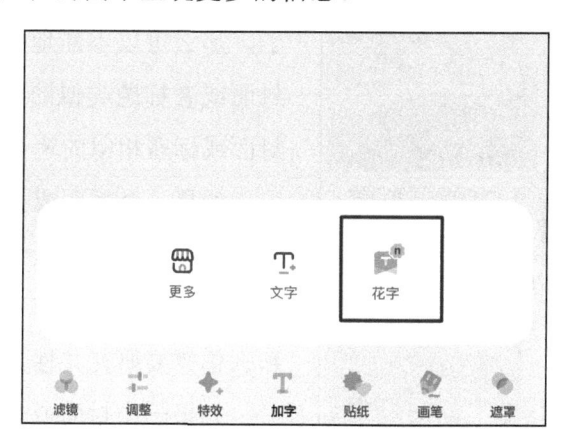

图 4-20

这里要注意以下两点。

第一，不能完全套用小红书上其他博主的滤镜参数，因为每张照片的拍摄环境、角度都不一样，即便使用一样的滤镜，展示出来的效果也不一样。

第二，对于与品牌方合作拍摄的一些产品图片来说，不要用太过失真的滤镜，只有还原产品原貌才能避免给用户带来错误的信息。

3. 注意事项

（1）封面的整体调性统一。封面是账号的名片，是最先展示在用户面前的一个元素。

用户往往通过封面就能初步判断出一个账号的调性，从而预判这个账号是否符合自己的预期，然后才会点击封面查看笔记，或者关注账号。因此，账号的封面应该保持整体调性统一，比如用统一的字体、滤镜、场景等，在视觉上要让用户感觉舒适，不会产生一种不同风格的内容拼凑在一起的割裂感。

（2）不断地重复使用封面的流量密码。如果一个账号发布的某一篇笔记火了，那么可以不断地使用与这篇笔记的封面或者标题类似的封面或标题，验证封面或标题相似的笔记是否也能火。

如果一个封面或一个标题火 1 次，那么你可能靠的是运气。

如果一个封面或一个标题火 2 次，那么你需要研究共性。

如果一个封面或一个标题火 3 次，那么恭喜你找到了流量密码。

这时，你要复盘总结，看看是哪些因素吸引了用户的注意力，在评论区中用户都在讨论什么、用户在讨论这些内容时的情绪是怎样的。比如，图 4-21 所

图 4-21

示的家居博主，不断地发布与书房相关的笔记，都能获得很高的流量。在评论区中用户讨论的永远都是好看、美，以及各种好物的购买链接。

由此可以得出结论，这个家居博主家里的这个角落就是流量密码，这个场景极美、非常吸引人，能带来很高的流量。

4.3 标题

4.3.1 6个标题公式，让人点击欲暴增

1. 引起好奇

第一种标题是引起好奇的标题。这类标题通常会留有一定的悬念、欲言又止，引起人们的好奇，让人们忍不住点击。引起好奇的标题通常分为感叹惊讶式标题和揭秘类标题。

（1）感叹惊讶式标题。感叹惊讶式标题通常带有一些语气词，偏口语化，在一定程度上可以被称为"标题党"，比如：

"告诉我我不是最后一个知道的！！！"

"我不允许有人不知道这件巨无霸可爱外套"

"天呐，一个日历做得这么好看！"

"我的天呐……绝了！这个小鸡腿太好吃了吧"

"我再说一遍！它俩是内衣界的天花板啊"。

感叹惊讶式标题非常符合人们日常说话的场景和口吻，能引起人们的好奇。图 4-22 所示的标题为"告诉我我不是最后一个知道的！！！"，封面是一个键盘，看似很随意，却能引起人们的好奇，让人们想知道作者说的是什么。于是，在这篇笔记的评论区中用户都在回复"对，你不是最后一个""我看了这条才知道""每天在小红书上学到很多新技能"等。

图 4-22

这类标题通常需要与吸引眼球的封面一起使用，封面与标题相互配合，才能打造出高点击率的笔记。

（2）揭秘类标题。揭秘类标题通常带有一定的神秘感，选择的话题常常是大家感兴趣的、戳到大家痛点的事，比如与金钱相关、八卦等一些引起大家好奇的话题。

有的揭秘类标题中有一些反常识的内容，这些内容与很多人的认知相反，引起他们的好奇。比如：

"坦白局！网红收入差这么多？哪种网红最赚钱"

"跟年薪 70w 的 95 后聊了，他说赚钱不靠拼命"

"早点知道就好了，毛孔粗大草莓鼻真相！"。

2. 提出疑问

问题类的标题，通常能戳中有相同问题的人的痛点，能在第一时间引起他们的好奇。这类标题一般有两种呈现形式。

（1）直接提问。你可以直接提出一个问题，引起用户的好奇，让用户想知道你的答案是什么。这类标题一般为很多人关心的痛点问题。例如，

"我为什么从来不刷短视频？"

"对于不同的场地，如何挑选婚纱？"

"瘦了23斤的我到底经历了什么？"

"当孩子遇到校园霸凌时该怎么办？"。

你也可以提出反常识或者引起好奇的问题，提出一个与大部分人认知相反的问题，或者一些大部分人不知道的新知识，引起用户的注意，从而吸引点击。例如，

"为什么我北大毕业，月薪竟然没有过万？"。

（2）问题+解决方案。你可以在提出问题后立即给出一个可以执行的解决方案，并且这些解决方案要是低行动成本、捷径式的方案，这些标题往往能吸引有同样困惑的人点击。例如：

"眼线不好画？不存在的！2分钟教会你"

"如何逼自己瘦下来？微胖女孩的超强逆袭"

"为什么酒店的水蒸蛋总是那么嫩滑，我来教你"。

3. 多用数字

你可以在标题里加数字，并且一定要加阿拉伯数字，因为用户在众多标题中往往一眼就可以看到数字。

常见的数字有价格、表示数量的数字、时间、对比数字。

（1）价格。对于一些"种草"类的笔记来说，如果产品的性价比极高，那

么可以把价格写在标题中，用低价来吸引点击。这类笔记需要有强反差的封面，用极低的价格和看上去价值很高的产品的封面相互组合，形成反差，从而吸引点击。例如：

"我又在×××上挖到宝啦！13元的折叠收纳筐！附链接"

"花了2元！我终于第一次自己画出下睫毛了！！！"

"花了10万元装修好的103平小家，有那么廉价吗？"。

（2）表示数量的数字。把表示数量的数字直接写在标题中，会给人一种内容丰富、非常全面的感觉。用户在打开这篇笔记前，就知道这篇笔记中有多少个方法、多少个步骤等。例如：

"便宜又好用！5个皮肤科好物分享给姑娘们"

"6部高分育儿纪录片，胜过看10本育儿书"

"如何无痛戒手机？5步搞定！让你彻底自律"。

（3）时间。时间通常用来展现速成、见效快，给人强烈的反差。例如：
"10分钟做抱蛋肥牛饭！酱汁浓郁太下饭啦"

"跳绳30天，减10~15斤，双倍燃脂的快乐！"

"7天6个offer，恭喜我求职密码算拿捏住了"。

（4）对比数字。利用数字进行对比，可以展现出巨大的差距，从而引起好奇，让人想知道是怎么实现这个反差的。例如：

"又拿offer了！10个面试回答，竟然涨薪50%"

"数学分数从平时考60分到高考考141分，我只用了这3个方法"

"104→90斤！小基数减肥方法大公开！瘦子养成"。

4. 方法集锦

方法集锦类的标题针对某一个痛点，直接展现多个解决方案，能让人产生想立即了解、收藏的冲动。例如：

"学会这三招，你也能快速写出一篇爆款笔记"

"'熊孩子'不听话，用这几个方法让他秒变小天使"

"毕业五年收入翻20倍！我做对了四件事"

"4个高效时间管理法，悄悄看完'卷哭'同龄人！"。

这类标题通常为一个痛点加上多个解决方案，并且看上去能立即解决问题，给人一种轻松、"短平快"的感觉，能吸引人立刻看正文。

5. 引发共鸣

引发共鸣类的标题明确表达某个观点。这类观点通常带有鲜明的个人特色，能引起一类人的强烈共鸣。例如：

"为什么你不需要对讨厌你的人'自证清白'"

"主动的女生太酷了，太让人羡慕了！"

"你可以不漂亮，但一定要有生命力"。

用户往往在打开这类笔记前，会好奇博主对某一个问题或者事件的看法，想看一看博主是怎样论证观点的，想从观点中寻找认同点或者反对点。

6. 锁定人群

在标题中植入人群关键词，能锁定目标用户，让用户在推荐页刷到与自己相关的标题时，立刻对号入座。比如，一个小个子女生通常会关注与小个子相关的话题，一个全职妈妈通常会关注与全职妈妈相关的话题。

人群通常按职业、身份、特征、性格或行为细分。

职业有律师、英语老师、插画师等。

身份有全职妈妈、大学生、情侣、"北漂"女孩等。

特征有小个子、梨形腿、方脸、敏感肌等。

性格或行为有内向、不合群、抠门等。

你要针对不同的人群创作不同的内容，在标题中聚焦人群属性，让笔记被更精准的人打开。例如：

"小个子穿搭 | 5条改良版新中式连衣裙"

"平价洗面奶合集！学生党敏感肌爱用不紧绷~"

"做一个不合群的女生究竟有多爽？"

"体制内新人如何上手写公文？多看看这10个网站"。

4.3.2 用3个技巧，持续写出爆款笔记的标题

1. 模仿爆款笔记的句式

我们经常能看到在同一段时间内不同的博主使用相似的标题。这些标题可能是当下流行的网络热哏，或者是垂直领域里的流行语。

比如，对于美食类笔记来说，常见的一类爆款的笔记标题为"建议所有女生/女孩子把×××换成×××"，例如：

"建议所有女孩子把奶茶换成它！！！"

"建议所有女生把巧克力换成这个！！！"。

研究标题结构，就会发现这类标题带有非常强烈的个人情绪，并且内容都是把一种容易让人发胖的食物换成一种健康的食物，能引起用户好奇，从而吸引用户点击。

你在摸透了这类标题的底层逻辑后，就可以将其套用到其他领域，例如：

"建议所有女生都把沐浴露换成它！能省下上万元"

"建议所有女生都把背单词软件换成它！！！"。

所以，你在写标题时，可以模仿爆款笔记的标题的句式。

比如，在各种领域中都可以套用"请大数据把我推荐给×××（某个特定

的垂直人群)"。

"请大数据把我推荐给还不会化妆的女孩子"

"请大数据把我推荐给需要直角肩的姐妹"

"请大数据把我推荐给要考第一的人"

"请大数据把我推荐给最近需要搬家的姐妹"。

又如,对于家居或者好物"种草"类笔记来说,一种流行的标题为"我妈说,……"

"我妈说,我净买些奇怪玩意儿"

"我妈说,来我家后被这些东西惊呆了!!!"

"我妈说,这哪是普通人家的装修!"

"我妈说,就给你10w,随你怎么装吧,我也不管了"。

为什么要模仿爆款笔记的标题的句式呢?因为当对某一类话语体系非常熟悉的时候,人们再刷到同类标题时,会对这类内容带有一定的预期,默认这个博主也能提供同等价值的内容,因此会选择查看。

当某一类话语体系流行时,你就可以套用标题的句式。但如果这是某一个博主原创的标题,并且他是与你的创作领域相同的博主,你照搬或者模仿,就等同于抄袭。这是所有创作者在做内容时都要时刻注意的一点。

2. 植入高频关键词

我们在刷短视频时,如果刷到熟悉的背景音乐就会忍不住多看几秒,在逛街时在某家店里听到自己喜欢的歌时也会忍不住停留一会儿。

用户在刷小红书时也会这样,如果在标题中看到熟悉的词汇、熟悉的句式,也会忍不住点击。因此,我们经常能看到很多标题里的关键词是类似的、高度重复的,比如"救命""绝了""保姆级",还有很多博主会把当下流行的一些网络词语第一时间放到标题里,比如"YYDS""我真的会谢"。

一些关键词之所以能被反复使用，一定是因为在某种程度上引起了用户的某些情绪波动，或者戳中了用户的痛点、痒点、爽点。

你在创作内容时，要找到反复出现在爆款笔记中的高频关键词，研究这些词的作用，将其用到自己的笔记中。

那么如何找到高频关键词呢？每个博主都应该搭建一个爆款选题库和爆款标题库，当看到一些忍不住想点击的标题时，就把它们记录下来。日积月累，标题库中的爆款标题会越来越多。此外，在千瓜数据、新红等第三方平台上也能批量下载爆款笔记。

在收集了足够多的爆款标题后，该如何分析呢？

以"时间管理"为例，我在千瓜数据上下载了"时间管理"关键词下的前500篇爆款笔记，把标题复制到"微词云"中，如图4-23所示。

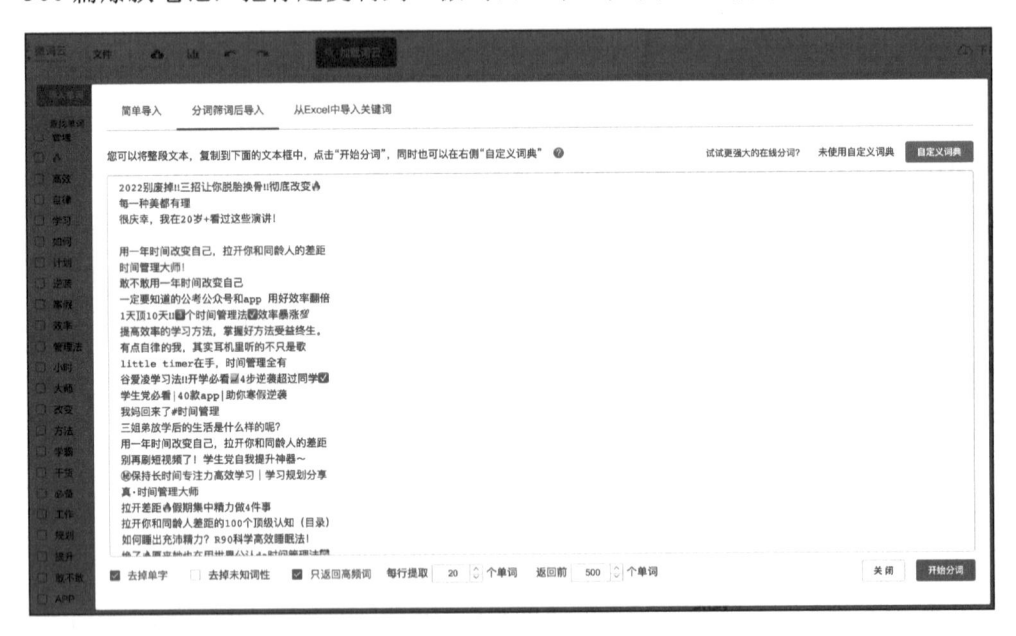

图 4-23

点击"开始分词"按钮，标题中的关键词就按词性自动分类，并且能看到每个关键词出现的次数，如图4-24所示。

第 4 章　内容：从 0 到 1 创作一篇受欢迎的笔记

图 4-24

在统计出高频关键词后，就可以把这些词记录下来，根据自己的账号调性和内容定位，筛选出适合自己的关键词，将其记录在自己的标题库中，之后在每次写标题的时候即可找到合适且受欢迎的关键词。比如，要想在标题里加入一些展现结果的词，就可以选择高频关键词中的"改变""逆袭""提升""脱胎换骨"等，要想加入一些强化情绪的词，就可以选择"一定""真的""绝了"等。

此外，还可以对关键词进行语义分析，分析哪些是表达情绪的、表达了怎样的情绪、哪些是戳中痛点的、哪些是网络流行热词等。

比如，"无痛""轻松""成功""暴涨""改变"这些词在与"时间管理"相关的笔记的标题中出现的频率较高，给人的第一印象是"速成""短平快""轻松改变"。

由此可以得出一些基本的判断：对时间管理这个话题感兴趣的人，普遍带有一定的焦虑，想要更快速、更高效的解决方案，因此不管是取标题还是做内容，都需要给他们立竿见影的实操方法和工具，才能满足他们的需求。

当然，这些基于关键词的判断不一定准确，你在创作内容时可以再查看标题对应的笔记，拆解笔记内容，做出更准确的判断。

3. 重复使用已有的爆款标题

你在运营了一段时间小红书账号，发布了一定数量的笔记后，要对已有的笔记进行数据分析。如果某类标题的效果一直都很不错，就可以重复使用类似的标题。

图 4-25 所示的美食账号，经常重复使用同一类爆款标题，几乎每篇笔记的数据都不错。比如，对于"快乐减脂！这玩意真心吃一辈子都不腻！！！"这个标题，博主只需要替换一下食谱和对应的封面即可重复使用。"再发一遍！真的太好吃了求你们去做！！！"这类标题也一直被重复使用。

(a)   (b)

图 4-25

这样的方式在小红书上特别常见，一旦找到自己的标题流量密码，只需要不断重复，就能收获源源不断的爆款笔记。

很多博主在做内容的时候有个误区，认为标题和封面不能重复，否则用户会产生审美疲劳。你要知道，小红书的推荐机制是将笔记推送到公共的流量池中，一篇笔记能否获得更多的曝光与账号的粉丝数并没有太大的关系。重复使用相同的标题，也许会给一部分人带来审美疲劳，但能形成个人特色，成为强烈的个人标签，反而更容易被人记住，从而形成差异化。

4.4 内容

4.4.1 利用3种笔记结构，写出一篇受欢迎的图文笔记

1. 以图为主，以文字为辅

小红书是一个极注重图片视觉的平台。很多笔记能火的原因之一就是图片吸引眼球，让人看完后忍不住点赞和收藏。

一些"种草"类、教程类图文笔记，需要用图片展现细节和步骤。图片中的信息足以给用户带来价值。这类笔记的正文文字可以不用太多，甚至只有几句话、几个话题标签即可。

（1）教程类图文笔记。图4-26所示为一篇美食教程类的图文笔记。博主用图片详细分享了制作美食的步骤，为每一个步骤都配了一张图片，用户看完后就能制作同款美食。

因此，教程类图文笔记的重点在于用图片展现详细的步骤。在这种场景中，文字作为辅助，可以不用特别啰唆，简单地描述这个美食多么好吃，或者附上文字版步骤即可。

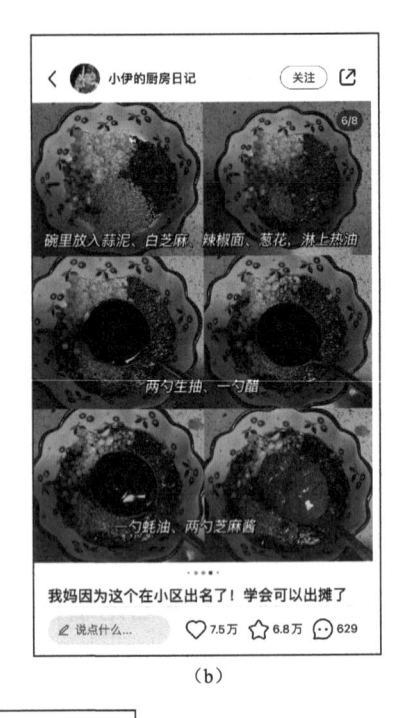

玩透小红书——素人博主从 0 到 1 实战手册

（a）　　　　　　　　　　　　　（b）

（c）

图 4-26

第 4 章　内容：从 0 到 1 创作一篇受欢迎的笔记

（2）"种草"类图文笔记。图 4-27 所示为一篇家居好物"种草"的图文笔记，图片中展现了家里的装饰和各种"高颜值"的家居好物，每一张图里都有很多小物件，图片呈现的信息量很大且图片非常好看，用户只看图片就已经获得了足够多的信息。于是，他们在评论区中求物品的购买链接、感叹博主超可爱的装修风格。

(a) 　　　　　　　　　　(b)

图 4-27

这类以图为主，以文字为辅的笔记正文的文字部分只是图片的补充，流量密码是极其吸睛的图片。因此，你在创作内容时，应该花更多的时间打磨图片，做到让图片为你说话、用图片传达信息。

2. 以文字为主，以图为辅

有一类图文笔记的图片传达的信息并不多，它主要用文字来传达作者的观点和价值观，很多图片只是随手拍的一张图或者网上的图。这类图文笔记需要在文字上下功夫，要想做出爆款笔记，就需要传达足够多的情绪价值和内容价值。

（1）传达情绪价值。你可以用极强的情绪价值引起用户的共鸣，或者对某个话题发表个人看法引起用户的讨论。这类图文笔记直接用文字表述观点即可，图片并不重要。

比如，如图4-28所示，博主发表了几句励志金句，虽然配了一张与主题无关的图，但是并不影响笔记成为爆款笔记。这类笔记的核心是选题本身有议论点，加上有极强故事感或画面感的文字，传达出强烈的情绪价值。

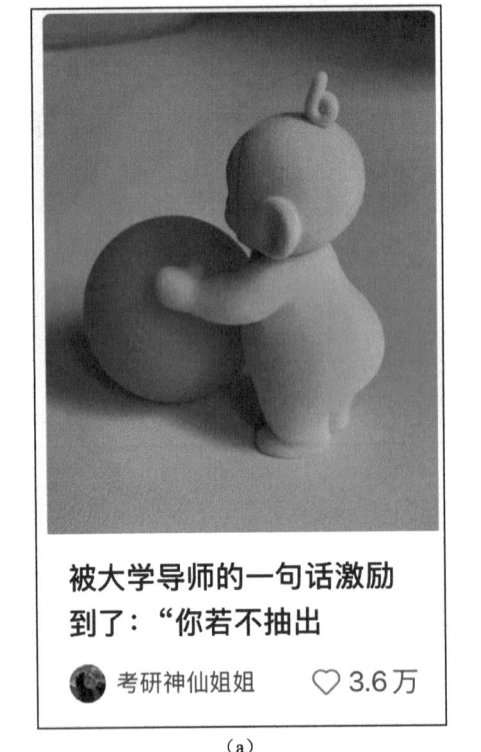

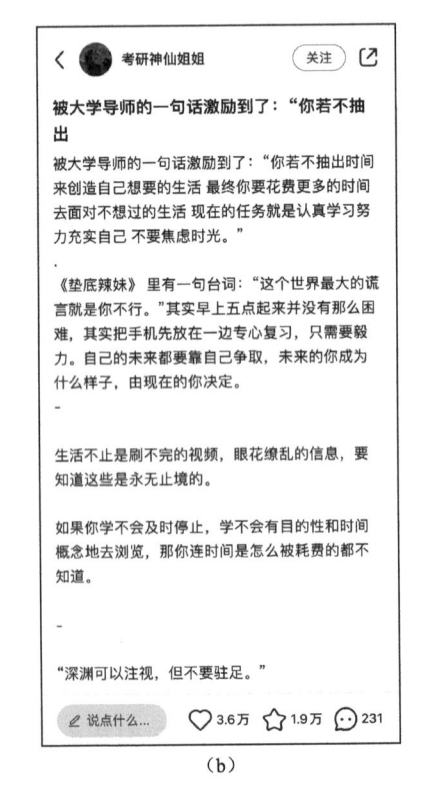

(a)　　　　　　　　　　(b)

图4-28

第 4 章　内容：从 0 到 1 创作一篇受欢迎的笔记

（2）传达内容价值。一些干货类、认知类的图文笔记，用文字就能传递足够多的信息，让用户看文字就有极强的获得感，因此不需要再用过多的图片作为辅助。

例如，图 4-29 所示的育儿笔记，只配了一个封面，博主用大量的文字分享了育儿干货。用户通过查看文字，就能解决某个育儿问题，获得某些育儿知识，文字部分的信息足以让用户感受到干货满满，从而让其点赞和收藏。

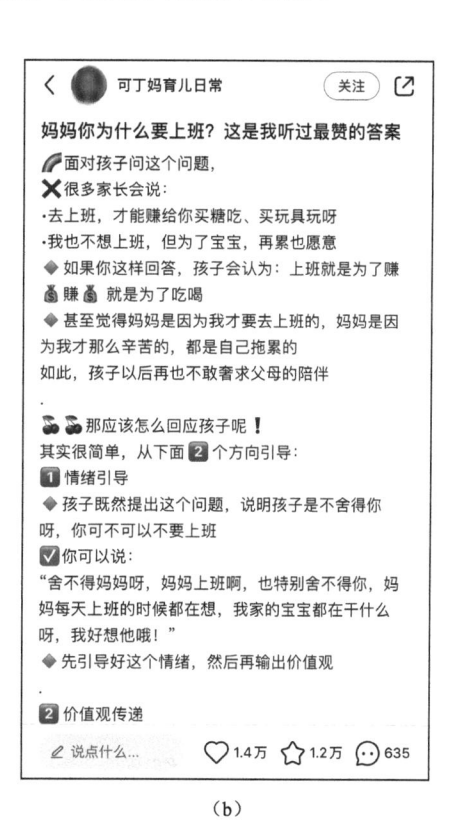

（a）　　　　　　　　　　（b）

图 4-29

（c）

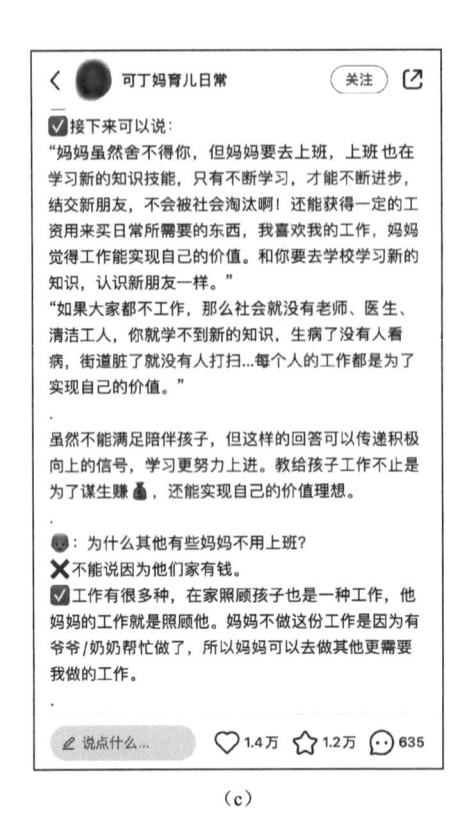

图 4-29（续）

3. 图片和文字相辅相成

有些笔记如果只看文字会比较抽象，特别是教程类笔记，配上图片来辅助解释文字内容，能让用户更清晰地理解信息。"种草"笔记的文字配上图片能让用户更直观地了解产品细节。

比如，图 4-30 所示为一篇分享如何做月计划的笔记。该笔记的文字部分描述了作者做月计划的心得，让用户感受到做计划的好处。该笔记的图片部分展示了月计划模板，用户可以参照模板做自己的月计划。

文字和图片相辅相成，互相补充说明。

第 4 章　内容：从 0 到 1 创作一篇受欢迎的笔记

(a)　　　　　　　　　　　　(b)

图 4-30

4. 正文排版的注意事项

（1）多换行。正文的排版是笔记的灵魂。如果打开一篇笔记，文字密密麻麻地挤在一起，没有换行，就会给人造成很大的阅读障碍。

用户的耐心是有限的，如果一篇笔记的阅读体验不佳，那么即使内容再好，用户也不会有耐心看下去。因此，不管是图文笔记还是视频笔记的正文，都应该多换行、多用短句。

（2）多空行。在写笔记的时候，如果文字太多、太密，那么可以用增加空行或者增大行间距的方法提高用户的阅读体验。把文字复制到小红书 App 中，用手机输入法的换行功能，即可实现空行。

（3）多用表情符号。小红书用户多为女性，用表情符号装饰正文，能提高

219

阅读的趣味性。表情符号在一定程度上还能让排版更美观。用数字表情符号做段落序号，或者用一些色彩丰富的表情符号做小标题，能让人感觉很舒服，阅读起来更流畅，如图 4-31 所示。

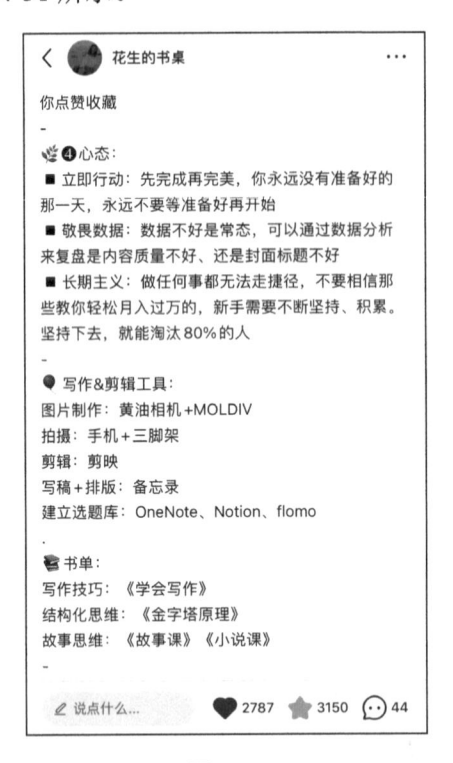

图 4-31

小红书的手机端和电脑端只能输入小红书自带的红薯表情包，其他表情符号需要用手机输入法输入。下载搜狗输入法、讯飞输入法、百度输入法等第三方输入法，点击表情符号按钮，就可以找到各种表情符号。

4.4.2 使用经典的三段式视频脚本结构，提高视频完播率

1. 开头：用5个方法提高留存率

（1）提出问题，引起好奇。用问题开头，是短视频中最常见的方式。人们

总是会对问题充满好奇。提出一些戳人痛点的问题，能引起人们的好奇。想知道问题答案的人，就会选择继续看下去。

常见的提问有以下几种结构。

① 痛点问题+解决方案。提出一个目标用户经常会遇到的问题，通过问题来戳痛点，从而吸引观看。在提出这类问题后，一般在开头会紧跟着一个解决方案，告诉用户能帮他轻松地解决这些问题，吸引他看下去。例如：

提问："妈妈，我想玩手机！你是怎么处理这个问题的？是看心情还是看表现？"

解决方案："今天我教大家几招应对孩子想玩手机这个问题，培养一个自律的孩子。"

提问："时间不够用如何规划？每天忙得不可开交的你如何重新掌控节奏？"

解决方案："这本书给出了最好的答案。"

② 观点问题+自问自答。在开头提出一个吸引人的问题，紧接着自问自答，直接说出自己的观点或故事。例如：

提问："20多岁的女孩把钱都花在学习上，能有什么收获呢？"

自问自答："我是一个出身普通的姑娘，一步一步把自己的梦想实现了。我觉得我做得最正确的决定是，舍得在学习上花钱。"

③ 问题+成绩背书+解决方案。还有一类视频的开头，在抛出问题后，给出一些让人羡慕的成果，用一些带有"痒点"的成绩来吸引用户，随后给出针对这个问题的解决方案，并且这类解决方案都提供了捷径，通常让人看完后觉得他也能轻松实现。例如：

提问："你敢不敢和我一起用一年的时间改变自己？"

成绩背书：

"我曾用一年的时间从班级中等到考上复旦大学；

我曾用一年的时间将绩点升至3.8，成功拿到保研名额；

我曾用一年的时间实现小红书粉丝 40 万个的突破；

我曾用一年的时间从一个什么都不懂的理财小白到月收益几万元。"

解决方案：

"这个世界上最傻的事莫过于宁愿忍受几十年的不快乐，却不愿意花一年时间奋发图强改变人生。这期视频我将从时间管理、任务管理、目标管理三个维度，分别分享能在短期内让一个人快速改变的有效方法。"

（2）描述场景，引起共鸣。很多人在刷短视频的时候，如果视频开头讲述的事情是他们感兴趣的，他们就会多看一会儿。因此，视频的开头可以用场景描述的方式，描述出用户正在经历的事，从而让他感兴趣，让他看完。

① 引起情绪波动。通过场景描述出多数人正在犯的错误、认知的误区，从而引起用户的情绪波动。这时，用户就想知道为什么作者会这么说，更想知道在遇到这些问题时该怎么解决。例如：

"新手在学化妆时，为什么化妆步骤、化妆品都与博主一样，最终效果却和博主差别非常大？"

"如果你还在给孩子看这几部动画片，请立刻停止！"

这类笔记需要用一些强有力的情绪词来吸引用户的注意力，情绪表达得越强烈，越能戳中用户的痛点。

② 拆摄像头。还有一类场景描述更详细、更生动，像与朋友对话一样，描述大家正在遇到的痛点问题。例如：

"我在一所很普通的大学上学，我感觉我的大学很一般、师资水平很一般、科研水平也很一般、同学的水平不怎么样，每年毕业生的去向感觉也就是那个样子，在这种情况下我到底该怎么办？"

"90%的新手在写文章的时候都会遇到这样的问题：在每次写文章时，总是恨自己读书太少。在想用素材案例的时候，抓破脑袋也想不出来。"

这类笔记因为处处都戳中了用户的痛点，对每一个细节都描述得非常准确，能够引起很多人的共鸣，所以通常被网友调侃："你在我家安装了监控吗？"

在描述完痛点后，如果是一篇解决问题的笔记，那么一般会紧跟着对应问题的解决方案，比如：

痛点描述："在上学时没化过妆或者刚开始学化妆，画出来的总是这种无效妆容。"

解决方案："今天这个新手万能化妆公式，教你们如何改头换面，教你们如何从小透明变得让人惊艳。给你们看我整理的，全都是精华，我把它放到视频最后，看完赶紧截屏保存。"

（3）用故事引入，引起好奇。比起讲大道理，故事往往更能留住人。用带有一定情节的故事作为视频开头，在故事中融入一些让人好奇的经历或让人羡慕的成果，往往能吸引观众留下来把视频看完。例如：

"我刚面试完出来吃饭，感觉这次又要拿 offer 了。那个岗位工资写着 10K，我谈到了 15K，面试官当场就加了我的微信。真的，这套面试话术真的太牛了！"

在这条视频的开头，博主讲述了自己面试的故事，故事中"岗位工资写着 10K，我谈到了 15K，面试官当场就加了我的微信"这一细节非常容易引起观众的好奇，让观众听完这个故事就想知道她是如何做到的。

把这样的故事放在开头，往往能比生硬地介绍面试干货更生动且更有说服力。故事可以是真人故事、朋友的故事，也可以是热点事件、热播影视剧、综艺节目里的故事。

（4）开门见山，直入主题。与抖音、微信视频号等平台不同的是，小红书里的视频笔记不会被直接推送到用户面前。用户需要通过一篇视频笔记的封面和标题判断是否对它感兴趣，从而选择是否点击观看。

一篇视频笔记通过封面和标题已经向用户传达了选题主旨，用户在打开视频前就对内容有了预期。因此，在创作视频时，可以在开头开门见山、直奔主题，减少过多的前缀和铺垫，直接讲述今天分享的内容，反而会节省用户的时间。

常见的直入主题的开头分为以下几种。

① 直接分享观点。你可以直接讲述对一个事件、一件物品的观点，吸引持有相同或相反观点的人看下去，例如：

"听我一句劝，厨房里这三种东西千万别买。"

② 直接分享主题。对于挑战类的内容，你可以直接讲述今天的挑战任务，例如：

"挑战180天，跟闺蜜赚100万！我们裸辞了！"

"挑战10元做晚餐之第18天。"

对于话题类的内容，你可以直接讲述今天分享的话题，例如：

"只需要三种材料，就可以做好吃到舔手指的薯饼。"

"这个方法可以保证你100%完成制订的计划，超级好用。"

"哈喽，大家好，今天想和大家分享的是四月我家阳台上开出的第一批月季。"

"大家都居家办公了吧，最近孩子也不用去上学了，今天分享6个App，帮助你在家轻松带娃。"

（5）发布行动指令，吸引驻足。人们在刷短视频的时候，耐心是有限的，如果开头不吸引人，视频笔记很可能就会被立即滑走。你可以在视频笔记的开头加入一些带有情绪色彩的句子引起好奇，提高完播率。例如：

"姐妹们，我淘到宝了！"

"刷到的人，请立刻停止做这三件事，否则你的人生会越来越糟。"

"千万不要滑走，这是一条干到不能再干的视频。"

"首先给看到这条视频的你鼓掌，因为我帮你省去了超贵的咨询费。"

2. 正文

一篇视频笔记的正文结构多为以下两种。

（1）并列式。并列式结构是视频脚本中最常见的一种结构，在干货合集、"种草"合集、攻略类笔记中特别常见。将多个角度的内容组成一条视频，能增加信息量。

在并列式结构中，任何一个部分互换位置都不影响对整体内容的理解。例如：

方法类笔记：方法1、方法2、方法3。

种草类笔记：好物1、好物2、好物3。

攻略类笔记：景点1、景点2、景点3。

观点类笔记：观点1、观点2、观点3。

（2）递进式。递进式结构有一定的逻辑顺序。顺序一般不能互换。例如：

按照步骤的先后顺序：第一步、第二步、第三步。

按照时间的先后顺序：早上、中午、晚上。

按照阶段的先后顺序：新手期、成长期、成熟期。

3. 结尾：用4个方法提高互动率

视频的结尾一般有以下几种结构。

（1）总结观点，加深记忆。在视频的结尾可以总结一下这条视频讲了什么，这样能让用户的印象更深刻。例如：

"以上5个步骤你们记住了吗？费曼学习法一度被称为全世界最好用的学习方法，赶紧用起来吧！"

（2）金句升华，明确立意。结尾用金句升华，正是运用了著名的"峰终定律"。"峰终定律"是诺贝尔经济学奖获得者丹尼尔·卡尼曼提出的，是指如果在一段体验的高峰和结尾阶段，人的体验感是愉悦的，那么对整段体验的感受也是愉悦的。

用户即便无法记住整条视频的全部内容，但在看视频结尾时体验感极佳，那么对整条视频也会感到体验极佳，从而会产生点赞、收藏、评论等互动行为。

在通常情况下，用一句金句或者一个升华的观点结尾，能够明确立意，引起用户的情绪波动，从而让用户获得更好的体验。例如：

升华的观点："最好的投资是投资自己，投资其他可能涨，也可能跌，但精进学习，把时间、精力、金钱投到自己身上，可以把自己变成一只潜力股，人生越投越有，越投越好。"（来自博主"陈诗远"的笔记《这些年花得最不心疼的钱，是用在投资自己上》）

名人的金句："奥地利哲学家维特根斯坦说，语言的边界就是思想的边界，所以一个口才好的人一开口就赢了，千万不要让我们的思想被语言的表达限制住，为我们的思想和语言一起走得很远而点赞。"（来自博主"李筱懿"的笔记《不要让你的思想，被语言限制》）

热门影视剧中的金句："《三十而已》中顾佳说，当妈是一场修行。很庆幸，我可以跟孩子一起努力、学习、成长，开启一场没有终点的修行之旅。"（来自博主"沐妈的晓沐屋"的笔记《5：30自律早起做副业｜没想到会有这样的收获》）

（3）美好祝愿，调动情绪。在视频的结尾给出美好的祝愿，能调动看视频的观众的情绪，让他们有更好的观看体验，从而产生进一步的点赞、收藏、评论等互动行为。例如：

"大家赶紧收藏起来，跟着视频一起练起来，相信你很快也会瘦掉小肚子"

"听说点赞的宝宝今年都能发大财哦。"

（4）发布行动指令，埋设钩子。还有一种结尾号召用户点赞、关注，或者预告下一次分享什么内容，用埋设钩子的方式给用户期待感，从而增加转粉率。

① 发布行动指令，引导互动。如果用户在看完一条视频后仅仅点赞、收藏，那么过一段时间就会忘记，如果更进一步地评论、发弹幕，有了更花费时间的举动，那么记住这条视频的概率会更大。因此，在视频结尾可以发布一些行动指令，让用户转发给指定的人，在评论区中留言。例如：

"好了，下期告诉你面试有哪些加分细节，做好了当场拿offer。还没找到好工作的可以在评论区中许愿，很灵哦。"（来自"大眼不吃糖"的笔记《又拿offer了！10个面试回答，竟然涨薪50%》）

"还不赶快@你的恋爱脑的朋友们一起看,谈恋爱不一定有好结果。但是把时间花在学习上,一定会给你正向反馈,到时候什么985、211全部都能被你拿下。我是你的北北,关注我解锁更多干货,我们下期再见。"(来自博主"张北冥"的笔记《用恋爱脑学习也太神了!|快速逆袭》)

② 发布下期预告,引导关注。在一般的情况下,能看到视频最后的人,一定对这条视频感兴趣,或者对这个博主感兴趣,因此可以在视频结尾发布这个系列内容的预告。如果用户对这类内容感兴趣,就会因为不想错过而关注你。这样就提高了转粉率。例如:

"口播视频的开头文案该怎么写才能吸引别人看下去?正文的结构和模板有哪些?结尾该怎么写?我拆解了几十篇爆款视频笔记的脚本文案后,总结出几类万能的文案模板,点赞和关注,下次分享!"

③ 采用多个动作组合。多个动作组合是指在引导用户点赞、评论、互动的同时,调动用户的情绪。这样能让看完视频的人在情绪波动的同时,身体也在行动。例如:

"以上三件事,请在公屏上告诉我,你中了几个。2022年都过去1/3了,戒掉这些阻止自己前进的,给自己一次机会,彻底改变一次。相信自己可以的,就点赞,给我,也给你自己鼓鼓劲吧。"(来自博主"三多同学"的笔记《2022已过半!想要逆风翻盘必须停止做这三件事》)

以上的三段式视频结构适用于多数视频,但这不是固定的模板,你可以根据选题灵活调整。

4.5 关键词

在小红书上,一篇笔记获得曝光主要依靠算法推荐与用户搜索。

首先,小红书的笔记是由千人千面的算法推荐的。算法会根据笔记里的关键词,将这篇笔记推荐给可能对这个话题感兴趣的人。因此,要想笔记被推荐给对它感兴趣的人,就要尽量在内容中布局关键词,让算法能准确识别内容可能与什么相关,准确地给笔记打上标签,将其推荐给精准用户。

其次,一篇笔记在小红书上获得曝光,还有一条很重要的路径:用户通过关键词搜索,查找精准的内容。"搜索"这个动作,是小红书用户特有的习惯。用户会把小红书当成搜索引擎,用它搜索各种攻略、教程。

因此,要想一篇笔记获得更多的曝光,就要在笔记的标题和正文里布局关键词和话题标签,提高被搜索到的可能性。

4.5.1 如何找到与内容匹配的关键词

1. 用户行为习惯倒推

用户行为习惯倒推,指的是设想用户在遇到什么问题时会对这篇笔记感兴趣,会搜索什么关键词来解决这个问题,由此倒推出应该在笔记中植入哪些关键词。

如何更高效地判断用户会搜索什么关键词呢?你可以用长尾词工具搜索与笔记相关的关键词,根据关键词下的高频需求词,结合笔记内容,倒推出用户可能有的行为习惯。比如,减脂餐下的高频需求词有"做法""食谱""一周""晚餐""鸡胸肉""好吃"等,那么你就可以在笔记正文的开头这样写:鸡胸肉怎么做才能好吃?今天的一周食谱系列,为大家分享鸡胸肉减脂餐的做法,减脂期晚餐必备,在宿舍、在家一人食也能轻松搞定!

这样在笔记中就植入了减脂餐关键词下的各种高频需求词。用户在搜索这些关键词的时候,就有更大的概率搜到你的笔记。

2. 在平台热榜与第三方工具的榜单中找关键词

点击"创作中心"打开"灵感笔记"页面。这是小红书官方推出的热门话题功能,在这里可以看到各个领域里平台推荐的热门话题。你可以把合适的话题词植入笔记的正文中。此外，在一些第三方工具的（例如千瓜数据、新红）榜单里可以查看各领域的热词，将这些词与自己的笔记相匹配，也可以找到合适的词植入笔记中。千瓜数据的热词榜单如图 4-32 所示。

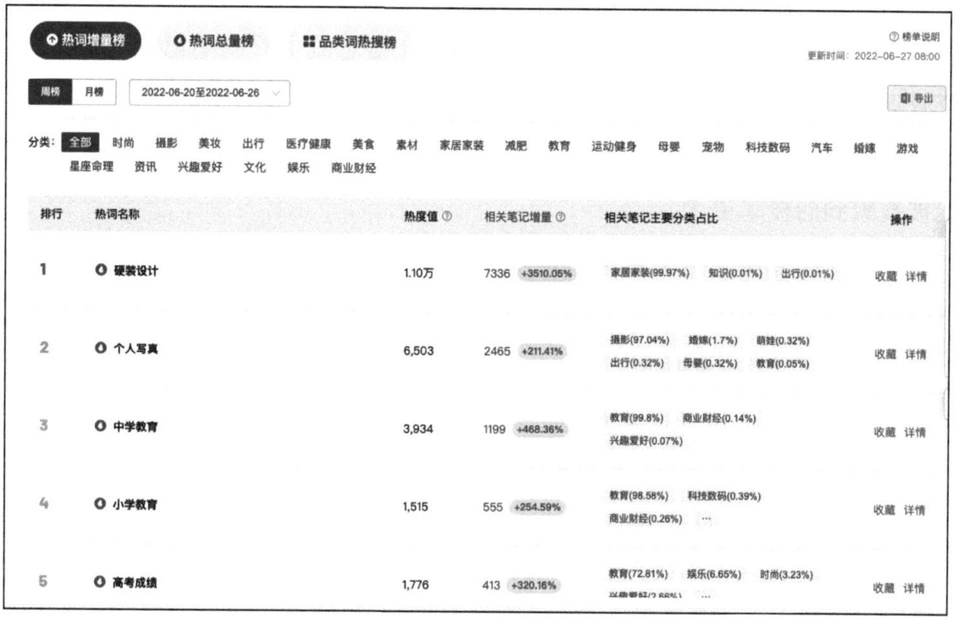

图 4-32

短期增量较多的热词，往往是伴随着一定的热点事件或者时间节点，用户迫切想要搜索的一些需求词。第一时间将热词植入笔记中，能抢占一定的搜索流量。

3. 参考同类选题添加的关键词

对于新手来说，如果无法判断哪些关键词适合自己，那么可以查看同类选题的爆款笔记，参考它们添加了哪些关键词，挑选一些合适的关键词添加到自己的笔记里。

当还没有弄清楚平台规则，还没有研究明白什么关键词被搜索的概率更大时，最高效的方法就是参考已经成功的笔记和账号。

4.5.2 如何布局关键词让你的笔记多一些曝光

1. 在标题中加入关键词

在标题中加入关键词有以下两个好处。

首先，能让对这个关键词感兴趣的用户在信息流中看到笔记时，打开笔记查看详情。

其次，标题中如果带有精准的关键词，那么用户在搜索关键词的时候，笔记被搜索到的概率更大。

如何在标题中植入关键词？可以将关键词与数字、网络词、情绪词、人群相结合。

方法一：数字+关键词，例如：

"无废话总结！9款眼霜红榜！实打实好用！"

"耳环分享！3家店铺10款饰品，小众高级不撞款"。

方法二：网络词+关键词，例如：

"我真的会谢！这款鸡胸肉太好吃了！绝绝子！"

"华为相机YYDS！单反模式参数你学会了吗"。

方法三：情绪词+关键词，例如：

"我不允许有人不知道这款水光仪！赶紧给我入手"

"绝了！这个计时器太好用了！"。

方法四：人群+关键词，例如：

"学生必备的洗面奶，便宜大碗不伤皮肤！"

"全职妈妈自律｜25个一学就会的时间管理技巧"。

此外，对于测评类笔记来说，可以把热门的品牌词植入封面中。用户在搜索关键词后如果看到各个品牌的名称和对比图，就有更大概率打开笔记查看详情。

比如，我的一篇笔记《测评：Apple Pencil vs 电容笔，哪个更好用？》的观众中有49%是通过搜索发现的这篇笔记，如图4-33所示。这个数据是很高的。

第 4 章　内容：从 0 到 1 创作一篇受欢迎的笔记

在没有广告投放的情况下，这篇笔记获得了长达一年的长尾流量，经常有新增的互动数据。

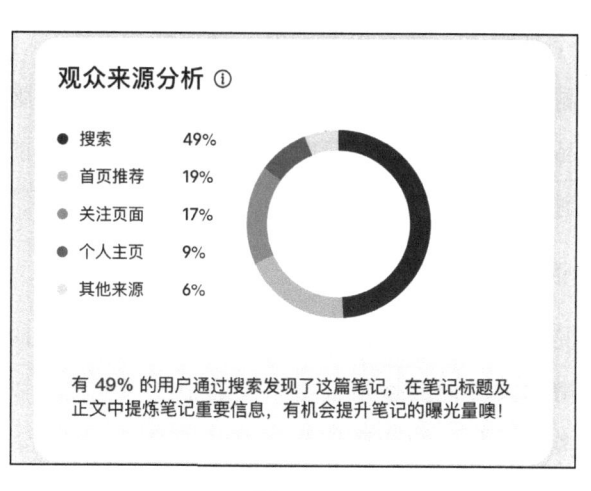

观众来源分析
- 搜索　49%
- 首页推荐　19%
- 关注页面　17%
- 个人主页　9%
- 其他来源　6%

有 49% 的用户通过搜索发现了这篇笔记，在笔记标题及正文中提炼笔记重要信息，有机会提升笔记的曝光量噢！

图 4-33

我在标题中植入了 Apple Pencil 和电容笔这两个关键词，这两个关键词几乎是给 iPad 配置笔的用户都要搜索的关键词，如图 4-34 所示。同时，我也把多个品牌的名称标注在封面中，从而让不知道购买哪个品牌产品的用户立刻打开笔记看测评。

2. 在正文中布局关键词

在开头、中间、结尾中都出现关键词，能增加关键词的密度。比如，我的笔记《测评：Apple Pencil vs 电容笔，哪个更好用？》在正文开头写了：

"平替电容笔和 Apple Pencil 有什么区别？各种电容笔之间又有什么区别？今天就来做一

图 4-34

期 iPad 电容笔测评"。

这三句话中包括了关键词"平替""电容笔""Apple Pencil""iPad"，涵盖了 iPad 电容笔这个品类下大部分用户可能会搜索的词。

此外，对于测评类笔记来说，可以在正文中植入多个品牌名称，只要用户搜索其中的一个品牌名称，这篇笔记就有可能出现在用户面前，这样就大大地提高了笔记被搜到的概率。

3. 在结尾的话题标签中布局关键词

在一般的情况下，在一篇笔记的结尾中可以用话题标签的形式植入与笔记相关的关键词，增加关键词的搜索权重。一篇小红书笔记可以添加无数个话题标签，因此可以多添加热门的话题标签、领域关键词、官方活动话题词等，让一篇笔记中尽量包括更多的关键词。

第5章 运营：提高数据必备的运营技巧

5.1 用3个运营技巧提高笔记的互动率

很多人在发布笔记后会有这样的困惑：为什么那些人只点赞、收藏，在评论区中根本没有人留言呢？为什么只有点赞、收藏却没有人关注我呢？为什么别的博主的评论区中那么热闹，每次都有人讨论，他们是怎么做到的呢？

其实，有很多运营学问。你在写文案时、拍摄图片时、发布笔记后，都可以使用很多运营手段，提高一篇笔记的互动率，从而提高笔记的流量与转化率。

5.1.1 在笔记中埋"钩子"

1. 设置问题引导用户评论

用户在浏览笔记时往往处于放空、休闲的状态，如果一篇笔记平平淡淡地结束，用户没有任何情绪起伏，那么自然不会进行互动。

你可以在笔记中添加一些问题引导用户评论。

推荐类问题：我买的锅铲太难用了，大家有什么好用的锅铲可以介绍给我吗？

投票类问题：我今天的这几套穿搭，你们最喜欢哪一套？可以发序号。

疑问类问题：大家还想看哪个牌子的扫地机器人测评？欢迎在评论区中告诉我。

作业类问题：在今天的这个棋盘上，左边的黑棋怎么打吃白棋呢？把你的答案写在评论区中。

争议类问题：大家觉得到底是学历重要，还是能力重要呢？

许愿类问题：大家在评论区中留言"过过过"，许愿今年英语四级考试一定通过！

给用户具体的问题，能引起用户评论的兴趣，同时很多人也会去评论区中寻找答案，甚至与别人进行互动，从而提高笔记的互动率。

2. 设置争议话题与画面

在视频里故意说错一个词语，故意设计一些有争议、有讨论度的画面，都能激发用户的表达欲，促使他们评论或者发弹幕。

我在一篇播放量为90万次的爆款视频笔记《学习型iPad，学生党平替配件 | 生产力App》的开头设置了一个有争议且戳痛点的话题"iPad买来后真的只能用来看爱奇艺吗？"，但是视频里却故意展示了腾讯视频的热门节目画面，于是就引发了一次争议。观众在评论区中纷纷留言"你看的明明是腾讯视频"。

画面与文案有了冲突，就会带来争议，于是就有了互动。同时，在视频中选取的画面都是当时全网热度最高的影视剧或综艺节目的画面，有热度就有观众，有观众就能引起共鸣，有共鸣就会有互动。于是，我的这个系列笔记每次都用相同的问句作为开头，并且画面都会换成当下最流行的热播剧名场面。每次这类视频发布后，都能引发一次讨论。

同理，你还可以在画面中设计一些有争议的动作，比如在说话的时候手里拿着薯片准备吃，但每次准备吃的时候都在说话。这就会让用户产生讨论："手里的薯片到底吃不吃"。

因此，要想提高评论数和弹幕数，就要刻意设置一些问题，设计有争议的场景引起用户讨论。

当然，这些争议点一定要是符合主流价值观的正向争议，不能为了博眼球说一些出格的话、做一些出格的行为。

5.1.2 在弹幕中引导

1. 设置指令引导观众发弹幕

除了引导评论，你还可以设置一些简单的指令引导观众发弹幕。

场景认同类：总是三分钟热度、间歇性打鸡血、持续性颓废，有相同情况的请扣1。

留言许愿类：请把你理想中的大学发在弹幕上许愿、请把"成功上岸"打在弹幕上。

情绪感召类：2022年，想跟我一起改变的，把"我要变富"打在弹幕上。

预告提示类：我最近买了很多减肥期间也能吃的小零食，想看测评的扣"想看"，想看详细教程的扣"1"，下次分享。

用户在观看视频的时候，视频上方的弹幕往往能影响他的情绪，影响他的观看体验。

2. 发弹幕引导观众跟着发弹幕

当你在视频中用声音或字幕引导观众发弹幕后，可以用自己的账号先发弹幕，连续多发几条。这样，观众在看视频时，会跟着发弹幕。

对于一篇干货笔记，在视频开头的前10秒，你可以用自己的账号发引导收藏的弹幕，比如"先收藏了""进我的收藏夹吃灰吧"。

观众看不到弹幕是谁发的，所以创作者可以假装观众，发一些弹幕来引导看视频的观众做出同样的行动。

5.1.3 在评论区中多互动

1. 回复用户的留言

在推荐机制中，评论数是一个很重要的互动指标。因此在发布笔记后，如果有人在笔记下面留言，你就要尽量回复。当然，在某些情况下，可以暂时不回复留言。

如果有很多用户问同一个问题，比如问某某好物的购买链接、笔记中的某一个工具叫什么名字、某一部电影在什么平台上可以看，对这类问题的留言可以先不回复，因为如果有人也有同样的困惑，在看到问题还没有得到解答时，就会问同样的问题。你一旦回复了，有同样问题的人就不会再评论了。所以，你可以等待一段时间，等半天或者一天再回复，这样能够保证评论区中不断有新的互动。

2. 用评论引起好奇

用评论引起好奇是指，在评论区中留下一些与笔记内容强相关的问题，让别人在看评论区的时候对这个问题产生好奇，从而返回去看笔记正文或者把没看完的视频看完。

比如，我在视频笔记《干货！如何写读书笔记？高效笔记模板》中分享了几个做读书笔记的方法。我是如何用评论提高视频的观看数的呢？

我挑选了视频中的某一个方法，用一个账号在评论区中留言"那个标签颜色的方法学到了"。看到这条留言的人就会好奇说的是哪一个方法，便会点击视频查看详细内容，如图 5-1 所示。

评论区中提到的标签颜色的方法，需要视频播放到中间的时候才会出现，那么对这个方法好奇的人就要把视频看完至少一半才能解答内心的疑惑，这在一定程度上能提高视频的完播率。

第5章 运营：提高数据必备的运营技巧

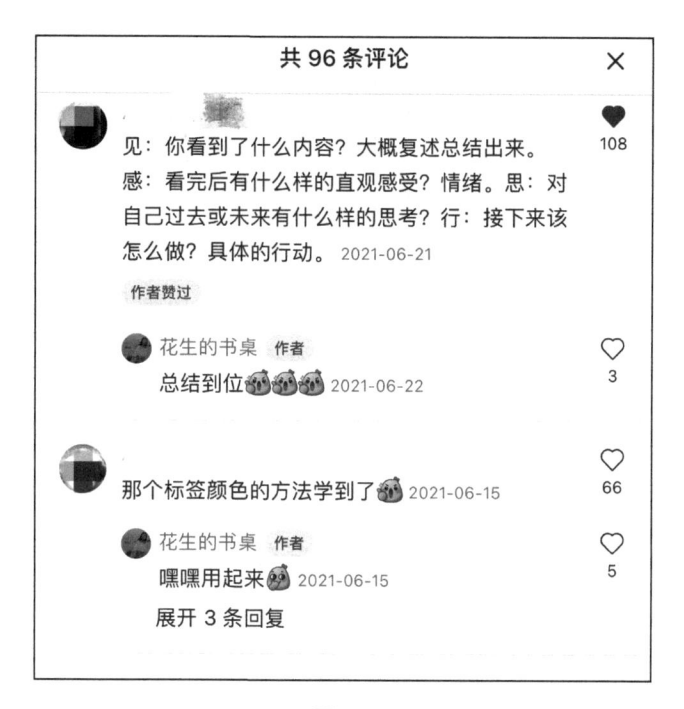

```
共 96 条评论                                    ×

见：你看到了什么内容？大概复述总结出来。        ♥
感：看完后有什么样的直观感受？情绪。思：对      108
自己过去或未来有什么样的思考？行：接下来该
怎么做？具体的行动。 2021-06-21
作者赞过

    花生的书桌   作者                           ♥
    总结到位🐼🐼🐼 2021-06-22                    3


那个标签颜色的方法学到了🐼 2021-06-15          ♥
                                              66

    花生的书桌   作者                           ♥
    嘿嘿用起来🐼 2021-06-15                     5
    展开 3 条回复
```

图 5-1

因此，要想提高视频笔记的完播率或者引起更多的讨论，就可以在评论区中设置引起好奇的问题，让用户通过点击视频来查找答案。

3. 在评论中添加"诱饵"

在评论中添加"诱饵"，是指对于在视频中讲得不完整的内容，可以在评论区中激发大家对这个内容的兴趣，引导更多的人留言希望看后续的内容。比如，我在某一篇笔记中分享了一张 iPad 桌面组件图片，有用户在评论区中问桌面组件怎么布置。我没有回复布置的方法，也没有让用户搜索相关的笔记查看教程，而是回复"以后推出一期视频吧，比较方便演示（如果大家想看的话）"，如图 5-2 所示。

在回复这个问题后，有很多人留言"想看"，互动效果非常好。于是，这篇笔记的整体互动数据又提高了。同时，想第一时间看后续教程的人，就会选择关注我，转粉率也提高了，一条评论达到了多重效果。

当有人在评论区问一些视频中讲得不完整的问题时，可以用这样的回复设置"诱饵"，引导观众互动，让感兴趣的人对你有所期待。

4. 用评论引导用户访问主页

在笔记发布后，你可以根据笔记的热度在评论区中做一些运营动作引导用户访问主页。最常见的就是在评论区中回复"这是什么宝藏博主，进了主页后就出不来了"。博主可以用创作领域的关键词替换内容。

在美食笔记的评论区中可以留言"这是什么宝藏博主，主页全是好吃的，进去后就出不来了"。

图 5-2

在分享 App 的笔记的评论区中可以留言"千万别进入博主的主页，逛了一圈全是宝藏，手机内存不够用了"。

在分享书单的笔记的评论区中可以留言"这是什么宝藏博主，主页全是好书，进去后购物车就满了"。

留言可以是用户的自发留言（如图 5-3 所示），也可以是博主自导自演的留言（如图 5-4 所示），作用都是相同的。

第 5 章　运营：提高数据必备的运营技巧

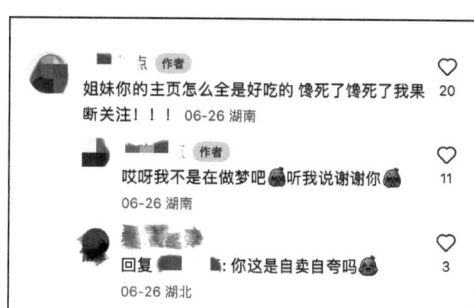

图 5-3

图 5-4

用户在看到留言后，会产生从众心理和厌恶损失的心理，出于好奇，便会进入博主的主页查看更多笔记，这样就能提高转粉率。

除此之外，你如果在这篇笔记中发布了下期预告，等下次发布笔记后，就可以回到这篇笔记的评论区中告诉用户笔记已更新，可以前往主页查看。比如，我在图 5-5 所示的这篇笔记的评论区中预告了下次分享如何布置 iPad 桌面的教程，在教程笔记发布后，第一时间在这篇笔记的评论区中留言并将其置顶，引导用户进入主页查看最新的笔记。

总之，一篇笔记不只由封面、标题与正文组成，评论区也是笔记的一部分。很多时候用户情绪的波动、争议的产生，都来自评论区。

运营好评论区，能大大增加笔记的浏览时长、互动率和账号的转粉率。

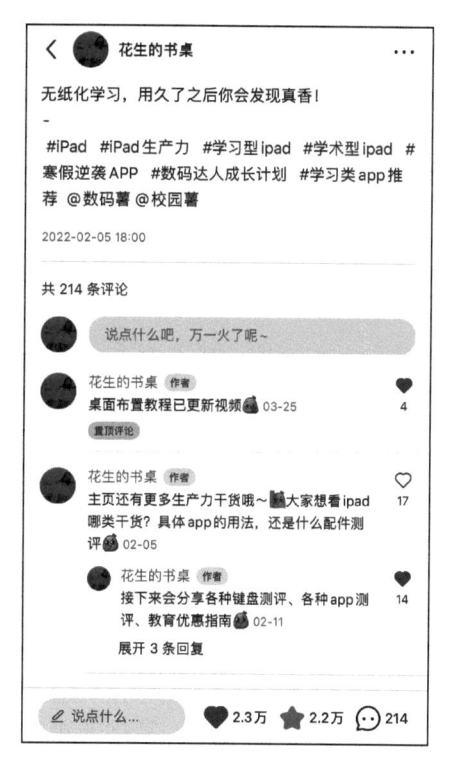

图 5-5

5.2 使用两个复盘方法，优化内容，持续做出爆款笔记

5.2.1 用一张数据分析复盘表，让运营力提升多倍

在一篇笔记发布后，除了在评论区中进行一些互动，你还要观察笔记的阅读量和互动数据，进行复盘总结，从而修改这篇笔记的细节或者从中吸取经验，将其用到下一篇笔记中。

复盘是围棋术语，指的是下完一盘棋后，重新把棋盘上的对弈过程演绎一遍，看看哪些地方下得好，哪些地方下得不好，哪些地方可以做得更好。把对弈过程还原并且进行分析的过程就叫复盘。

你要把复盘思维带入内容创作中，在发布一篇笔记后，需要根据阅读量、点赞数、收藏数等，分析这篇笔记的封面、标题、正文等有哪些做得好，有哪些做得不好，思考哪些因素导致这篇笔记的阅读量高，哪些因素影响了点赞数和收藏数。

除此之外，整个账号也应该有固定的复盘周期，以周、月为单位，复盘近期的更新数量、互动数据，根据数据和复盘情况及时调整运营方向，以免在同一个问题上反复犯错，停滞不前。

1. 对笔记的数据进行复盘

在发布一篇笔记后，你应该在一周内对笔记的数据进行复盘。复盘的步骤为记录数据、分析原因、总结经验。

（1）记录数据。复盘的第一步是，记录笔记的基本数据，包括阅读量、点赞数、收藏数、评论数、阅读量和点赞数的比值，以及单篇笔记的涨粉数，将这些记录在表 5-1 中。

表 5-1

复盘维度	数据记录
阅读量	
点赞数	
收藏数	
评论数	
阅读量和点赞数的比值	
涨粉数	

（2）分析数据。在记录完笔记的数据后，你要分析得到这些数据的原因。

① 阅读量。阅读量是在笔记封面左下角出现的数字。这个数字在博主的圈子中被称为"小眼睛"。

阅读量低的原因是没有人在发现页点击笔记，没有人点击说明用户对封面或者标题不感兴趣。这时，你要分析选题的角度是不是用户感兴趣的，平台上的同类选题都是怎么写的、切入角度是什么、是戳中了人们的痛点、痒点还是爽点？

同时，你要把自己的封面和标题与爆款笔记的封面和标题进行对比，分析对方的封面中有哪些元素、标题中有哪些关键词，然后反思自己的封面是不是冲击力不够、标题的吸引力是不是不够。

② 点赞数和收藏数。笔记的阅读量取决于封面和标题是否吸引人。点赞数和收藏数取决于内容质量是否被认可。

如果笔记的点赞数大于收藏数，那么说明这篇笔记的情绪价值更高。

如果笔记的收藏数大于点赞数，那么说明这篇笔记的实用属性更强。

根据我的实践经验，如果笔记的收藏数远大于点赞数，那么说明用户觉得内容很实用，这篇笔记在一定的时间里会有持续的流量，但流量能持续多久，没有明确的规律。在一般情况下，笔记的流量在一周后会持续下降，但也有很多笔记的长尾流量一直很高，比如我的一篇关于如何搜索写作素材的视频笔记，在发布后的一年多里一直被点赞和收藏。

当然，如果你发布的是一篇偏娱乐的笔记，那么收藏数一定会远低于点赞数。这时你可以不用参考这两个数据指标。但如果你发布的是一篇干货笔记，在发布后收藏数远低于点赞数，那么说明这篇笔记并没有达到用户的预期，你还需要提高它的内容价值。

③ 阅读量和点赞数的比值。

在分析数据时，阅读量和点赞数的比值是非常重要的参考标准。你可以通过阅读量和点赞数的比值预测一篇笔记能否成为爆款笔记，同时也能判断这篇笔记的质量。

点赞是用户最容易做的一个动作，收藏、评论等互动行为需要一定的执行成本和时间成本。点赞这个行为是最容易的，所以在一定程度上最能作为参考指标。

阅读量和点赞数的比值如果小于或等于10∶1，那么这篇笔记基本上会成为爆款笔记，如图5-6（a）所示。

阅读量和点赞数的比值如果在10∶1~20∶1，那么笔记的流量会持续增加，只是增量不会特别明显、特别快，可能有时候增加得很快，有时候慢慢地增加，但整体来说还是会有增量，如图5-6（b）所示。

阅读量和点赞数的比值如果是 30∶1 或者远大于 30∶1，那么说明笔记不受欢迎，用户在打开笔记后没有获得任何价值，没有点赞、收藏就离开了。如图 5-6（c）所示，这篇笔记在发布一周内阅读量就不再增加。

图 5-6

阅读量和点赞数的比值可以用于检验内容质量。你要思考这篇笔记是不是用心做的，是否传递了情绪价值和内容价值，是否有 3 个以上的爆款因子支撑这篇笔记，是否戳中了用户的了痛点、痒点、爽点或者提供了足够多的工具、清单，让笔记更有收藏价值。

你要在笔记中逐一检查这些因素，同时将笔记与平台内相同选题的爆款笔记进行比较，最后得出自己的结论。

要注意的是，你需要在笔记发布一段时间后才能根据阅读量和点赞数的比值做出有参考价值的判断。比如，笔记发布 5 小时后阅读量为 3000 次，这样的数据是可以作为参考的，刚发布不久的笔记没有热度，你很难做出判断。如果阅读量只有几百次，那么也很难做出判断。

④ 评论数。一篇笔记的评论区中往往蕴藏着流量密码。如果笔记的评论数较多，那么说明这篇笔记在某种程度上能引起用户的共鸣。你可以分析在评论区中用户讨论的共性问题，总结出答案下次使用。

⑤ 涨粉数。不是每一篇笔记都用来"涨粉"，在发布笔记前，你应该有基本的预判。比如，这篇笔记是用来博爆款笔记、圈流量的，还是用来强化人设"涨粉"的，抑或既想成为爆款笔记，又想"涨粉"。

因此，你应该根据发布这篇笔记的目的进行复盘，如果想做一篇爆款笔记，结果在发布后点赞数和收藏数少，就要在封面、标题、内容上下功夫。

如果你近期的目标是"涨粉"，发布的笔记的点赞数和收藏数不错，但"涨粉"效果很差，甚至远低于平时，就要思考这篇笔记的工具类内容是不是太多了、个人特色是不是不明显，或者笔记是不是与账号定位不相符。

（3）总结经验。在分析完原因后，你要把做得好的地方总结成经验清单，将其复用到之后的笔记中。同时，你也要把做得不好的地方总结成问题清单。

你要根据经验和问题制订后续的行动计划，在接下来的运营中不断改进。

最终，你要得出一张完整的笔记复盘表，见表 5-2。

2. 账号复盘

（1）对多个数据复盘。

① 从发布数上来看。发布数很重要，决定了做出爆款笔记的概率，特别是在新手期，只有发布数提高了，才有做爆款笔记的感觉，才有足够多的样本进行复盘。

第5章 运营：提高数据必备的运营技巧

表 5-2

复盘维度	数据记录	复盘思考
阅读量		
点赞数		
收藏数		
评论数		
视频笔记的完播率		
涨粉数		

经验清单：

问题清单：

下一步的行动计划：

因此，每周、每月都应该给自己设定一个发布数指标，比如每周 3 篇、每月 10 篇，在做周复盘、月复盘时将实际的发布数和计划发布数做对比。例如，在做周复盘时，本来计划发布 3 条视频，而实际上只发布了 1 条。在复盘原因时发现，其中一条视频的制作周期太长，在前期准备阶段浪费了太多时间，需要花一周的时间测评某一款软件产品，测评完后发现之前写好的脚本完全不能用，重写脚本后才开始拍摄和剪辑，因此耽误了更新进度。同时，另外两个选题也较为复杂，都需要试用一段时间工具和好物才能开始做内容。

通过复盘，你发现在工作流程上出了问题，不应该把一周所有的时间都用来测评产品，也不应该在试用产品前写好内容，更不应该把选题做得特别复杂。因此，你可以改进工作流程和选题布局。

改进工作流程：在体验和测评产品前，先写好框架，根据框架有针对性地体验产品的功能，在体验完后立即填充框架，当天完善文案。

改进选题布局：每周的选题应该难易结合，如果一周要发布 2 篇笔记，就要选择 1 篇创作起来较难的笔记和 1 篇创作起来容易的笔记，尽量每周都做到难易结合。如果目前的选题都很复杂，就需要将其分配在不同的周完成，而不是在同一周完成。

② 从点赞数和收藏数上来看。如果在每周、每月发布数相同的情况下，点赞数和收藏数比上周、上月的效果差，就要在内容上做改进。

你要筛选出同领域近期的爆款笔记，研究这些笔记都是哪个细分方向的、有哪些切入角度、有哪些共性，以及用户在评论区中都在讨论什么、标题中的关键词有哪些。

你在研究爆款笔记后，要结合自己的账号调性做调整，尽量多做受用户欢迎的爆款选题，这样才能更容易做出爆款笔记。同时，你还要分析爆款笔记的数据，看一看每篇笔记的数据是都在差不多的区间内，还是差距特别大。

你要分析自己近期做出的爆款笔记有什么优点，包含哪些流量密码、哪些方面可以重复使用在其他笔记中。你还要看数据特别差的笔记，将其与同类爆款笔记比较，看一看差距在哪里。

只有通过深度分析自己发布过的笔记，才能了解哪些方面是自己的强项可以不断复用，哪些方面是自己的弱项需要不断改进。

③ 从涨粉数来看。在点赞数和收藏数相同的情况下，如果涨粉数下降，就要加强内容的个人特色，在原本偏工具属性和干货属性的内容上，添加一些个人经历、个人故事、个人情绪和价值观。

第 3 章中讲过，账号主页的风格调性、笔记的发布数和笔记的质量，都会影响涨粉数。因此，在复盘近期"涨粉"的情况时，应该从多个方面分析原因。

最终，你可以将预期数据、实际数据、原因与总结出的经验填在账号复盘表中，见表 5-3。

表 5-3

	账号周/月复盘表			
	预期数据	实际数据	原因	总结出的经验
发布数				
新增点赞数和收藏数				
涨粉数				

（2）制定账号的"生死线"。在账号运营了一段时间后，你要制定一系列"生死线"。

你要根据笔记平时的点赞数（当然也可以根据点赞数和收藏数），设置自己的爆款笔记数据指标和"扑街"数据（指远低于平时的数据）指标。比如，笔记平时的点赞数都在 100 以上，偶尔有几次为几十，就可以把 100 设置为"扑街生死线"。如果平时有一半以上的笔记的点赞数能够达到 1000，那么可以将 1000 设置为"小爆款笔记生死线"。如果每月偶尔有几篇笔记的点赞数在 5000 以上，那么可以将 5000 设置为"中爆款笔记生死线"。如果很少有笔记的点赞数在 10 000 以上，两三个月才有一篇，那么可以将 10 000 设置为"大爆款笔记生死线"。

以上"生死线"可以根据账号平常的数据做调整，比如平常单篇笔记的点赞数和收藏数基本上都能在 500 以上，那么可以把点赞数和收藏数小于 500 作为"扑街生死线"，如果某篇笔记的点赞数和收藏数都小于 500，那么要重点分析原因。

表 5-4 为"生死线"数据表。

表 5-4

	预期数据	实际数据	上周/月数据	原因
本周/月发布数				
本周/月点赞数				
本周/月收藏数				
扑街数				
小爆款笔记数				
中爆款笔记数				
大爆款笔记数				

在有了这些"生死线"后，你在运营账号时就能对症下药。比如，上个月发布 10 篇笔记，粉丝可以增加 6000 个，其中小爆款笔记、中爆款笔记、大爆款笔记分别有 3 篇、2 篇、1 篇，另外 4 篇笔记的点赞数小于 1000。再对比这个月，在发布数上是否与上个月持平，小爆款笔记、中爆款笔记、大爆款笔记的数量分别有多少，与上个月相比哪种类型的爆款笔记数量增加了，哪种类型的

减少了。如果这个月的数据不如上个月的数据，那么可以知道是发布数不足，还是爆款笔记数不足。

有了账号复盘表和"生死线"数据表，就有了一个只属于你的复盘系统，这样就能理性地应对数据焦虑。

5.2.2 一个发布笔记自检清单，让你提高做出爆款笔记的概率

1. 自检清单

运营小红书账号需要做很多精细的工作，比如在发布笔记前要检查是否有错别字、视频声音大小是否合适等，在发布笔记后要检查笔记的审核状态和收录情况、监测数据情况等，这些小细节经常被忽略。因此，每个人都应该有一个自己的发布笔记自检清单，在发布笔记前和发布笔记后对照清单上的内容逐一检查。

（1）发布笔记前。在发布笔记前，你需要检查选题、封面、标题、整体内容等，根据平时的工作习惯为其添加相应的问题。

以下这些问题自检清单可供参考，你可以根据自己的创作领域和内容灵活地进行调整。

① 选题。

当这篇笔记被推荐到陌生人面前时，能否做到让他觉得"与我有关"？

这篇笔记想让用户获得哪个方面的价值？

② 封面和标题。

在发现页中，封面能否被用户一眼看到、能否激起他们的点击欲望？

标题是否超过 20 个字符？

能否在 1 秒内看懂标题？

在看到标题的 3 秒内能否判断出这篇笔记写的是什么内容？

③ 整体内容。

文字是否足够接地气和通俗易懂？

图片上是否有其他网站的水印或者二维码？

希望用户看完之后立即进行哪些互动行为（点赞/收藏/评论/发弹幕/转发）？

这篇笔记能否让用户产生以上行为？

在正文中是否植入了关键词？在文末是否植入了话题标签？

④ 视频。

视频中的气口是否都已经剪辑掉？

字幕中是否有错别字？

背景音乐有没有盖住人说话的声音？

先戴上耳机听一遍视频的声音，再打开小红书 App 听别人发布的一条视频的声音，声音的大小是否一致？如果自己的视频的声音太大或太小，是否及时调整？

视频中是否展示了其他平台的名字、水印、网站地址、二维码等？是否将这些用贴纸遮住了？

⑤ 爆款因子。

是否有 3 个以上的爆款因子？

选题、封面、标题中是否含有爆款因子？

（2）发布笔记后。

在发布一篇笔记后，可以通过以下几个步骤检查笔记是否正常发布了。

第一步：检查审核状态。

笔记在被发布后进入审核阶段，审核有时快有时慢。你可以用另外一个小红书账号打开发布笔记的账号的主页，查看是否有新发布的笔记，如果没有新笔记发布，那么说明笔记还在审核阶段，需要耐心等待。

第二步：检查收录情况。

收录是指用户在搜索某些关键词或者笔记标题后，笔记能出现在搜索结果页。如果笔记被收录，那么在发布后就可以静静地等待被人看到、被人点赞和收藏。反之，如果笔记没有被收录，那么在搜索笔记标题后在搜索结果页无法查看到笔记。没有收录的原因可能是笔记中有敏感词或者涉及违规，可以咨询客服了解具体的原因。

第三步：检查关键词。

在发布笔记后，如何判断这篇笔记被系统识别了哪些关键词？用电脑浏览器打开小红书笔记，点击鼠标右键，选择"显示网页源代码"选项，"<meta name="keywords" content="代码后面显示的关键词，就是小红书算法对这篇笔记的关键词的判定结果。如果这些关键词都与你的笔记强相关，你的笔记就会被推荐给精准用户。如果判定出来的关键词都是与笔记不相关的，你就要重新编辑正文或者标题，让算法重新识别你的笔记。比如，标题为《高考后想学化妆？0基础小白如何进阶，超干货》的视频笔记显示的关键词是"化妆""高考""学化妆""化妆技巧""新手化妆""美妆""彩妆""整体妆容"，如图5-7所示。

```
公式 0基础小"><meta name="keywords" content="化妆,高考,学化妆,化妆技巧,新手化妆,美妆,彩妆,整体妆容"><meta name="shenma-
```

图 5-7

这些关键词就是算法判定的笔记的关键词，系统会将这篇笔记推荐给对这些关键词感兴趣的用户。这篇美妆视频笔记分享的内容与这些关键词完全契合，因此这篇笔记能被推荐给精准的用户。

第四步：检查是否违规。

如果笔记被发布后阅读量维持在 100 次，甚至低于 100 次，那么可能涉及违规被限流。

这时，你可以找客服询问笔记是否被限流。点击主页左上角的三条横线，打开如图 5-8 所示的页面，点击左下角的"帮助与客服"选项，选择"笔记申诉"选项，选择要申诉的笔记，在"选择申诉问题"里选择"笔记流量不好/搜不到"选项，描述遇到的详细问题，然后等待客服回复。

(a)

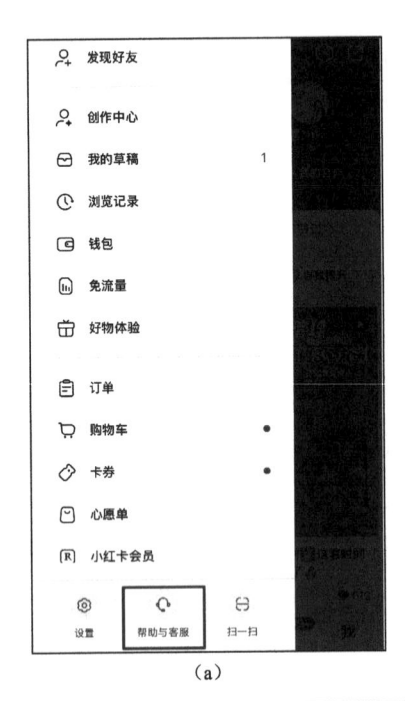

(b)

(c)

图 5-8

如果笔记被正常推送，那么客服会回复笔记正常，如果笔记确实违规，那么客服会告知违反了哪条社区规则。

在一般的情况下，在遵守社区规则的前提下，笔记不太可能被判定为违规，在审核通过后监测笔记的数据即可。

2. 建立自己的数据监测系统

一篇笔记会不会成为爆款笔记，其实在发布后的一段时间内可以凭经验判断出来。在运营小红书账号一段时间后，每个博主都应该建立一个自己的数据监测系统。

你要给自己设置一个固定的发布时间，比如每次都在 18 点发布，那么在发布后 2 小时，即 20 点的时候记录阅读量和点赞数，在 22 点或者睡前再记录数据，在第二天醒来、中午、晚上的固定时间分别记录数据，见表 5-5。

表 5-5

	发布 2 小时	发布 4 小时	发布 12 小时	发布 24 小时	发布 48 小时
阅读量					
点赞数					

这样就有了自己的数据分析样本，等发布并记录了 10 篇、20 篇笔记后，就有了一定的感觉。比如，某篇笔记发布 2 小时后被点赞 300 多次，点赞数是平时的两倍。你可以根据以往的数据记录预估出这篇笔记能否成为爆款笔记。

发布的笔记越多，数据分析样本越多，以后再发布笔记时，就无须做数据记录，已经有了足够的敏锐度，可以根据以往的经验做出判断。

用同样的方法，还可以建立不同栏目的数据监测系统。比如，我平常会发布读书方法、写作干货、iPad 生产力、时间管理等多个栏目的系列笔记，不同栏目的系列笔记的数据会有一些差别。我分别建立了不同栏目的数据监测系统，监测发布时间管理类视频笔记 12 小时后阅读量有多少、点赞数有多少，发布写作干货类笔记 12 小时后阅读量和点赞数又分别有多少。

  有了这样的数据记录，之后就可以预判出发布的同类型的笔记能否成为爆款笔记。使用这个方法还有一个好处，当某篇笔记的数据与平时的数据差距较大时，能通过对比，判断出这篇笔记的内容质量好坏，如果数据与平时相比低太多，那么内容质量有待改进，如果比平时高出好几倍，那么需要研究这篇笔记有哪些地方与平时的不同，找到爆款因子，在后续的笔记中就可以复用这篇笔记的优点。

第6章 变现：人人可实践的小红书变现方法

6.1 广告变现

6.1.1 适合普通人的广告合作形式及其注意事项

1. 广告合作形式

（1）置换合作。与其他平台相比，素人博主在小红书上想要赚到钱是非常容易的，即使只有几千、几百，甚至几十个粉丝也有变现机会。对于新手来说，门槛最低的变现方式就是置换合作。

置换合作是指博主免费获得品牌方的产品，在使用产品后在小红书上发布"种草"体验笔记。品牌方不支付博主推广费，博主也无须支付产品费用，双方互相置换资源。

很多预算不多或者处于起步期的品牌方，会选择置换的形式与博主合作。很多博主也因为能不花钱就免费拿到产品而选择与品牌方合作，这对于刚起步的新手博主来说，是一种正向激励。博主免费体验了产品，品牌方获得了免费的宣传，这可以说是双赢。

置换合作一般可以通过以下3种方式实现。

① 品牌方联系博主置换。第一种较为普遍的是品牌方主动找到小红书博主合作。品牌方搜索与品类相关的关键词，或者在推荐页看到某个博主的爆款笔记后，觉得这个博主创作的内容不错，与品牌相契合，就会发私信或者邮件联

系博主进行合作。

置换合作很可能是大部分新手博主遇到的第一种合作形式。我的第一次置换合作是出版社的图书推广。我发布了几篇读书笔记，其中有一篇笔记获得了500次点赞，随后我陆续收到了很多出版社的合作邮件和私信。我筛选出一些合适的书进行合作，看完后写读书笔记发布到小红书上。

图书置换合作是大部分读书博主的变现方式之一，在一定程度上可以帮助博主实现纸质书"自由"。

很多新手轻视置换合作，觉得目前粉丝不多，进行置换合作没有推广费用，想等到粉丝多了以后接报价高的广告。其实，很多人忽略了置换合作的一个重要作用：帮助博主积累案例。

你不妨把每一次置换合作都当成锻炼，锻炼商务沟通能力、商单创作能力，锻炼在一篇笔记中巧妙地植入一个产品广告的能力。

如果置换合作的笔记能成为爆款笔记，那么你可以在之后与其他品牌方合作时把这篇笔记作为案例，提高议价权。

同时，博主在进行置换合作时可以与品牌方沟通，要求做出爆款笔记后追加奖金。比如，我的第一篇置换合作的视频笔记，以合集的形式分享了多个与iPad相关的好物，植入了一个品牌的iPad键盘。在笔记发布几天后，点赞数就超过了1万，品牌方追加了2000元的现金奖励。

这篇视频笔记是我在只有4000个粉丝的时候发布的。当时，我刚开始做一些好物"种草"内容，多数合作仅限于置换合作或者只有一两百元的推广费，这笔2000元的奖励对当时的我来说有重大的意义，给了我极大的动力。

对于一个"千粉"级别的博主来说，也许在刚开始谈合作时没有很高的议价权，甚至只能以置换合作的形式接到广告，但只要能够给品牌方带来效益，就可以在做出爆款笔记后让品牌方追加奖励，也能够得到一笔不错的收入。

当然，博主还可以反向操作，主动问品牌方是否可以进行置换合作。比如，旅行博主可以通过置换合作的形式免费体验住宿，美食探店博主可以通过置换

第 6 章 变现：人人可实践的小红书变现方法

合作的形式免费体验美食。

② 利用小红书的好物体验功能。要想让品牌方主动联系你进行合作，就需要有一定的粉丝数和爆款笔记，这对于素人博主来说可能有一些门槛。

小红书官方给博主开设了好物体验功能。博主不用被动地等待品牌方找上门，可以主动申请领取各种好物，然后在小红书上发布"种草"笔记。点击小红书主页左上角的三条横线，再点击"好物体验"选项，进入小红书好物体验站，如图 6-1 所示。

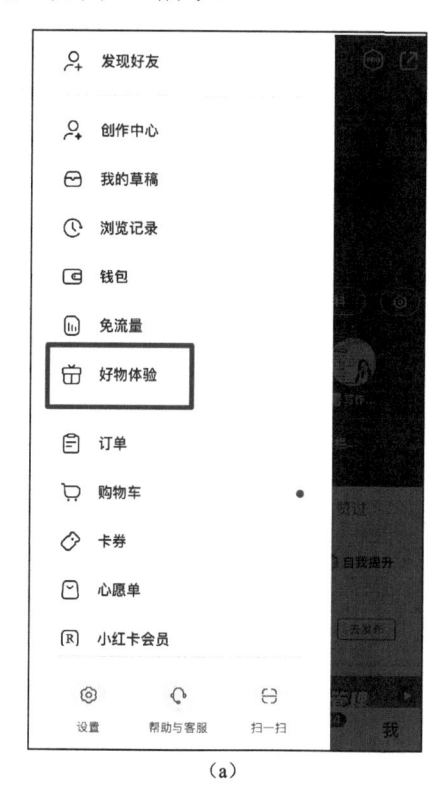

(a)　　　(b)

图 6-1

好物体验站里的商品主要集中在家居、时尚、美妆、美食等领域。博主可以申请免费领取各种好物。每个品牌方都有不同的发布要求，比如是用视频笔记的形式还是用图文笔记的形式、视频时长需要多久、产品展示的时间需要多久、发布时间等。

好物体验虽然可以自主报名，但是报名人数往往是产品数量的几百倍，有一定的竞争压力。所以，建议博主专注于创作内容，只要账号做出爆款笔记、"涨粉"，就会有机会得到品牌方的主动合作邀请。

③ 在第三方通告平台上寻找合作。除了小红书官方的蒲公英平台，很多品牌方还会在第三方通告平台上发布合作信息，招募博主进行合作。常见的通告平台有群量、螃蟹通告、红通告。

以螃蟹通告为例，在"螃蟹通告"小程序中选择"小红书"和对应的领域，可以筛选出各个领域的合作通告，如图6-2所示。

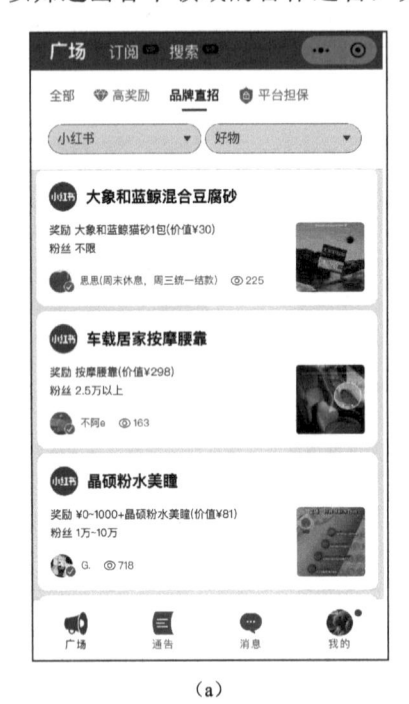

(a)　　　　　　　　　　(b)

图6-2

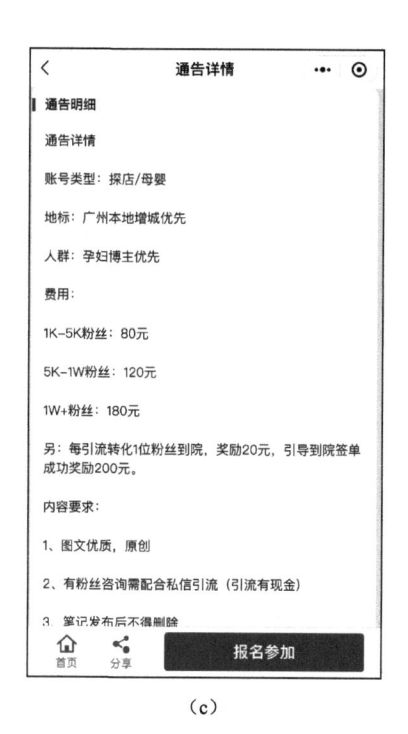

第 6 章 变现：人人可实践的小红书变现方法

图 6-2（续）

品牌方会标注对粉丝数量的要求，也会注明笔记的形式和合作方式，博主可以选择自己感兴趣的品牌方报名。

除此之外，博主还可以加入一些通告群。这些通告群通常是第三方代理机构组建的，它们在群内不定期发布一些合作通告，博主可以按照要求报名。

在第三方通告平台上和通告群中报名后，品牌方需要在报名的博主中进行筛选，所以博主可能需要等待比较长的时间，处于一个被选择的状态下。

因此，我还是建议新人博主专注于做内容，只要你的账号做得足够好，就一定会有品牌方主动联系你。

（2）付费合作。对于大部分普通博主来说，在小红书上最主要的变现方式就是通过付费合作变现。付费合作是指品牌方支付一笔推广费用给博主，博主使用产品后创作内容，将品牌广告植入笔记中。越来越多的博主通过付费合作赚到了钱，甚至有几万个粉丝就能月收入几千甚至几万元。

我的社群学员"小 QQQQ"是一个大学生，专注于分享学习成长干货，她的付费合作集中在数码、软件、学习用品等品类。她在有 30 000 个粉丝的时候，每个月就能收到 15~20 封付费合作邮件和私信，每个月发布八九篇笔记，就能实现月收入过万元，并且收入随着粉丝数的增加逐月提高。她在大二时，就靠做博主实现了经济独立，也通过输出倒逼自己输入，成长速度和思维认知远超同龄人。

很多人对付费合作有误解，认为只有达到"万粉"级别才能收到付费合作邀请。其实只要内容足够好，有几百、几千个粉丝就可以变现。

我的社群学员"鹤小九的笔记本"在只有 1700 个粉丝的时候，就收到了文具品牌"趁早"的合作邀约，可以免费使用品牌方的最新产品，还能获得单篇笔记 500 元的推广费。

这样的案例比比皆是，甚至有很多博主在只有几百个粉丝的情况下就收到付费合作邀请。小红书的变现门槛不高，对素人博主特别友好。

千瓜数据发布的《2022 上半年品牌营销数据报告（小红书平台）》显示，初级达人、腰部达人是品牌方投放商业笔记的重心，占总投放达人数的 95%，如图 6-3 所示。

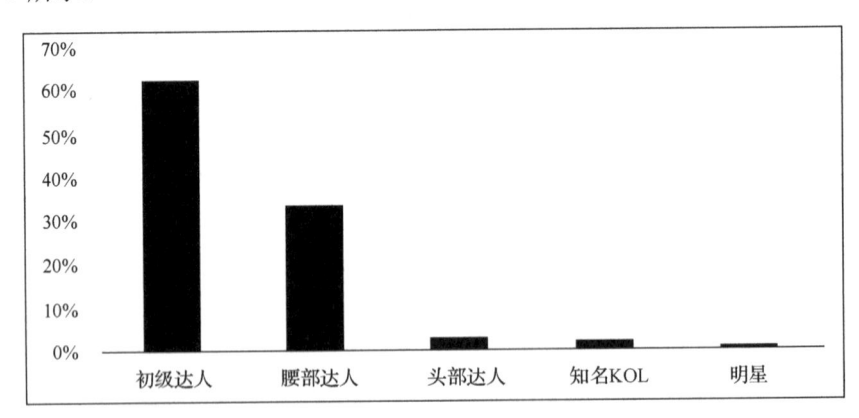

图 6-3

在小红书去中心化的流量机制下，素人博主也有做出爆款笔记的可能性。因此，对于品牌投放来说，投放初级达人、腰部达人的性价比很高，这就给了小博主变现的可能。

那么在收到付费合作邀请后，博主应该怎么与品牌方合作呢？主要有以下两种方式。

（1）报备合作。在粉丝数达到1000以后，博主可以开通品牌合作功能，在小红书的蒲公英平台上接单，俗称"报备合作"。品牌方通过蒲公英平台下单，支付合作费用。在双方完成合作后，合作费用会支付到博主的钱包中，博主可以将其提现到银行账户中。蒲公英平台相当于中介，品牌方下单和博主提现，都要向平台支付10%的手续费。

为了营造"真诚分享，友好互动"的社区氛围，小红书平台鼓励品牌方和博主通过蒲公英平台进行合作。

（2）不报备合作。除了官方的报备合作，品牌方和博主还可以私下合作，然后在小红书上发布笔记，私下进行结算，俗称"不报备合作"。这类合作一般是品牌方主动联系博主进行的合作。

与置换合作相比，付费合作的品牌方会对博主的粉丝数或者近期的爆款笔记数有一定的要求，但对于粉丝数应该达到什么量级、近期的爆款笔记的点赞数达到多少等没有统一的标准，不同的品牌方有不同的筛选标准。

博主要做的依然是努力创作内容，多做出爆款笔记，才能有更大的概率被品牌方看到。

小红书对不报备合作有一定的限制，如果笔记的广告痕迹太明显且内容太生硬，那么笔记可能会被提示违规，从而被限流。小红书鼓励博主在发布付费合作笔记时标注利益声明，遵守"真诚分享，友好互动"的社区规则。博主在创作付费合作文案时，也要注意真诚分享，不生硬地植入广告。

2. 呈现形式

常见的广告合作的呈现形式分为图文单推、图文合集、视频单推、视频合集。

单推是指在一篇笔记中只植入某一个产品的广告。博主可以通篇都介绍某一个产品，也可以用一个话题引出产品介绍，或者在正文中植入产品广告。

除此之外，博主可以围绕品牌调性创作内容。旅行博主"皮皮在蓝色星球"有一个专辑名为"广告也能拍出花儿"，她会按照品牌调性设计每一条广告，如图 6-4 所示。比如，她把"兰蔻发光眼霜，陪你 24 小时持续发光不日落"的理念融入标题为《如果 24 小时没有黑夜生活会怎样》的视频笔记中，把在全球各地旅行的视频串联起来，在一个地方日落前赶往下一个地方，串联成日不落的 24 小时。这样的广告不生硬，完美地传达了品牌的理念，观众不仅爱看，还会被她的创意折服。

合集是指博主在一篇笔记中用某一个主题介绍多个产品，在其中的某一个环节植入产品广告，在一篇合集中可能存在一

图 6-4

条或多条广告。合集是小红书上最常见的呈现形式之一，通过合集的形式植入广告，能让广告不那么生硬。如果笔记能把用户的痛点与产品的卖点剖析得很透彻，合集也能给品牌方带来不错的转化。

但是因为产品在合集中的展示时长一般较少，所以合集的报价相对来说是所有合作形式中最低的，如果博主把多条广告融合在一篇笔记里，那么能达到"一鱼多吃"的效果。

3. 合作报价与注意事项

博主的报价与呈现形式、粉丝数、近期数据、领域、品牌方的预算、账号调性与品牌的契合度等因素有关。

（1）呈现形式不同，报价不同。在一般情况下，单推报价＞合集报价，视

第6章 变现：人人可实践的小红书变现方法

频笔记报价＞图文笔记报价。

当不确定如何报价时，你可以参考同领域的博主的报价。你可以在千瓜数据、新红等第三方平台上，搜索同领域同粉丝量级的博主，参考他们的报价。

（2）粉丝数不同，报价不同。广告报价的通用公式是报价=粉丝数×10%。其实这个公式并不准确。大部分博主的报价在粉丝数的5%～10%之间浮动，当然也有博主的报价高于粉丝数的10%。如果你在其他平台上也有账号，那么可以在报价时列出其他平台上的账号名称、账号链接和粉丝数，告诉对方你在小红书上发布的笔记可以同步到多个平台上，这样能提高你的议价能力。

最终给品牌方报价时，可以参考以下模板：

×××（账号名称）×月报价（月份）

图文合集：×××、视频合集：×××

单推图文：×××、单推视频：×××

报备图文：×××、报备视频：×××

可同步至×××与×××平台上（链接：×××，粉丝数：×××）

（3）近期数据不同，报价不同。近期发布的笔记的点赞数和阅读量在某种程度上也会影响报价，部分品牌方会关注博主最近发布的10篇笔记的点赞数和阅读量。如果做出爆款笔记的频率很低，那么即使博主的粉丝数很高，品牌方也会考虑是否合作，或者用更低的价格达成合作。

如果博主近期发布的笔记的数据非常好，有很多爆款笔记，并且在评论区中有很多真实的用户互动，粉丝黏性很强，那么博主在报价时可以适当提高价格。

（4）领域不同，报价不同。千瓜数据的一份报告显示，2022年上半年，在小红书上投放商业笔记的品牌方共计1.5万个。其中，投放品牌数量占比前三的领域为护肤、母婴育儿、美食饮品，如图6-5所示。从投放金额来看，护肤领域的投放金额超过8亿元，彩妆领域的投放金额超过2亿元，母婴育儿领域的投放金额超过1亿元。

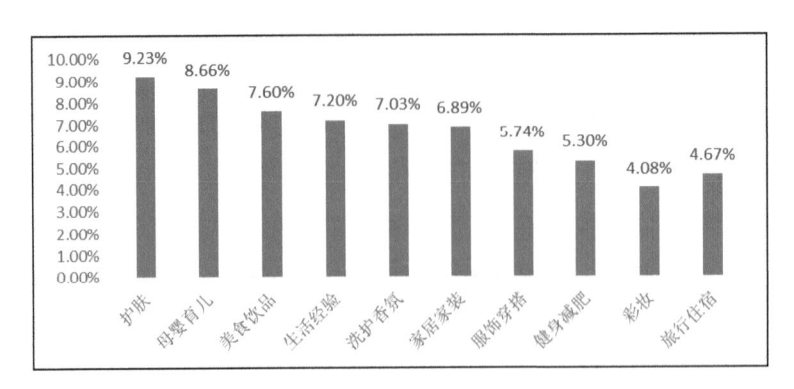

图 6-5

这些领域的品牌数量更多、预算更多，博主的报价比其他领域的更高。

（5）品牌方的预算不同，报价不同。我经常会收到一些博主的私信，"明明粉丝数还行，为什么品牌方只愿意给几百元的推广费，难道只值这么点儿钱吗？"其实，报价与品牌方的预算息息相关。即便是同一个领域、同样的品类，不同的品牌方的预算也不一样，可能导致最终达成合作时的价格有很大的差异。

你平时可以加入一些博主交流群，多与同领域的创作者进行交流，时刻关注行业动态，以便在第一时间了解不同的品牌方的投放动作，确保在谈合作时知己知彼。

（6）账号调性与品牌的契合度不同，报价不同。对于品牌方来说，某个博主是否合适、报价是否合理，需要从契合度来考量。比如，账号的内容调性是否与品牌相契合。如果某个博主在该垂直领域有一定的代表作和发言权，在一定程度上就会影响粉丝的决策。又如，博主的粉丝的用户画像和消费能力是否与品牌相契合。如果账号足够垂直，粉丝极精准，那么品牌方的投放效果一定会比投放给泛粉账号更好。

总之，广告合作的报价需要参考多个因素，每一个因素都可能决定最后的合作价格。博主要做的就是在垂直领域里产出优质内容，用优质内容吸引用户，用更高的互动数据与粉丝数吸引品牌方。

在与品牌方合作的过程中，博主还应该注意以下两点。

（1）珍惜羽毛，选择与账号调性相符的产品。想在小红书上进行广告投放的品牌方很多，质量参差不齐，会有很多博主没听说过的品牌。在确定合作前，博主一定要先调研。

首先，在小红书上搜索品牌的关键词，确认是否有其他博主介绍过这个品牌，通过这些博主分享的内容可以初步了解这个品牌，明确品牌的调性与自己的账号是否相符合。同时，最好在全网搜索这个品牌的口碑，如果差评较多，并且在一些价值观上有争议，那么需要谨慎合作。

你应该明确一件事情，即粉丝是衣食父母，你的价值观决定了他们是否喜欢你。你如果出了一些原则问题，或者只是为了赚快钱而推荐产品，那么是不会长久的。你一定要珍惜自己的羽毛，要为每一次"种草"负责。

（2）高效沟通，建立一套合作流程规范。在确定与品牌方合作之后，一定要与对方进行详细的沟通，以免出现信息差，导致写完一篇笔记后返工，白白浪费创作时间。

我根据与品牌方合作的经验，整理了一套适合个人博主的 SOP（Standard Operation Procedure，标准作业程序），见表 6-1。

表 6-1

创作前	调研产品	调研品牌的口碑与卖点，确认是否符合账号的调性
	确认合作方式	确认合作费用及结算周期、呈现形式、产品展示时长
	确认角度	向品牌方索要产品的推广需求，了解产品卖点及推广时的注意事项
	确认时间	明确交初稿时间、交作品时间和最终的发布时间
创作中	框架	与品牌方确认选题角度与大纲
	初稿	写图文笔记初稿或视频笔记脚本，写完后交给品牌方确认
	制作	确认无误后拍摄、剪辑
	交初稿	提交图文笔记或视频笔记成稿，包含封面、标题与正文
	确认终稿	确认稿件无须修改后，再确认发布时间
创作后	发布	发布后给品牌方链接
	结算	如果是不报备合作，那么确认推广费用的结算周期
	其他	确认图片与视频原件是否需要上传给品牌方、寄拍产品的寄回时间与地址

6.1.2 用 4 个方法，让广告合作不请自来

1. 品牌方喜欢什么样的账号

为什么有的博主只有几千个粉丝就能收到广告合作邀请，而有的博主有 10 000 个粉丝还是颗粒无收？核心在于一开始做内容时没有以终为始，没有考虑发布什么样的内容才能收到广告合作邀请、账号要做成什么样才能让品牌方投放广告。

所以，如果你想接广告变现，那么在写第一篇笔记前就要了解清楚品牌方喜欢什么账号、写什么内容才能有更大的概率被品牌方选中。

要想被品牌方选中，你的账号就需要具备以下四点：定位垂直、有植入空间、数据好、有附加价值。

（1）定位垂直。定位垂直是指博主发布的笔记的内容垂直，且粉丝与品牌方产品的受众一致。

如果一个博主发布很多领域的笔记，比如护肤笔记、家居笔记、育儿笔记，那么有些粉丝可能对护肤感兴趣、有些粉丝对家居感兴趣、有些粉丝对育儿感兴趣，当然还有些粉丝对博主本人感兴趣。

这时，如果一个家居品牌方进行广告投放，那么很可能不会选择这样的博主，因为无法确认这个博主的粉丝里有多少人对家居感兴趣。如果无法触达更精准的目标群体，那么在预算有限的情况下，让这样的博主投放广告对于品牌方来说性价比不高。

同样，一个泛娱乐博主吸引的是泛粉丝。一个护肤品牌方在一个有 30 万个粉丝的娱乐账号上投放广告的效果不一定比在一个有 2 万个粉丝的护肤账号上投放广告的效果好。

第 6 章　变现：人人可实践的小红书变现方法

因此，博主要想被品牌方选中，首先要做到定位垂直，不要经常换赛道。

除了赛道定位与品牌相契合，账号的调性与粉丝人群的消费能力也要与品牌相匹配。

比如，图 6-6（a）所示的博主的内容定位为分享平价好物，粉丝人群更偏向于购买低客单价的产品。

图 6-6（b）所示的博主的内容定位同样为好物种草，但走的是高端路线，粉丝比图 6-6（a）所示的博主的粉丝的购买能力强。

这时，一个低客单价的品牌在图 6-6（a）所示的账号上投放广告效果更好，而走高端路线的品牌方一定会选择图 6-6（b）所示的账号。

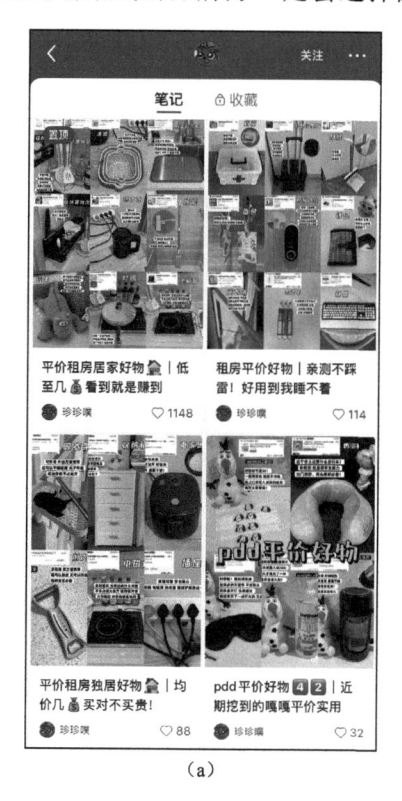

（a）　　　　　　　　　　（b）

图 6-6

（2）有植入空间。有植入空间是指，你的笔记中要露出广告位，给品牌方暗示：在呈现形式上和内容中可以植入产品广告。比如，图 6-7 所示的呈现形式无法植入实物产品广告，如果要实现广告变现，就只能植入一些网站、软件，否则实物产品与这类海报不搭配。

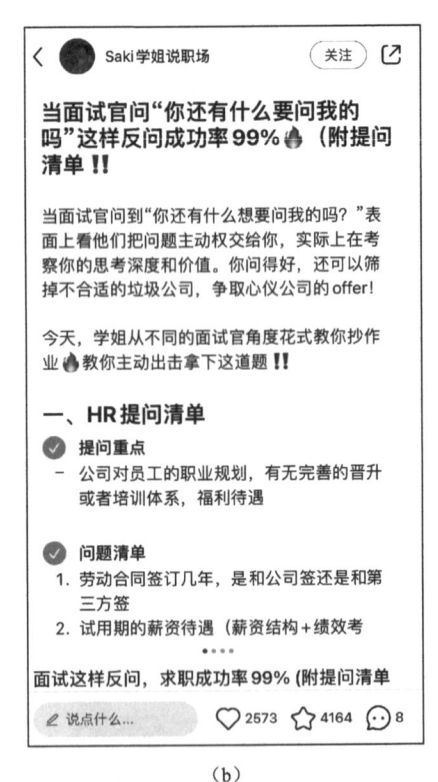

(a)　　　　　　　　　　(b)

图 6-7

相反，同样是成长领域的博主，图 6-8 所示的很多图片是实拍图片，如果之后与一些品牌方合作，就可以拍摄产品图片植入笔记中。

（3）数据好。数据好是指近期做出爆款笔记的频率比较高，近期发布的笔记的数据都很不错。不同的品牌方可能对爆款笔记的考量标准不一样，在一般情况下如果近期发布的笔记的点赞数能达到 500，甚至 1000，那么这就是一个数据稳定并且不错的账号。品牌方可以根据点赞数判断这个博主是否有稳定做出爆款笔记的能力，在进行广告投放前可以预估效果。

除此之外，粉丝数也是一个考量指标，特别是一些较大的品牌方，在筛选博主时会对粉丝数有一定的要求。这并不意味着有几百、几千个粉丝的博主没有变现的机会。在以算法为核心的小红书上，一篇笔记能否成为爆款笔记，与粉丝数没有太大的关系，在推荐页中被打开的概率越大，越有成为爆款笔记的潜质，这就给小博主提供了机会。

（4）有附加价值。什么是附加价值呢？品牌方在与博主合作后，博主创作的图文笔记或视频笔记可以被品牌方用于各渠道的宣传。如果用户在搜索品牌关键词的时候，看到某个博主拍的产品图片或者视频特别好，就会对这个产品有更好的印象。这就是博主对品牌的附加价值。

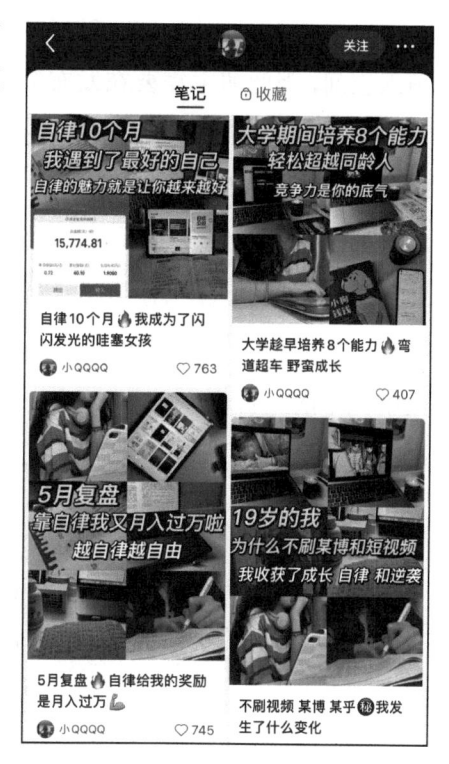

图 6-8

因此，即便某些博主的投放效果不理想，但是物料素材特别优质，能提升用户对品牌的好感，这样的合作对于一些品牌方也是有价值的。

所以，如果博主想要提高自己的商业价值，除了不断增加粉丝数和爆款笔记的数量，还要提高创作水平，比如视频的清晰度、内容创意等。

2. 如何源源不断地收到广告合作

博主怎么才能在更短的时间内收到广告合作，突破瓶颈呢？方法就是去做一个"有心机"的创作者，在发布第一篇笔记时，就要做以下几个方面的布局。

（1）露出广告位。之前说到，品牌方在筛选博主时需要考量笔记中是否有植入空间，因此博主需要在发布笔记时刻意地露出广告位。什么叫露出广告位？

如图 6-9（a）所示，书桌就是广告位，书桌上的 iPad、书、闹钟、杯子、咖啡，都可以是任何一个品牌的产品，在这些产品所在的位置也都可以摆放其他产品。

这些可以植入产品广告的位置，就是广告位。同样，如图 6-9（b）所示，我在一篇视频笔记中露出了耳机，将耳机植入日常学习与生活的场景中，这就是视频中的广告位。

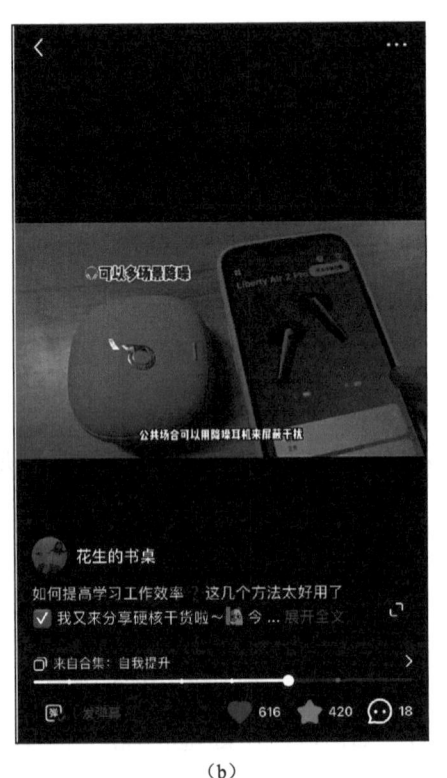

（a） （b）

图 6-9

这就是 vlog 博主很容易接到广告合作的原因，因为 vlog 可以适用于很多领域。同时，还可以拍摄很多场景的 vlog，在场景中可以植入吃的、喝的、玩的、用的。博主"自顾自少女"通过 vlog 的形式分享居家生活、美食、成长等，广告涉及家居、美妆护肤、珠宝、美食等领域，如图 6-10 所示。

图 6-10

不管你的创作领域是什么，要想更高效地获得广告合作，就一定要确保有广告植入空间，在发布第一篇笔记时就要有意地露出广告位。

新手如果在前期不会拍照，也不会做视频，使用了网络上无版权的图片或者海报、截图，那么基本上很难接到广告，特别是实物产品的广告。要想更快地变现，就一定要锻炼自己的拍照和作图能力。

（2）添加关键词。品牌方可能会通过关键词搜索相关笔记，再找到对应的博主。

比如，图 6-11 所示为我的一篇读书笔记。我用 iPad 演示了书里的干货，添加了与 iPad 相关的几个关键词——"学习型 iPad""iPad 生产力"。这样能增加品牌方搜索到我的笔记的概率。

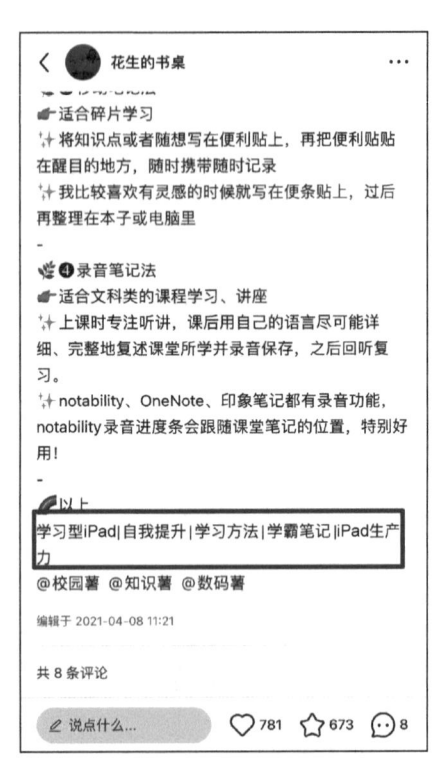

图 6-11

正是因为这篇笔记成了爆款笔记，一个 iPad 数码周边产品的品牌方联系我与我合作，我打造了与数码好物相关的栏目。

那么，如何添加合适的关键词呢？

方法一，找到相同选题的爆款笔记，查看在这些笔记中添加了哪些热门话题标签，筛选出适合自己的添加到笔记中。

方法二，通过第三方数据榜单，按领域分类查询近期的热词，从热词中选择与自己的笔记相匹配的关键词，植入笔记中。千瓜数据各领域的热词榜单如图 6-12 所示。

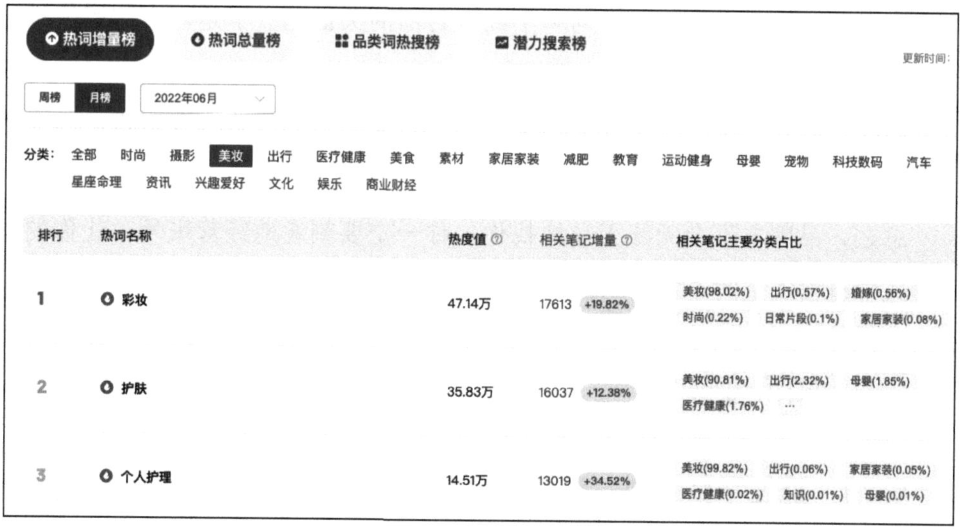

排行	热词名称	热度值	相关笔记增量	相关笔记主要分类占比
1	彩妆	47.14万	17613 +19.82%	美妆(98.02%) 出行(0.57%) 婚嫁(0.56%) 时尚(0.22%) 日常片段(0.1%) 家居家装(0.08%)
2	护肤	35.83万	16037 +12.38%	美妆(90.81%) 出行(2.32%) 母婴(1.85%) 医疗健康(1.76%) …
3	个人护理	14.51万	13019 +34.52%	美妆(99.82%) 出行(0.06%) 家居家装(0.05%) 医疗健康(0.02%) 知识(0.01%) 母婴(0.01%)

图 6-12

（3）做同领域的选题。还以 iPad 为例，如果你想接一个 iPad 键盘广告，就要做 iPad 周边好物的选题，刻意露出 iPad，分享与 iPad 配件或者软件相关的内容。这样，品牌方才能知道你有创作这类内容的能力，同时你的用户也喜欢看这类内容。

如果你是一个家居博主，想接锅具的广告，就要分享与厨房好物、厨房家电、锅具相关的内容。

如果你是一个母婴博主，想接一个点读笔的广告，就要分享绘本阅读的干货，或者分享与早期阅读、英语学习有关的内容，或者测评一些点读笔，那么点读笔的品牌方在搜索这个领域的博主时很可能就会看到你。

（4）添加竞品的关键词。很多品牌方在投放广告时会搜索与竞品相关的关键词，找到这些关键词下的优质博主进行广告投放。因此，如果你想接某个品类的广告，那么可以做这个品类中相关产品的选题，同时布局产品的关键词来吸引相关竞品的注意。比如，我接了一个名为"稿定设计"的网站的广告，在视频中分享如何做小红书封面，植入了用这个网站做封面的操作步骤，在正文文字中添加了这个网站的关键词和小红书封面的关键词。于是，在这篇笔记成了爆款笔记之后，就有几个同类型的网站找我进行广告投放。

因此，如果你想接 vivo 手机的测评广告，那么可以做 OPPO 手机、华为手机的测评内容。

总之，品牌方不会无缘无故地找你，你一定要刻意地经营账号，让你的呈现形式中有植入空间，才能源源不断地有广告合作。

6.2 知识变现

6.2.1 抓住平台红利，获得"被动收入"

除了广告合作，知识博主可以通过知识变现。小红书为知识博主提供了专栏功能。博主可以上线知识付费课程，通过视频直播或者视频录播的形式，分享自己的知识，用知识变现。

母婴、教育、职场、创业、人文社科、心理咨询、商业财经、医疗健康、运动健身、法律服务等各领域的博主，都可以开通专栏，分享专业知识。其中，心理咨询、商业财经、法律服务、医疗健康等领域的博主需要提供资质进行报备。

专栏的价格从几元到几万元不等。用户在购买后可以永久回放。博主还可以使用小班课的功能，通过限制人数来提供更专业、更细致的服务。

博主卖出的每一份专栏收益，都要与小红书平台分成。所以，在一定意义上，知识付费的功能让小红书和博主互相赋能、互相受益。

在小红书上，知识变现的长尾收入非常可观。任何有一技之长的博主都可以申请开通专栏。

对于一个知识博主来说，开通专栏有以下 3 大好处。

1. 用户的付费意愿强，知识变现的效果好

小红书的用户多为年轻女性，对自我成长有较高的需求。

当一些需求没有被满足，或者想要更系统地解决某个问题时，用户就产生了知识付费的需求，而恰好这些垂直领域的博主，能够提供相应的解决方案，于是付费便成了顺理成章的事情。因此，小红书的用户画像决定了在小红书上做知识博主有天然的优势，能有比较好的变现效果。

博主"老杨在成长"在小红书上线了两个专栏，即"写作地图课"和"小红书实战地图课"（如图 6-13 所示）。这两个专栏连续几个月排在职场领域专栏热力榜前 10 名。即便直播课已经结束，每月也持续有人付费购买课程观看回放。

图 6-13

小红书用户对知识付费的意愿很强烈，虽然有很多同类型的博主在小红书上开设写作课、小红书运营课，但是由于市场需求大，只要内容被认可，就持续有人愿意购买这些课程，长尾流量很可观。

老杨围绕写作与成长相关的话题做内容延展，真诚且利他，所以获得了一批认可他的粉丝。

在去中心化的推荐算法机制下，每个普通人都有机会被看见，都能通过在垂直领域输出优质内容吸引粉丝，成为一个小 IP。

因此，你只需要把内容打磨好，展现个人魅力，就能吸引铁杆粉丝，让他们认可你，愿意为你的知识付费。

2. 倒逼自己形成一套自己的知识体系

从长远来看，专栏最重要的作用在于帮助博主打造更专业的个人影响力。我在 2021 年 8 月被小红书官方运营人员邀请开通专栏，在 9 月上线了第一个专栏，其后我不断迭代升级，把这个课程做得越来越完善。

在设计课程的过程中，我结合做小红书运营的经验，把关于写作、账号运营的知识系统地梳理了一遍。通过制作专栏，我倒逼自己系统地梳理垂直领域的专业知识，将自己的经验更系统地输出，最终以直播课和录播课的形式交付给用户。这对于大部分知识博主来说，是非常值得参考的一条路径。

3. 与用户产生深度连接，形成口碑效应

一个专栏，交付的其实不仅是课程本身，还有人与人的连接，以及知识背后的情感传递。

一个好的专栏，能帮助你积累忠实粉丝，让用户通过课程认可你的专业性，通过后续的服务认可你，自发地为你推荐课程。

对于博主"老杨在成长"的专栏来说，除了内容优质获得了长尾流量，已经付费的学员也进行了口碑传播，将其转介绍给身边想学习写作的朋友。

第 6 章 变现：人人可实践的小红书变现方法

用户还可以通过小红书专栏内的"评价"功能，查看老学员对课程的评价，如图 6-14 所示。老杨的专栏因为深受好评，在课程结束后依然有很多人购买。

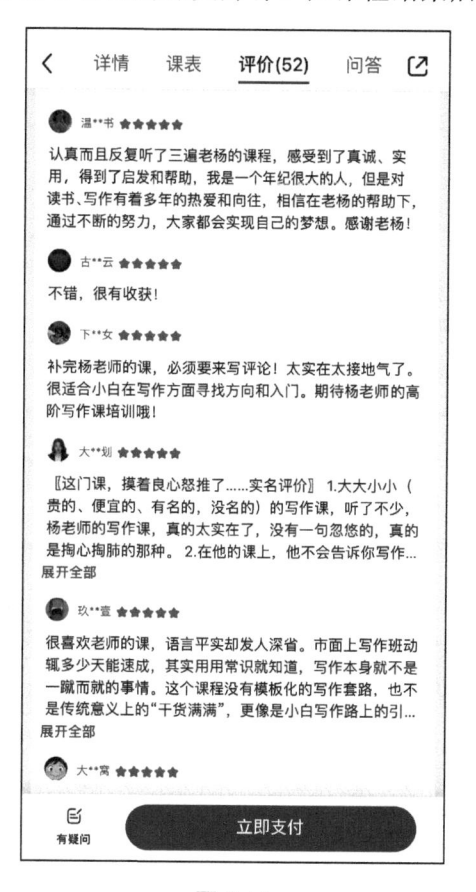

图 6-14

这就是专栏的附加价值，让博主与用户产生更深度的连接，形成口碑效应，达成自传播。

所以，任何一个人只要有一技之长，就能抓住平台的红利，系统地输出一套自己的知识体系，获得一份被动收入。

博主应该如何开通和创建专栏呢？

第一步，申请开通。"专栏成长学院"是小红书专栏的官方账号。在这个官方账号内可以找到最新的专栏申请方式，填写专栏申请表。符合申请要求的，会在一定期限内开通专栏。

第二步，查看是否开通。点击创作中心的"创作服务"选区的"主播中心"选项，如果页面中出现"专栏"选项，那么表示专栏开通成功，如图 6-15 所示。

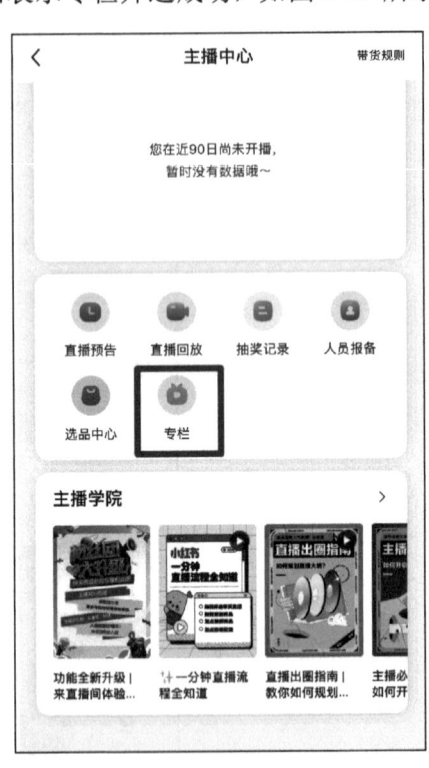

（a）　　　　　　　　　　　　　　（b）

图 6-15

第三步，创建课程。点击"专栏"选项后，再点击"创建专栏"选项，即进入专栏创建页面。填写专栏标题、专栏子标题、作者简介、专栏目标等，如图 6-16 所示。如果是直播课，那么选择每节课的开播时间。如果是录播课，那么需要登录网页版上传录播视频。在审核通过后，就可以售卖专栏了。

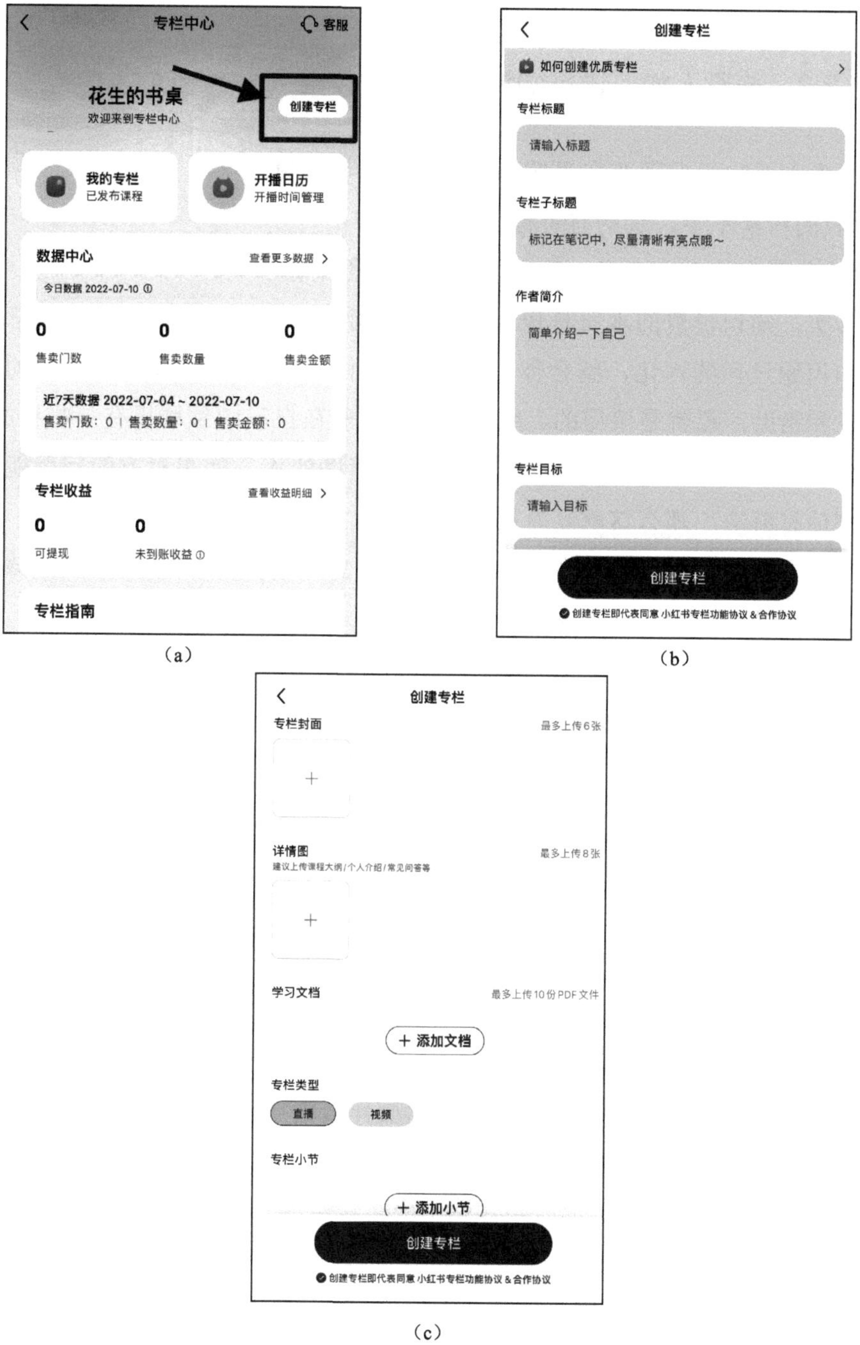

第 6 章　变现：人人可实践的小红书变现方法

（a）　　　　　　　　　（b）

（c）

图 6-16

6.2.2 普通人如何进行知识变现

很多人对知识变现存在误解，总会这样自我怀疑：

"我的粉丝不多，真的有资格分享知识吗？"

"比我厉害的人太多了，我比不过人家，还是算了吧。"

其实，知识付费的本质是传递信息差。别人不一定知道你知道的信息，而那些知识通过你的内化，结合你的经验分享出来，能给不知道这些知识的人带来启发和帮助，那就是值得的。所以，如果你能在自己的领域里有一些小成绩、小特长，就可以将其作为信息差传递给需要帮助的人。如果对方的问题能被你的这些信息解决，那么这就是有用的。

你要打造个人品牌，用专业内容与个人魅力"圈粉"。那么普通人应该如何进行知识变现呢？

第一步，搜集信息，找到需求。

知识付费的本质是传递信息差，制作专栏的核心就是为某类人的某类需求提供解决方案，用你知道的信息解决别人的问题。什么样的信息是用户需要的、愿意为之付费的呢？

这需要进行大量调研，搜集用户在关心什么、对哪些话题感兴趣、遇到了哪些麻烦、想要寻求怎样的帮助。

在搜集信息的过程中，你要罗列用户具体的问题，再把问题归纳成核心的痛点。比如，我在做小红书运营课程时，做了很多前期调研，发现很多新手不知道做什么选题、不会取标题、在拍照的时候不知道怎么构图、在做封面时不知道用什么软件、不知道应该在封面上添加什么文字……

我将这些具体问题分类后，归纳出用户的核心痛点。比如，对于在拍照的时候不知道怎么构图、在做封面时不知道用什么软件等，就能归纳出一个核心痛点：不会做吸睛封面。把所有的问题和痛点归类后，我就得到了初始内容的大框架。

第二步，整理知识，提出解决方案。

在找到用户的痛点后，就要给痛点提供解决方案。你需要调用以往的知识和经验，将痛点与解决方案一一对应。比如，针对不会做吸睛封面这个痛点，就可以给出以下解决方案：用 3 个技巧和 5 个 App，做出点击率高的封面。把所有痛点和解决方案罗列出来后，就有了内容的细分框架。

第三步，系统输出，实践交付。

把痛点和解决方案一一对应后，就到了最后一步，系统地输出，用直播课或者录播课的形式把解决方案呈现出来。

要注意的一点是，在做知识付费内容时，你不仅要提供内容价值，还需要在交付时提供附加的情绪价值。比如，我的小红书课程不仅提供小红书运营干货，还给新人传递做博主的心法，教其如何应对瓶颈期、如何缓解冷启动时的畏难情绪等。

在这个信息爆炸的时代，知识付费产品的质量参差不齐，很多人会选择谨慎地付费。要想收获好口碑，最终靠的是好的服务和给用户提供附加价值。

6.3 带货变现

博主在小红书上除了可以通过内容"种草"好物，还可以通过直播、小清单、店铺等功能引导用户直接购买产品，获得相应的收益。

6.3.1 直播带货

直播带货是各大社交平台都主推的一种变现方式。小红书作为以好物"种草"为核心的社区平台，也一直在尝试用直播带货推进商业化进程。

与广告合作变现相比，博主通过直播的形式分享好物，能让用户更直观地了解产品，从而促进转化。

小红书官方会不定期举办各种活动激励主播在直播间带货。

直播的门槛很低，只需要实名认证和开通专业号即可进行直播。

小红书提供了多种渠道供博主进行带货：用直播选品功能在选品中心选择产品进行带货、自营专栏和店铺带货。其中，直播选品功能需要粉丝数大于等于1000后开通。

点击创作中心的"直播选品"选项，就进入了小红书的选品中心，在选品中心里能看到各个产品的价格和佣金比例。在选择合适的产品后，点击"确认选品"按钮，产品就进入了选品列表中，如图6-17所示。

(a)

(b)

图 6-17

在开播时，点击主页的"+"选项，选择"直播"，设置直播主题和封面，选择刚刚添加的产品，即可进行直播带货。

除了选择其他品牌的产品进行分销带货，博主还可以为自己的专栏和店铺带货。在进行直播带货时需要注意遵守平台规则，小红书禁止在直播间进行站

第 6 章　变现：人人可实践的小红书变现方法

外引流（比如，禁止提到其他平台的名称、微信号，也禁止展示二维码）。如果在直播时提到违禁词，那么可能会收到平台的违规提示。

6.3.2　小清单带货

如果说直播带货对于新人来说有一定的门槛，需要有一定的镜头表现力、销售力，那么小清单带货适合普通人。

小清单带货的门槛和直播一样，需要 1000 个粉丝。

如何创建小清单？

第一步，在选品中心选择完商品后，点击"去带货"按钮，选择"小清单带货"选项，即可创建小清单，如图 6-18 所示。

（a）　　　　　　　　　　　　（b）

图 6-18

第二步,填写清单简介,选择商品,如图 6-19 所示。

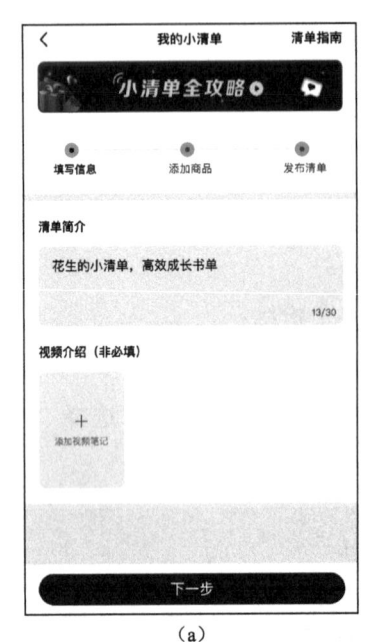

(a)

(b)

(c)

图 6-19

第 6 章　变现：人人可实践的小红书变现方法

第三步，给商品添加 10～30 个字的推荐理由，填写完后点击"发布"按钮，小清单就创建成功了，如图 6-20 所示。用户在小红书上搜索"××的小清单"

(a)

(b)

(c)

图 6-20

（一般默认名为博主的账号名称+小清单），即可跳转到对应的购买商品页面。在用户成功购买后，博主即可获得商品的分销佣金。

博主如何引导用户前往小清单购买商品呢？一般分为以下两种情况。

第一种，在主页的个人简介里标注：在首页搜"×××的小清单"，如图6-21所示。

第二种，在笔记的正文或者评论区中，提示粉丝搜索"×××的小清单"可以购买笔记中的同款商品。

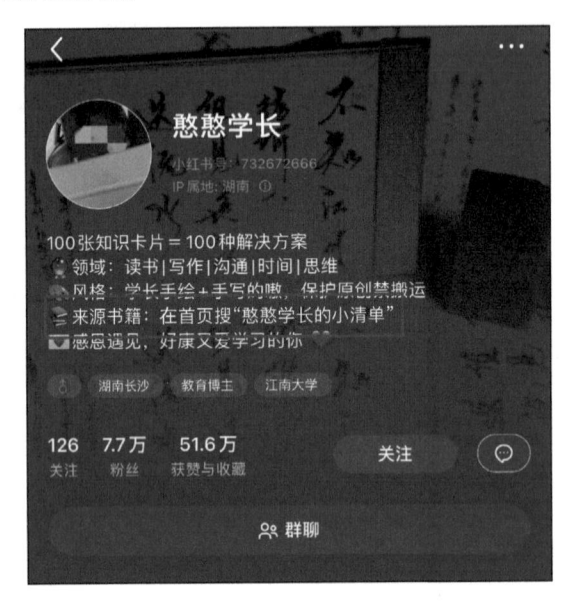

图 6-21

6.3.3 店铺带货

2021年8月，小红书正式推出了"号店一体"功能。博主和品牌方通过开通店铺，能在平台内实现成交，降低了用户的决策和行动成本，能提高转化率。如果个人博主有虚拟产品或实物产品，那么可以开通店铺实现成交。品牌方在

第 6 章 变现：人人可实践的小红书变现方法

店铺上架产品，能高效地实现转化。

小红书官方在推出"号店一体"功能后，降低了个人博主的开店门槛。博主只需要实名认证，把账号升级成专业号，即使 0 粉丝也能开通店铺。个人号需要支付 1000 元押金，企业号需要支付 20 000 元押金。此外，如果月销售额小于 10 000 元，那么平台不会收取服务费，7 天内即可结算到账。

在发布的笔记中，可以添加店铺的商品卡片。用户在打开笔记后商品卡片会在笔记的左下角显示，点击商品卡片后会弹出商品的页面，点击"领券购买"按钮即可立即下单，如图 6-22 所示。这样就实现了从"种草"到"拔草"的全链路流程，在小红书站内实现了闭环。

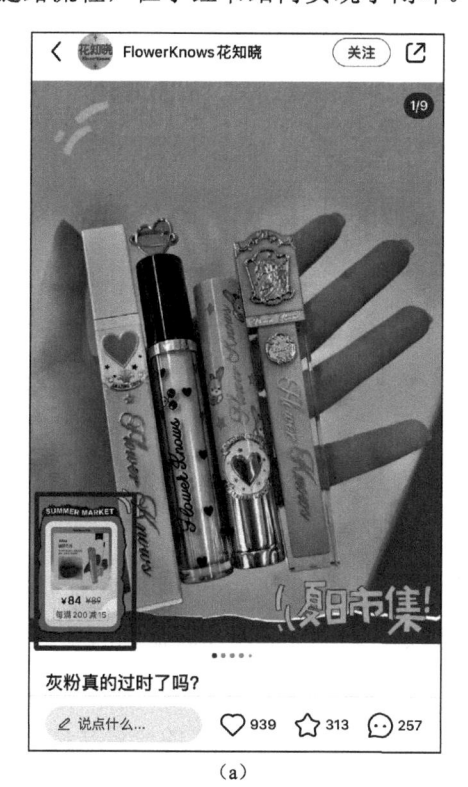

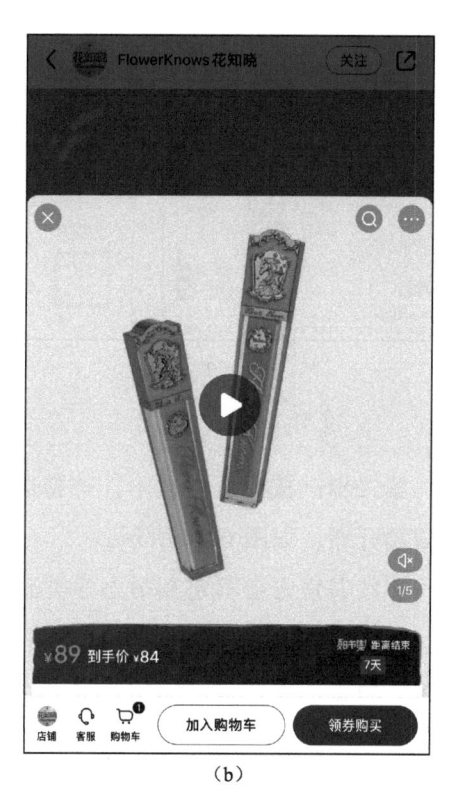

图 6-22

如果博主有自己的产品，笔记的流量足够大，并且笔记能够让用户对产品感兴趣，就能够达到很好的转化效果。

如何在小红书上开通"店铺"呢？

第一步：进入创作中心，点击"更多服务"选项，再点击"内容变现"选区的"店铺"选项，即可申请开店，如图6-23所示。

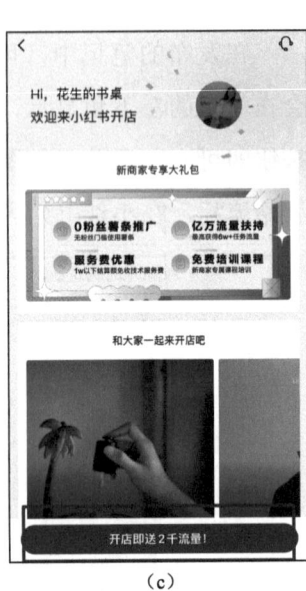

(a) (b) (c)

图 6-23

第二步：按照页面提示，选择店铺类型、经营类目，填写个人信息后，即可成功开通，如图6-24所示。

小红书官方会不定期举办各类活动激励博主开店。比如，2022年6月21日—7月17日，小红书举办了市集店主招募令活动，在以往开店福利的基础上，给博主免去了保证金，如图6-25所示。博主申请后就能立即开店，上架商品。

小红书不仅让博主0门槛、0成本开店，还给了博主大量的流量扶持。在2022年7月的"夏日市集"活动入口，小红书给各个博主的账号设置了宣传位，如图6-26所示。在博主直播时，用户点击博主的头像即可进入直播间观看直播。如果观众对博主介绍的商品感兴趣，就可以点击购物车进入店铺购买。

第 6 章 变现：人人可实践的小红书变现方法

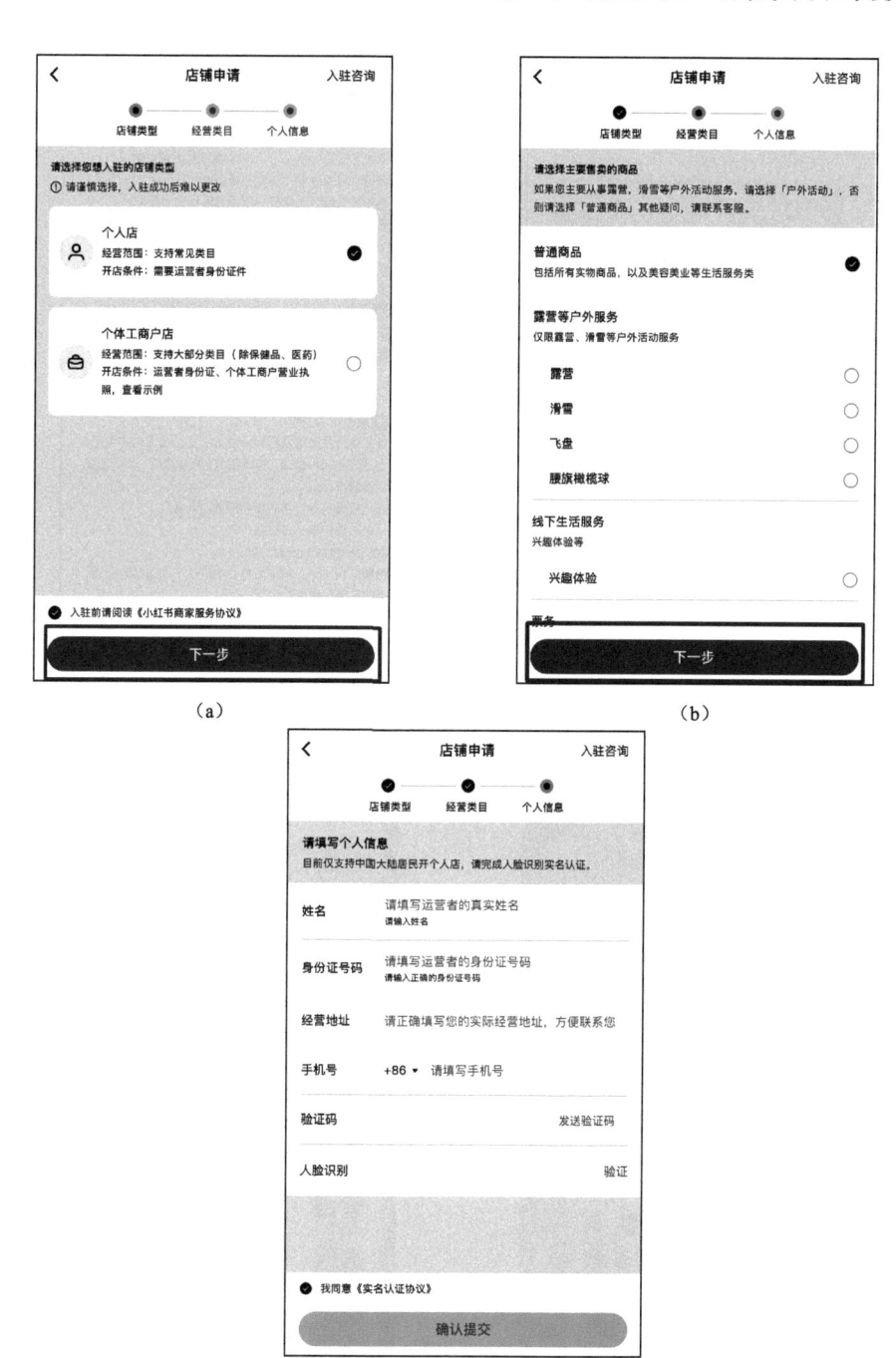

图 6-24

图 6-25

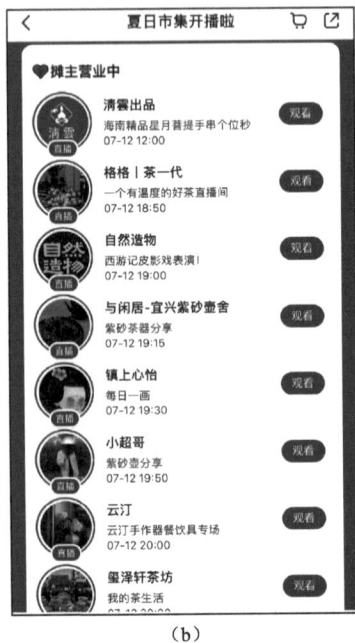

图 6-26

6.4 影响力变现

6.4.1 利用小红书，高效联动私域变现

并不是所有的博主在小红书上都是靠广告合作或者带货变现的。如果你有自己的产品，那么完全可以利用小红书曝光产品，把用户引导到其他平台。

这类账号的核心目的不是做出爆款笔记，而是输出垂直领域的内容，吸引精准粉丝。所以，你经常可以看到有一类博主的粉丝数很少，却能够精准引流，每月变现几万元，甚至几十万元。

最常见的是知识博主或者有自己产品的商家。我的社群学员"saki 学姐说求职"的副业是一名面试指导教练，在小红书上发布面试干货，为自己的产品和服务"引流"。在粉丝只有几千个的情况下，她就能靠小红书"引流"变现几万元。

所以，在这个人人都可以做自媒体运营的时代，与其追求流量与爆款笔记，不如打造一个小而美的超级个体，通过输出垂直领域的优质内容，吸引精准粉丝，将其"引流"到私域中更高效地变现。

6.4.2 放大个人品牌的价值，实现高倍速增值

在很多人看来，打造个人品牌离自己很遥远。他们觉得只有几千或几万个粉丝，谈不上个人品牌，更不可能打造出自己的影响力。

其实不然。

不管有多少个粉丝，任何博主都可以打造个人品牌，而且现在是尾部、腰部博主打造个人品牌的最佳时期。

为什么这样说呢？

首先，从平台侧来看，流量早就从以前的绝对集中变成了现在各平台争抢，特别是在小红书平台上，有100万个粉丝以上的头部博主非常少。

在去中心化的推荐算法机制下，小博主打造出爆款笔记的概率大大增加，即便只有几千或者几万个粉丝，也能靠优质的内容和鲜明的人设吸引铁杆粉丝，甚至让别人为他付费。

其次，从用户侧来看，那些有几十万个粉丝的"大V"不一定有时间和精力回复粉丝的问题，但粉丝体量较小的博主，往往愿意为粉丝服务。

这就给了小博主很多机会。即便你只有几百或者几千个粉丝，也能通过打造个人品牌变现。比如，你是一个有1000个粉丝的读书博主，开办了一期读书会，只有10个用户付费。你只要把这10个付费用户服务好，把用户体验做到极致，毫无保留地分享你的知识，最终就会获得这10个付费用户的认可。慢慢地，你就会有100个、1000个付费用户。

所以，再小的个体都能通过自媒体放大个人价值。只要你足够真诚和认真，就会得到认可。

第 7 章 心法：如何用一年时间成为一个值钱的小红书博主

这几年，我辅导过很多素人博主从 0 到 1 运营账号，发现了一个共性问题：很多人先花钱学习了一些理论知识，然后在实操的时候遇到了各种问题，从而产生了焦虑，再通过学习来解决问题，结果越学越焦虑。最终，很多人放弃了写作这条路，真正能够坚持下来的少之又少。

所以，在本书的最后，我想分享应该如何用正确的心态做一个经得起时间考验的博主，如何用一年的时间做一个既赚钱又值钱的账号。

7.1 你需要具备3大能力

7.1.1 拆解力：学会拆解，搞定 99% 的爆款内容玩法

很多方法都是拆解出来的，很多爆款笔记都有相应的逻辑结构框架。了解怎么写一篇笔记的"捷径"就是拆解。

从 2022 年 1 月开始，我每天在知识星球里拆解一篇爆款笔记，连续拆解了 200 天后，我做了一节爆款笔记拆解课程，不仅让社群学员受益匪浅，还大大地提高了我对爆款笔记的敏感度。

学会拆解，能让你摸透爆款笔记的底层逻辑，让你在看到任何一篇爆款笔记的时候，都能分析出它成为爆款笔记的原因。那么该如何拆解呢？

首先，把爆款笔记的基本信息记录下来（见表 7-1），包括但不限于账号名称、标题、笔记链接、点赞数、收藏数、评论数、发布时间，以及为什么要拆

解这篇笔记。

表 7-1

模块	内容
账号名称	瘦鬼的干货小铺
标题	我做的 PPT 又被领导夸了
笔记链接	
点赞数	4.8 万
收藏数	4.8 万
评论数	210
发布时间	2022—01—18 20∶06（结合了某些热点时间/事件）
为什么要拆解这篇笔记	这个博主发布的几篇同类型的笔记都是爆款笔记，与我的定位相符，很值得拆解

然后，通过以下步骤进行拆解。

1. 拆笔记外观（见表7-2）

表 7-2

标题	封面	封面上的文案
我做的 PPT 又被领导夸了	（聊天截图）	一张聊天截图（图上无额外添加的文案）

你可以从用户视角思考如果在首页刷到这篇爆款笔记，那么会有什么反应？你要问自己以下几个问题。

第 7 章 心法：如何用一年时间成为一个值钱的小红书博主

（1）当看到这篇笔记的封面和标题时，第一反应是什么？

（2）标题里有哪些关键词吸引了你？

（3）封面里有哪些元素促使你想打开笔记？

你要把每一秒的体验都记录下来（见表 7-3）。

表 7-3

关键词	从用户视角的感受
封面	看到封面里的微信聊天对话截图，感到好奇，想要打开笔记看具体的对话细节
标题	看到标题"我做的 PPT 又被领导夸了"，也感到好奇，想知道被领导夸了什么、领导为什么夸
PPT	为什么做 PPT 会被夸？她的 PPT 是什么样的？想打开笔记来看

很多人拆解到这一步就结束了，觉得找到了爆款笔记的精髓，但当自己写的时候，还是不会写。为什么呢？因为没有找到精髓，只看到了表面。

2. 拆解笔记的框架

拆解完笔记外观后，就进入了核心的一步，拆解笔记的框架。

对于图文笔记，你需要拆解正文的每个段落和每张图片上的信息。对于口播视频，你需要把脚本里的每句文案都提取出来。对于 vlog，你需要把每一帧画面都截图，拆解视频里每个场景的构图。

只有极致地拆解，才能知道一篇笔记的结构是怎样的。比如，一篇图文笔记分为正文文字和图片。

对于正文文字，你需要知道以下几点：①正文的开头、中间、结尾有哪些结构。②开头是讲故事、讲痛点，还是直入主题讲干货。③正文是并列式的，还是递进式的。④用了什么样的方式结尾。

除了文字，你还需要拆解每张图片上都有什么画面，如果图片上也有文字，就要分析这些文字的逻辑结构是怎样的。比如，对于一条视频，你要拆解开头、中间、结尾，逐字逐句地分析它的结构是怎样的、每句话的作用是什么、每段内容能引起观众怎样的情绪波动等。下面继续以《我做的 PPT 又被领导夸了》

为例来看一下这类图文笔记由哪些结构组成（见表7-4）。

表7-4

分段	正文文案	逻辑结构
开头	只会做PPT的咨询顾问教你的绝招，请收好！ 咨询顾问除了会做PPT还能做什么？还能给你们分享怎么做PPT，不多说，直接上干货！	开门见山，直入主题 咨询顾问（身份背书）
中间	快速制作PPT的流程 1. 明确受众：这个PPT是给谁看的？如果是给客户看的，需要满足客户的喜好；如果是给领导看的，需要明确领导想要知道什么信息。 2. 构建框架：不要先做PPT！！！不要先做PPT！！！一定要先把大概的内容框架确定好，才能事半功倍 可用工具：思维导图：幕布、XMind、MindMange。 3. 填充内容：根据框架填充具体内容，并筛选出关键句子。 4. 根据风格找模板：相信我！模板完全没必要自己做！！！去一些PPT模板网站找到你喜欢的PPT模板。 5. 在线设计：傻瓜式操作，根据界面提示修改相应的内容。 必备思维：作为一个咨询顾问，我需要告诉大家，如果想让PPT脱颖而出，还需要具备以下3个思维。 ①结构化思维。 这是建立逻辑框架、撰写内容必备的底层逻辑，我在之前的笔记中写过，你可以详细看看。 ②视觉思维。 你可以不懂设计，审美水平不用太高，但是基本的视觉思维是要有的，你要会判断哪些PPT是好看的，哪些是不好的。 比如，一个PPT里的颜色最好不要超过3种（除了黑色、白色、灰色），灰色是百搭色！ 一大段字不要用衬线字体（有棱有角的字体）。 你要学会颜色搭配，去配色网站就行了，不需要懂审美。 ③故事思维 你要学会用PPT展示你的特别的故事，这样才能让领导记住，脱颖而出。这里需要用SCQA工具： Situation（情景）。 Complication（冲突）。 Question（疑问）。 Answer（回答）。 具体案例看图片哦	递进式结构： 递进式讲述制作PPT的5个流程 用并列式结构讲述3个思维。 思维1： 标题+一句话解释。 思维2： 标题+一句话解释+举例。 思维3： 标题+一句话解释+工具。 案例用图片详细展示
结尾	我是鬼鬼，我们下次再见啦	自我介绍，加深印象
话题标签	#打工人效率神器 #办公软件使用技巧 #工作总结 #自我成长 #ppt #PPT模板 #PPT实用技巧 #学习 #女性成长 #职场	用话题标签增加搜索权重

把笔记的框架拆解出来后，在新手期的你就知道一篇笔记的开头、中间、结尾该如何写了。如果你把创作领域的各种类型的笔记都拆解一遍，就能清楚地知道可以用哪些结构把不同类型的内容呈现出来，在后续创作时，只要往框架中填充自己的内容就可以了。

3. 拆解笔记的互动行为

大部分人在拆解笔记时会忽略一篇笔记的评论区。在一篇笔记的评论区中，往往蕴藏着这篇笔记的流量密码。用户在看完这篇笔记后情绪怎么样、对什么有争议、是否被某些好物"种草"等都能通过研究评论区总结出来。

在拆解笔记的互动行为时，可以参考以下问题进行拆解：

（1）用户都在评论区中议论什么？是议论选题本身、某一个观点，还是议论某一个工具和方法？

（2）在评论区中出现得最多的关键词是什么？

（3）用户在表达什么情绪？

（4）是否还有未解答的疑惑？

在拆解笔记的互动行为后可以把相关内容填写到表 7-5 中。

表 7-5

关键词	内容
问模板	"你做的啥样看看" "想要图五的模板"
问软件	"图三和图七是用什么软件做的"
下期内容预告 在评论区置顶后续内容预告，埋下关注钩子	"小可爱们，后面会推出各种元素查找大汇总"
PPT 网站功能询问	"稿定设计不能去水印啊"
总结： 在评论区中的大部分讨论都围绕 PPT 制作本身，询问网站模板，以及这篇笔记里做视觉卡片的工具。 在这篇笔记里展现了很多工具网站，这些工具网站能吸引用户讨论	

4. 拆解出爆款因子

在拆解完框架之后，你大概能知道一篇爆款笔记的结构是怎样的、由哪些元素组成。如果按照拆解出来的结构去填充自己的内容，基本上能保证你写出来的内容是逻辑清晰的，但是要想知道一篇笔记能不能成为爆款笔记、为什么成为爆款笔记，还需要拆解出它有哪些爆款因子。

只有拆解出一篇笔记中的爆款因子，总结出规律，才能知道这篇笔记为什么成为爆款笔记，它的流量密码是什么。

只有弄清楚了底层原理，知道了封面和标题中哪些元素吸引了用户点击、选题戳中了用户的哪些痛点，才能真正吸收其中的精华，将其用到自己的笔记中。

所以，你在浏览笔记时，应该从观众视角把每一秒的体验都记录下来。

（1）在每一张图片上有哪些东西吸引了你？

（2）正文里写的哪些内容被你记住了？

（3）博主说到哪一句的时候，让你忍不住点赞、收藏、评论？

（4）看完视频后的第一感受是什么？

最后，结合第 4 章讲的爆款因子，记录下这篇笔记中有哪些爆款因子（见表 7-6）。

表 7-6

爆款因子	内容
选题	
吸睛封面	
吸睛标题	
痛点	
痒点	
内容价值	
实用工具	

5. 整理出可复用的点

在拆解完笔记后，需要归纳整理，筛选出有哪些内容以后可以被用到自己的笔记中，然后做成一份行动清单（见表 7-7），真正做到化为己用。

表 7-7

可复用的点	我的行动清单
引起好奇的封面	这类封面在小红书上很火，虽然与我的主页风格不太相符，但可以偶尔尝试用一次这类封面测试效果
情绪类标题	每周收集 20 个情绪类标题
信息密度	干货类笔记一定要给足信息，并且用图文并茂的形式展现内容。在以后发布笔记时可以对照这份清单自检： 1. 是否有 5 个以上的知识点。 2. 是否有足够清晰的图片辅助干货呈现。 3. 是否结合实用工具，让干货更落地
自我介绍页&列出账号中几篇爆款笔记的标题，引导感兴趣的人进主页、提升转粉率	做一张自我介绍图
参考选题	可以参考这类选题，这类选题是职场人的刚需

以上就是从 0 到 1 做拆解的步骤。

拆解的目的是看透一篇爆款笔记是怎样产生的，符合哪些底层逻辑，从而熟悉一个新平台、知道该如何进入新赛道。

这绝对不是模仿照搬，而是学习别人的内容结构和爆款因子。在真正动笔写作时，你的文章里的内核，必须是你自己的经验、知识，或者是你用自己的话输出的从书中学到的知识。

7.1.2　系统力：只有搭建体系，才能打造持久的内容生态

很多新手在一开始做小红书运营的时候会从模仿别人开始，慢慢地就写了很多同质化的内容。

我辅导过很多新手学员，他们在一开始的时候，做内容的流程就是在小红书的首页上看到什么内容火就去做那类选题，最终就陷入焦虑：好像永远都在模仿别人，但是数据却没有别人的好，于是就陷入焦虑和自我怀疑。

在不断地沟通中，我发现大多数人在做内容的时候都存在一个问题：没有搭建自己的内容体系，没有积累，所以今天看到什么火，就跟风发布什么，像无头苍蝇一样乱撞。

那么如何从 0 到 1 搭建一个只属于自己的内容体系呢？可以从以下 3 个方面入手。

1. 大量阅读，系统输入

我们遇到的很多问题都已经被前人解决了，很多知识也可以从书和课程中学到。第 4 章介绍过要在平时刻意地搭建自己的选题库和知识库。

你在搭建选题库和知识库时，如果发现某些类型的知识是自己欠缺的，那么可以通过系统学习来大量输入这类知识。比如，看一二十本某个领域的书，向在该领域里做出成绩的人付费学习。

2. 吸收内化，实践输出

在大量系统阅读之后，你基本上能达到某个领域的入门级别。如果你想要高效地吸收知识，就需要把学到的知识内化成自己的一套东西，在生活和工作中实践，再结合实践后的收获和感想，用你的话语体系输出。

看到这里，可能很多人就会有疑问：写一篇笔记是不是要花费很多时间？这太麻烦了。同时，很多人又会认为必须要学完所有的知识才有资格输出，于是就有了畏难情绪，不敢迈出第一步。其实，正确的做法是学一点儿用一点儿，学一点儿输出一点儿。比如，我在看《小狗钱钱》的时候，看到有个方法叫"制作梦想相册"，即把想象中的模样打印出来，做成梦想相册。于是，我就用这个方法鼓励自己完成目标。

后来，我做了很多与时间管理相关的选题，在讲到如何确立目标时，都会用制作梦想相册的方法，这就是将知识吸收内化和实践后，输出在自己的选题中。

这个过程就是费曼学习法。只有一边输入一边输出，才能彻底理解学到的知识。也只有这样，你写出来的内容才是只属于你的，而不是同质化内容。

3. 形成自己的知识库

你在创作内容时，要不断地重复上面的两个步骤，用输出倒逼输入，再用输入反哺输出，这样就形成了良性的内容输出流程。这时，你学到的知识就"长"进了身体里，变成了为你所用的真正的知识。

你在熟练掌握了一些知识后，就可以把它们填充到自己的知识库里。这样能构建一个庞大的知识库，当以后有相关选题的时候，就能从知识库里调出相应的内容组成一篇新的笔记。这个方法来源于《卡片笔记写作法》。

你可以把在平时碎片时间里输入的内容做成一条条卡片笔记，当积累到一定程度时，把这些卡片笔记按照一定的逻辑结构重新整理到知识库里，在需要时随时调取。知识库就像一棵大树，每一次的输入和积累，就是树干和枝叶，一张张知识卡片组成了你的知识库，构建出了一个完整的你。你不用担心这个知识库太庞大、太复杂而不敢行动。你可以一边输入、一边输出、一边搭建知识库，慢慢地把知识库构建得越来越完善。

7.1.3 内驱力：找到目标，获得更长久的创作动力

我开设过很多次训练营，辅导过很多新手从零开始运营账号。在这个过程中，我发现了一个问题：几乎所有人都信誓旦旦地表示每周或每个月至少更新一次，但最后能坚持下来的人少之又少。

很多人看到了自媒体红利，想要做博主开展副业，也知道做这件事情能够带来长期的价值，但是在发布了几篇笔记后效果不好，就开始焦虑，甚至半途

而废。为什么做自媒体运营这条路，大多数人无法坚持下去呢？其实还是动力不足、内驱力不够。

如果你现在进入了账号运营的瓶颈期，或者没有勇气开始，那么不妨从以下两个方面入手，找到持续创作的动力。

1. 找到初始动力

当开始进入一个新的领域，尝试在小红书上运营时，你要问自己以下几个问题：我想要在小红书上获得什么？我想要在一年后成为什么样的博主？我为什么要做这件事情？它真的能够给我带来改变吗？

我当初之所以写作，是因为在职场上没法获得想要的存在感，也没法通过微薄的工资来拥有更好的生活，本质上就是想要改变，想要变得更有钱。我在当时想到的唯一的途径就是写作。

我当时看到了我的偶像粥左罗老师的故事，看到他通过写作，从住在地下室的服装店员一步步变成新媒体编辑，再变成企业的副总裁，最后自己创业，让人生有了更多的可能性。那么我能做的就是"听话照做"，向有经验的人学习写作。

于是，我开始在今日头条上创作，后来去运营小红书账号，也是因为看到朋友运营了小红书账号，做出了成绩。

当渴望改变现状的时候，自然就会有极强的内驱力来驱动你做这件事情。所以，我能够忍受前 4 个月的低谷期，在刚运营账号的时候忍受没有流量、没有办法变现，不断地摸索学习，一步步迭代自己的内容。

所以，请试着去想一下，当下的你是否极度渴望把小红书账号运营好，运营好后能够改变什么现状。当这些问题有了明确的答案之后，你就不会那么焦虑，也不会轻易地半途而废了。

2. 找到对标人物和他们的账号

很多人解决完内驱力的问题之后，还是会在实践的过程中迷茫，在做了一段时间后，定位又开始模糊，不知道该怎么做下去了。最简单的方法就是找到对标人物和他们的账号。

你要走的路，大概率都有人走过了。你将来会踩的坑，也已经有人踩过了。你要做的就是去找到那些对标人物和他们的账号。

你不仅要拆解他们的"表面"，看他们发布了什么样的内容、是怎么变现的，还要研究他们的个人经历，研究他们的公众号、视频号，研究他们做成这件事情花了多少时间、有多少积累，甚至加他们的个人微信号。

你在做出这样的调研和拆解之后，当下次迷茫时，可以思考如果对标人物也遇到这样的问题，他会怎么解决。

如果有一个榜样引领着你前行，你就能知道现阶段应该做些什么、可能会遇到什么问题，可以提前调整好心态，不会因为短期内的数据和流量不好而焦虑。

我逐渐领悟到做自媒体运营是一场马拉松比赛，比的不是速度而是持久力。你需要精进自己，提高各项能力。

7.2 你需要具有的4个思维

7.2.1 鲁莽定律：立马去做，不要等到准备好再开始

我见到过很多想做自媒体运营的人，买了很多器材、报了很多课，准备大干一场，结果变成了：

我最近太胖了，出镜不好看；

我还没研究明白怎么做；

太难了，我再考虑一下；

……

他们找了很多借口，最后什么也没做成。

得到 App 和罗辑思维联合创始人兼 CEO 脱不花有一个成事的心法——鲁莽定律。意思就是，先做起来，就成功了一半。

我跟很多来咨询做自媒体运营的人说得最多的话是，你先干起来，先完成再完美。你永远没有准备好的那一天，永远不要等准备好再开始。

我以前发布的很多笔记都是一些"自嗨"的内容，最开始发布的是一些综艺节目的金句，以及一些只有自己看得懂的读书笔记。但如果当时我没有随意发布，就不会有一年后的 10 多万个粉丝。

在运营账号的前几个月，我是很浮躁的，想要快速变得很厉害，但就是做不到。我一直没有放弃，用了整整 4 个月的时间去试错。在这 4 个月里，很多内容都发布过，踩了很多坑。

那么一个颜值不高、没有太多的技能、没有高学历的"小白"，该如何从 0 到 1，或者从 0 到 0.5 呢？下面分享起步的 3 个步骤。

1. 行动：迈出开始的第一步

对于很多人想做，却做不到或做不好的事情，你如果做过，就可以基于这件事情打造个人标签、形象、故事。比如，对于写作这件事，很多人止于试探："这能赚到钱吗？好学吗？要学多久才能赚到钱？"你去做，就有可能做好。同理，读书、早起学习、每周做计划、复盘、做副业赚钱、在职考 CPA 证书等，对于这些事情，也许很多人都做不到或者做不好。所以，你要以终为始，在确定了打造的标签后，就行动起来，最终形成这样的标签。

2. 成事：做出微小的成绩

前面说到，你想成为怎样的人，就用结果倒推你现在要做的事情。但不需要什么事都做得很好才算做出成绩，在某一件小事上做出成绩就行。比如，你如果觉得早起 100 天太难，就早起 30 天或 7 天，从第 1 天开始就在小红书上打卡，输出是如何早起的。同理，读书 100 天、跳 100 天健身操、戒手机 30 天等可能都是很多人做不到的事情。只要你能做到，就成了某个圈子的小 IP 了。比如，你成了 100 个微商里最会发朋友圈的人、100 个在职宝妈里最会 5 点早起读书的人、100 个全职妈妈里最会给公众号投稿的人、100 个大学生里最会复盘的人等。

只要你做到了，就能给没做成的人输出干货，给他们带来价值。

你要刻意经营这样的人设，为了这个成绩而努力，就真的会变成这样的人，这就是自媒体的魅力所在。

3. 输出：万物皆有信息差

这时，很多人又会遇到问题：觉得自己是"小透明"，一点儿都不厉害，不敢去和别人比。

你不要觉得输出的东西和别人比微不足道。比如，如果你在小红书上有 100 个粉丝的时候发布"我终于有 100 个粉丝了"，那么只有几个粉丝的人就会羡慕你；如果你发布"我终于有 1000 个粉丝了"，那么只有几百个粉丝的人会羡慕你，想向你请教怎么做；如果你发布"我终于粉丝破万了"，那么只有几千个粉丝的人就会羡慕你。

这时，你输出的干货可能没有有十万个粉丝的人输出得好和专业，但你走过的路，是那些比你的级别更低的人需要走的，你的粉丝量级是他们很快就能达到的。

你把取得成绩的方法输出，就能帮助那些人。所以，你在这个阶段要做的就是持续、稳定地输出。

以上就是从 0 到 1 成为一个博主的路径，先行动起来，在行动中做出成绩，把在实践中学到的、做到的分享出来。

7.2.2 用户思维：极致利他，源源不断地收获爆款笔记

平时在做一对一咨询的过程中，我收到得最多的问题是"我明明很努力地写笔记了，为什么还是没人看、没流量？"

我在看那些笔记的时候，第一反应往往是，这篇笔记我压根看不懂，或者根本不感兴趣。

在与社群学员复盘时，我提得最多的一个词就是用户思维。在写作前、写作时、写作后，在每一个阶段都要注意"用户思维"，才能避免"自嗨"，从而创作出真正有价值的、受用户喜欢的内容。

你要以用户为中心，站在用户的角度去设计内容。

第一，你的内容是不是用户想看的、感兴趣的。这一点决定了你的笔记能否被打开、被传播。

第二，你的内容是不是对别人有用的。这一点决定了你的笔记能否被传播、被点赞、被收藏，同时也决定了别人是否认可你，从而有后续的关注行为。

那么，应该如何培养用户思维呢？在写作前、写作时、写作后，分别可以用一套流程确保你的内容是被人关心的、是能给人带来价值的。

1. 写作前，代入用户视角

在写作前，你要谨记内容要"与用户有关"。

你可以试想一下对面就是用户，需要问对方以下几个问题：这个话题是你关心的吗？看到这个封面你想不想点击？这个选题的角度与你有关吗？你只有心中时刻有对方，才能保证写出来的内容都是对方关心的。

你要把是否"与用户有关"作为写作前的灵魂拷问，时刻提醒自己，从用户视角考虑做什么选题、取什么标题、做什么封面，这样才能避免"自嗨"。

2. 写作时，假装与长辈或小学生聊天

很多在传统行业里有一定成绩的人做自媒体运营，最容易犯的一个错误就是"不说人话"。

我们在写作时常常会误以为用户的知识水平和理解能力与我们是一样的，或者觉得写的内容别人能看得懂、写的事情的背景信息别人也知道，认为讲述的专业名词大部分人都知道……结果，大部分人其实并不了解，于是就看得一头雾水。

最终，费尽心思写的笔记无人问津，然后抱怨数据不好、没有流量。

你要知道，对于你觉得很简单的事情，别人可能是一无所知的。在写作时，你要把读者当成长辈或者小学生，然后反问自己：长辈和小学生能否看得懂这些内容？如果不能，那么应该用什么样的语调、语气来表述，才能够让他们看懂。

你要把读者当成"小白"，迎合"小白"的知识水平、迎合"小白"的阅读理解水平。只有当"小白"能够看懂的时候，才能证明你的笔记足够接地气，能被小红书上的大部分人看懂。

这就是用户视角。

3. 写作后，使用一份自查清单

在一篇笔记完成后，你要从创作者视角跳出来，从用户视角检查一遍，才能避免"自嗨"。

我整理了一份自查清单供参考。

1. 写这篇笔记的目的是什么？

（1）这篇笔记的目标用户是谁？

（2）这篇笔记想要解决用户什么问题？

（3）用户的需求是什么？他们需要哪些方面的信息？

（4）什么样的内容能让他们满意？

（5）要达到什么目标？如何衡量？

以我的笔记《私藏干货，什么样的标题和封面更吸引点击？》为例，这篇笔记的目标用户是对运营小红书账号感兴趣的人，解决的是用户不会取标题、做封面的问题。这类笔记需要信息量大、全面，给用户十足的获得感。所以，在检查内容时，我需要确保这篇笔记有足够多的实用内容，让用户看完后有收获。因为这是一篇干货笔记，所以想要获得更多的点赞、收藏，在参考了以往发布过的同类笔记后，我希望这篇笔记能达到点赞1000次的目标。

2. 希望用户做出什么样的反应？

（1）点赞——激发情绪价值。

比如，要想让用户点赞，就要让他们看完后的反应是"说得太对了""原来如此""太有意思了"。

（2）收藏——提供内容价值。

比如，要想让用户收藏，就要让他们看完后的反应是"有用，收藏了""干货，收藏了下次看"。

（3）评论——存在讨论点、争议点。

比如，要想让用户评论，就要让他们看完后的反应是"赞同你""这句话太对了，我复制一下再发""我不认同你，我想说……"。

3. 内容是否通俗易懂？

（1）这篇笔记的目标用户的知识水平如何？

（2）是否迎合了用户的阅读理解水平？

（3）是否足够通俗易懂？

用户思维最重要的一点就是"说人话"。

你需要了解目标用户对某件事、某个知识的认知水平，然后用通俗易懂的语言来传达信息。

如果是一篇干货，你就更需要注意要用别人看得懂的语言来写，或者用一些现成的工具辅助呈现干货，让专业的内容更容易理解。

7.2.3 作品思维：打磨作品，用自媒体放大个人品牌价值

在成为小红书博主之前，我从来没有想过像我这样一个普通、内向、不自信的人，能够做出今天这样的成绩，能够一次次突破自我，做了很多场直播，办了很多期训练营，教了很多学生，有勇气裸辞全职做自媒体运营，有机会被有千万个粉丝的自媒体人"链接"，甚至有机会写本书……

这些机会好像都是在做博主的这一年多里蜂拥而至的。我实现了真正意义上的爆发式成长。

回过头来看，这些都是我用心做内容，用心打造账号得到的结果。

如果你和我一样，学历平平，工作履历平平，却又不满足于现状，那么不妨从注册小红书账号并发布第一篇笔记做起，踏踏实实地用一篇篇笔记来证明自己，改变现状。

1. 拥有作品思维，用心打磨一篇笔记

在很多人的印象中作品应该是名画家的画作、名作家的书籍。对于内容创作者来说，每一篇图文笔记和视频笔记都是作品。

你每一次发布笔记都是一次对外呈现。笔记就像名片一样，可以让别人认识你、了解你，甚至对你产生兴趣。

因此，你应该用心打磨每一篇笔记。

我在刚开始做小红书运营的时候，无法平衡自媒体副业和工作的关系，但为了打造"学习博主"这个标签，不断地倒逼自己学习如何做时间管理、如何做自我管理。于是，我花了 3 个月的时间阅读了十几本关于效率管理的书，再把学到的知识运用到日常生活中，最后输出成干货发布到小红书上。这样就形成了一个正向循环。

我为了做博主而刻意地改变自己、经营自己。我为了输出学习干货，刻意地学习如何高效学习、如何高效地进行自我管理，最终把学习到的知识变成了作品。

当还没有一技之长的时候，你要培养能力，用养成系的方式运营账号，把学到的知识输出出来，跟随账号一起成长。

在打磨笔记的同时，其实是在打磨你自己。你要把自己当成一个作品，你创作的所有内容，都在传递着你的价值观、能量场、个人魅力。

2. 拥有作品思维，用笔记放大个人品牌价值

在做小红书博主的一年多里，我深刻地意识到自媒体是内向者展示自己最好的利器。如果你与当初的我一样，不擅长在镜头面前表现自己，就可以做图文博主或者不出镜的视频博主。你可以用任何一种形式向粉丝、陌生人分享你的生活方式，分享你在某个领域里的心得感想，分享有用、有趣的干货。

我持续一年在小红书上发布了 100 多篇笔记后，积累了 10 万多个粉丝。在这 10 万多个粉丝里，有一部分人变成了我的铁杆粉丝，变成了我的付费用户。在与这些人接触的过程中，我发现了一个共性问题，即绝大部分人是看了我的笔记后，觉得我很真诚、值得被信任，于是毫不犹豫地成了我的付费用户。

在这个过程中，我几乎没有过多地宣传自己的产品和服务，完全是靠沉淀在小红书账号和公众号里的干货吸引了别人，实现了自动成交。

你无须吆喝，只需要用心打磨笔记，创作出一篇篇对用户有价值的笔记，就能吸引精准的粉丝。尤其在小红书的去中心化算法机制下，普通人也能通过优质内容打造个人品牌。

7.2.4 长期主义："不下牌桌"，用一年时间打造一个账号

做自媒体运营就像跑马拉松比赛，在起点很拥挤，但是到了比赛的后半程，你会发现竞争者越来越少，道路无比宽敞。

因此，你要用长期主义的心态运营账号，躬身入局，不下牌桌，至少给自己一年的时间，用心打造一个账号。

1. 用长期主义的思维设定目标

你要知道，运营账号不是一朝一夕的事。

爆款笔记的出现既有必然性，也有随机性。"涨粉"也是非线性的，特别是新手在刚运营账号时，往往一篇爆款笔记能给账号带来 80%的粉丝。你无法判断哪一篇笔记能成为爆款笔记，能让你的账号快速崛起。

因此，在一开始要用长期主义的思维设定目标，不用在意某一天、某一周的数据，而要给自己设置一年、半年、一个季度、一个月的目标。

比如，如果你想在半年内让粉丝增加 3 万个，那么每个月要增加 5000 个，然后倒推出每个月要发布几篇笔记、做出几篇爆款笔记才能实现这个目标。在每个月结束时，你要看一看目标是否完成，如果没有完成，那么要复盘找到原因，再调整目标。

当知道账号"涨粉"不是线性的，需要靠少数爆款笔记带动时，你就能更理性地衡量目标是否合理，在瓶颈期，在数据不好时，也能更理性地看待结果，调整心态继续前行。

2. 用长期主义的心态看数据

在用长期主义的心态看数据后，你就能更专注于内容本身，而不被数据和流量裹挟。你要一直认真地打磨笔记，用正确的方式复盘、迭代内容。如果一篇笔记的数据不好，你就发布 10 篇，如果 10 篇笔记的数据不好，你就发布 30 篇。当发布到 100 篇的时候，你再回过头来看一下发布的前 10 篇笔记，就会发现不管是面对镜头时的表现力，还是图片的质量、取标题的水平都有了质的飞跃。

这就是面对数据时的长期主义心态，你只要跟自己比较，让每一次都比前一次更好，让每周、每月、每年都更好就行。这时，你就不会在看到别人做出了爆款笔记之后感到焦虑，然后不断地模仿别人，最终为了流量违背了初心，让自己的账号变得越来越和别人同质化，失去了自己的特点。

所以，你应该用长期主义的心态面对短期的低迷，在不断复盘中优化内容，千万不要低估了时间的力量。

3. 用长期主义的态度做内容

用长期主义的态度做内容，是指在创作内容时要以终为始，想明白运营账号的目的。我见过很多人满怀期待地开启博主之路，结果因为在短期内看不到效果就直接放弃了。

对于大部分新手来说，在运营账号的初期，必然会经历一段看不到结果的沉淀期。有一部分人可能有写作基础，能很快上手，而有一部分人可能是零基础的，需要不断地练习。

也许你能看到一些成功案例，有的博主一晚上增加上万个粉丝，一个月变现几万元，甚至几十万元，其实这些都是个例。对于大部分人来说，这条路很难走，并且没有捷径。

模仿别人，是很容易的事情。坚持初心，认真研究资料，认真打磨一篇笔记是困难的。

整合一下别人的观点，发布一些同质化的内容，是很容易的事情。建立知识库，不断地升级认知，把新学到的知识融入笔记中，是困难的。但是，不做这些困难的事，怎么能得到好的结果呢？

践行长期主义价值观的人，永远会选择做难而正确的事情，因为那些现在看似困难的事情，能给他们带来长期价值。